中国方言民俗图典系列·第一辑

编委会

国家出版基金项目
NATIONAL PUBLICATION FOUNDATION

“十二五”国家重点图书出版规划项目

绩溪方言民俗图典

赵日新 著

中国方言民俗图典系列·第一辑

主编 侯精一 李守业 曹志耘

语文出版社
·北京·

图书在版编目（CIP）数据

绩溪方言民俗图典 / 赵日新著. -- 北京 : 语文出版社, 2014.12
（中国方言民俗图典系列. 第1辑）
ISBN 978-7-80241-713-7

Ⅰ. ①绩… Ⅱ. ①赵… Ⅲ. ①方言－介绍－绩溪县②风俗习惯－介绍－绩溪县 Ⅳ. ①H17②K892.454.4

中国版本图书馆CIP数据核字(2014)第121287号

策划编辑 慈 舒 傅雪梅
责任编辑 章承董
装帧设计 奇文云海·设计顾问
出　　版 语文出版社
地　　址 北京市东城区朝阳门内南小街51号 100010
电子信箱 ywcbsywp@163.com
排　　版 奇文云海·设计顾问
印刷装订 北京顺诚彩色印刷有限公司
发　　行 语文出版社 新华书店经销
规　　格 787mm×1092mm
开　　本 1/16
印　　张 19
字　　数 358千字
版　　次 2014年12月第1版
印　　次 2014年12月第1次印刷
印　　数 1-1,500
定　　价 98.00元

010-65253954(咨询) 010-65251033(购书) 010-65250075(印装质量)

〔总 序〕

现代方言民俗文化是中华民族文化的延续、依托。它作为传统文化渗透、蔓延于当今社会生活的多个层面。现代方言民俗文化又是重要的非物质文化遗产资源。随着社会的快速发展，不少方言民俗已经消失或面临消失。因此，调查和挖掘这些非物质文化遗产资源，意义重大，时不我待。

“中国方言民俗图典系列”（第一辑）是2010年度国家出版基金资助项目，2011年列入“十二五”国家重点图书出版规划。第一辑共计十卷，涉及官话、晋语、吴语、徽语、粤语、平话、闽语、客家话等八个方言区。各卷内容主要包括房舍建筑、日常用具、服饰穿戴、饮食起居、农工百艺、婚育丧葬、岁时节令、游戏娱乐、宗教信仰等。

“百里不同风，千里不同俗，户异政，人殊服。”（《汉书·王吉传》）方言民俗是地域文化的重要内容，具有明显的地方性。以民居文化为例，各地多有不同，如北京的四合院，平遥的窑儿、四合头院、二（三）进院，汤溪的屋、老屋，梅州的围龙屋、碉楼，揭阳的四点金、下山虎。“中国方言民俗图典系列”融合现代方言与各地民俗文化，采用方言词语加注国际音标并配以图片的方法，反映和保存现代方言与其所承载的地方民风与民俗，是方言研究与民俗文化研究相结合的有益尝试。

城镇化的发展，势必带来传统村落的消亡，以及与此伴随的民俗文化的消失。“中国方言民俗图典系列”（第一辑）的出版，正是对濒临消失的“一种传统”“一种民族符号”以至“一种语音”的有效保存，无疑具有重要的历史意义与人文价值。以下略举数例：

在《平遥方言民俗图典》中收有“墙围子”“炕围子”两个条目及相关的文字说明和图片。

墙围子 [tɕyə^{13}uei^{31}tsʌʔ^{13}]　房间内墙壁上用油漆制作的装饰性彩色围墙。制作方法是，先以麻纸贴墙，绘画打底，再刷以油漆。其位置在第十八层墙砖之上，高约50厘米。（当地称作“十八层缠腰”）边框多以回纹组成，寓意“富贵不断头”。所绘内容多为山川景致、花卉人物及神话传说，如二十四孝图等。内涵丰富，寓意深厚。

炕围子 [kʰuə^{35}uei^{53}tsʌʔ^{31}]　沿炕用油漆制作的彩色围墙图画，既美观且实用，极具装饰性。制作方法及所绘内容与“墙围子”同。

“墙围子”“炕围子”又称作“民间墙围画”。墙围画始于宋代，发展于明清之交，至今流传于山西、陕西、内蒙古等地区。晋北原平县的墙围画素负盛名，中国美术馆曾予以收藏、展出。

从《平遥方言民俗图典》收录的条目与图片中还可看到平遥保存的以“卐”为标识的吉祥文化。如正月初八祭星蜡烛摆成的“卐”字、出殡时曾孙包头上的“卐”字等。“卐”，音wàn，梵文，意为吉祥万德之所集。（见《辞源》《辞海》）“卐”崇拜现象作为传统地域文化的缩影在今平遥随处可见。（冯良珍、陈晨《平遥民俗中的卐崇拜现象探析》，《中原文化研究》2014–2）

《汤溪方言民俗图典》有关于“五道太婆”的记载：“在笔者的家族中，也流传着一个‘五道太婆’[ŋ^{11}də^{11}tʰɑ^{24}bɤ^{0}]的传说，相传她是蛇精所化的神，擅搬运之术。”山西平遥方言有“五道爷”[uʌʔ^{53}tɔ^{35}iɛ^{13}]、“五道娘”[uʌʔ^{53}tɔ^{35}ȵiɑ^{13}]（传说中的神灵）。北京有五道庙，在西城区铁树斜街与樱桃斜街之间的路口处。五道神早在汉魏典籍中就有记载，唐宋以后对该神的信仰已深入民间，到明清时则更为普遍。（薛文礼、郭永平《晋北部落村的五道神：民间信仰的“冷热”反思》，《民族文学研究》2011–3）各地方言民俗有关五道神的不同说法，是宗教文化的历史积淀在不同地域文化中的显现。

“中国方言民俗图典系列”（第一辑）各卷的作者对当地方言文化素有研究，为做好本项目，于紧张的教学之余，多次下去进行调查、拍摄图片，几易其稿，备尝辛苦。限于篇幅，每卷只能选用一定数量的条目及相应的照片，其余只好割爱。我们期待这套书的出版，能引起社会对保存方言及方言民俗文化的关注，尽可能为后人留下一些珍贵的历史文化资料。

侯精一　李守业　曹志耘

于 2014 年初春

目录

〔引言〕

绩溪县是位于安徽省东南部、黄山东麓的山区县，位于北纬 29° 57 ’至 30° 20 ’，东经 118° 20 ’至 118° 55 ’之间，东与浙江省临安市交界，西与黄山区、歙县、旌德县接壤，南与歙县相连，北与宣城市宁国市、旌德县毗邻，东西长 59.5 千米，南北宽 42 千米，总面积 1126 平方千米。总人口约 18 万人（ 2004 年 ）。全县有汉、畲等 15 个民族，其中汉族占总人口的 99.93%。据今存族谱记载和地名普查资料，居住在县境内各姓的祖先，大都是魏晋以来从北方迁入的，但都极少直接迁居绩溪，多数是几经周折，才最后定居绩溪的。

绩溪因水而得名，据县志记载，“县北有乳溪与徽溪，相去一里，并流，离而复合，有如绩焉，故名绩溪”。《 元和郡县志 》:“县北有乳溪，与徽（ 亦作翚 ）溪（ 今翚溪河 ）相去一里，并流，离而复合，有如绩焉，因以为名。”《 方舆志 》:“临溪石，在县北三里（ 今高迁乡浣纱溪 ）溪岸上，其方二丈，其平如砥，溪水甚宜浣纱。数里妇女悉来浣纱，去家既远，遂绩其旁以守之。春时多丽服，群绩于此，虽不浣纱者亦会绩焉。县名亦兼此义。”绩溪历史久远，人文璀璨，文化底蕴厚重，是徽文化的重要发祥地。

绩溪县是含中山的低山丘陵山区，境内地貌以山地、丘陵为主，山间谷地面积不大。中低山及丘陵占全境面积的 90.6%。西部为黄山支脉，东部为西天目山脉，山连皖浙，水分南北，是长江水系与钱塘江水系的分水岭，河流交错，沟谷纵横，北流之水属长江水系，南流、东流之水属钱塘江水系，是新安江、青弋江、水阳江的源头，素有“宣徽之脊”的美称。境内大鄣、大会、大獒三山鼎立，从东北向西南、西北向东南倾斜。

大鄣山主峰清凉峰海拔 1787.4 米，为华东地区第二高峰。徽岭山脉绵亘中部，分县境为岭南、岭北两部分，两地的语言和风俗习惯也有较大的差异。

绩溪汉代称华阳镇，南朝梁大同元年（535 年）设良（梁）安县，唐朝永泰二年（766 年）置绩溪县。绩溪是古新安、古歙州、古徽州的重要组成部分，唐至宋代属歙州，宋宣和三年（1121 年）因绩溪有“徽岭、徽溪、大徽村”，改“歙州为徽州”。1949 年 4 月 30 日绩溪县解放，改属徽州专区，1988 年 1 月划入宣城地区，2001 年 1 月属宣城市，但是绩溪人民对徽州一直有着深深的感情。

被誉为“东南邹鲁”的绩溪是国家历史文化名城，自然山水雄奇秀丽，人文景观异彩纷呈，拥有丰富的物质和非物质文化遗产，各种历史遗迹和人文景观遍布徽岭南北，颇具徽派建筑特色的古村落、古民居比比皆是，砖、木、石三雕精妙绝伦，如有“木雕艺术殿堂”美誉的龙川胡氏宗祠、始建于宋代的绩溪文庙、始建于明洪武五年（1372 年）的明伦堂考棚等。徽州文化中的非物质文化遗产多出自绩溪。胡开文墨庄所制的“地球墨”，曾获巴拿马万国博览会金质奖章；由绩溪民间乡土菜肴演变形成的徽菜，是中华八大菜系之一；原生态的徽剧徽调和极具乡土文化气息的“赛琼碗”、秋千台阁等乡风民俗，历史悠久，自然淳和，至今仍在民间流传。

全县可耕地少，素有“八山一水一分田”之说，过去多有外出经商者。绩溪商人作为徽商中的一支劲旅，足迹遍布大江南北，主营典当、徽墨、徽菜等，江南商埠有“无徽不成镇，无绩不成街”之说。绩溪人也善于经营农副业和各种手工业，唐宋时期造纸业、丝织业发达，澄心堂纸被钦定为朝廷专用，明清时期“桑树蔽野，户皆习蚕”，成为江南丝绸主要产地之一，有“丝绸之乡”之称。

壹·房舍建筑

图1－1 房舍建筑

民居是乡村建筑的主体，绩溪风格的民居，粉墙黛瓦黑墙边、马头山墙、三间二厢、中轴对称、天井堂院的徽派模式，到明清时基本定型。

普通民居外墙均为砖石结构，保持砖石的天然质美；室内柱梁框架均为木质，漆以桐油，保留木纹的自然色泽。

普通民宅的形式，一般俗称为“三间屋”[sɔ$^{31-33}$kɔ$^{31-33}$vɤʔ^{3}]，有明三间、暗三间、回廊三间之别。其中以“天井”[t^{h}ẽi$^{31-33}$tɕiɑ̃^{213}]为中心的布局，常见的有两种类型。

“冂”形：俗称“三间两过厢”[sɔ$^{31-33}$kɔ^{31}ȵiõ$^{213-31}$kɵ$^{35-55}$ɕiõ^{31}]，分大三间和小三间两种。大三间两侧各有正房两间，小三间各有正房一间。天井在前，平面序列为：大门——天井，左右“过厢”[kɵ$^{35-55}$ɕiõ^{31}]；堂前左右为正房；照壁后为楼梯间（“阁桥间”[koʔ$^{3-5}$tɕ^{h}ie^{33}kɔ^{31}]）。县内此种类型正屋居多，是进深最浅的三间屋。

“口”形：岭南称“通转楼”[t^{h}ɑ̃$^{31-33}$tɕyẽi$^{35-55}$ni^{33}]，岭北谓“跑马楼”[p^{h}ɤ^{33}mo$^{213-31}$ni^{33}]或“走马楼”[tsi$^{213-31}$mo$^{213-31}$ni^{33}]。分“上堂”[ɕiõ$^{22-55}$t^{h}õ^{33}]、“下堂”[xo$^{213-31}$t^{h}õ^{33}]，天井位居堂中，属下堂。因环境和地形不同，天井有方形或长方形，底层的下堂低一档，二层下堂低二或三档，两侧架梯，上下楼层有狭长过廊连接厢房，环绕天井相通。其平面序列为：大门——屏风门；“下堂前”[xo$^{213-31}$t^{h}õ^{33}ts^{h}ẽi^{33}]，左右厢房——天井，左右过厢：“上堂前”[ɕiõ$^{22-55}$t^{h}õ^{33} ts^{h}ẽi^{33}]，左右正房——照壁；后楼梯间。

县境传统的民间建筑式样、面阔（“开间”[k^{h}a$^{31-33}$kɔ^{31}]）、进深（“立深”[ȵieʔ^{3}ɕiɑ̃^{31}]）、“落檐”[noʔ^{3}iẽi^{33}]，都有一定的规格，历代相沿。

绩溪境内长年主导风向为东北风，所以民宅朝南居多，一般为二层楼房，“平房”[p^{h}iɑ̃^{33}xõ^{33}]和二层以上楼房比较少见。

一　住宅

屋[vɤʔ^{3}]

也叫“正屋”[tɕiã$^{35-55}$vɤʔ^{3}]，在住宅院落中位置处于正中（多坐北朝南）的房子。厅屋是绩溪民居的基本形式。厅前置天井，厅左右为正房，房内阁楼低矮，称明厅暗楼，两厅四厢，分前后厅，中有“照壁”[tɕie$^{35-55}$pieʔ^{3}]、天井相隔，左右各有两间厢房。

图1－2 正屋（1）

楼房一般呈方形或长方形。正屋、天井、“明堂”[miã^{33}tʰõ^{33}]在一条中轴线上。

图1－3 正屋（2）

图1－4 堂前

堂前 [t^{h}õ^{33}ts^{h}ẽi^{33}]

是传统民居的起居活动空间，一般在房屋中间。堂前正中最里面设神龛和祖先神位。墙上挂中堂画，“中堂”[tsɑ̃$^{31\text{-}33}$t^{h}õ^{33}]两侧有对联。堂前也是举行家庭祭祀和重大礼仪的场所。堂前一般都放“八仙桌”[pɔʔ$^{3\text{-}5}$sẽi$^{31\text{-}33}$tsoʔ^{3}]，桌上往往摆两样东西：一面镜子（简称“镜”[tɕiɑ̃^{35}]），两个瓶状的“帽筒”[mɤ$^{22\text{-}55}$t^{h}ɑ̃^{33}]，是用来放主人帽子的，帽子放在瓶上，表示主人在家，反之则表示主人外出。两者谐音“平”和“静”。近代“自鸣钟”[sɿ$^{22\text{-}55}$miɑ̃^{33}tsɑ̃^{31}]出现以后，则将它放在中间。合起来就是“钟声瓶镜（终生平静）”的意思。

上围⁼头 [ɕiõ$^{22\text{-}55}$vi^{33}t^{h}i^{33}]

也叫“上屋头”[ɕiõ$^{22\text{-}55}$vɤʔ^{3}t^{h}i^{33}]，是八仙桌上尊贵的客人或喜宴时最重要的客人坐的位置，也可以用来表示方位。

图1－5 上围⁼头

图1－6 灶下

灶下 [tsɤ$^{35-55}$/tso$^{35-55}$xo^{213}]

即厨房，烹制菜肴饭食的地方，一般在正房的东西两侧。除了“锅头”[kɵ$^{31-33}$ tʰi^{33}]（灶台）、“风炉”[fɑ̃$^{31-33}$nu^{33}]（灶）外，一般还摆着水缸、碗橱、餐桌、脸盆架等。“灶门前”[tsɤ$^{35-55}$mɑ̃^{33}tsʰẽi^{33}]是灶台围成的小空间，是堆放柴火、烧火、铲灰炭等的场所。

屋脊 [vɤʔ$^{3-5}$tɕieʔ^{3}]

是房子的最高点，指屋顶相对的斜坡或相对的两边之间顶端的交汇线。有的屋脊是砖砌的，多数人家的屋脊只是在相对的斜坡交汇线上竖着堆一排背面相对的瓦。宗祠等大型建筑的屋脊上通常还安放脊兽，普通人家也有在屋脊上放一个铜钱样的饰品的。

“脊兽”[tɕieʔ^{3}si^{35}]是屋脊上安放的兽件，有装饰功能，也象征吉祥和威严，被认为有去秽和消灾的作用。

图1－7 灶门前

图1－8 屋脊

图1－9 脊兽

屋顶 [vɤʔ$^{3-5}$tiɑ̃^{213}]

房屋的顶盖，也是房屋的最高部分，多在椽上铺瓦。多数为双面坡，即屋面以中间横向正脊为界分前后两面坡，左右两面山墙或与屋面平齐，或高出屋面。

图1－10 屋顶

图1－11 屋瓦、明瓦

图1－12 明瓦

屋瓦 [vɤʔ$^{3-5}$ŋo^{213}]

铺屋顶用的建筑材料，一般用泥土烧成，形状多为拱形。主要功能是防止雨水渗漏到屋内，同时也能隔热，防止太阳直接照进屋内。瓦多以黏土为主要原料，经泥料处理、成型、干燥和入窑烧制而成。传统民居以瓦封顶，多在正厅上方设置透光瓦片即玻璃瓦，俗称“明瓦”[miã^{33}ŋo^{213}]，以加强室内采光。太阳光透过明瓦在室内墙壁或地面形成光影，可据此判断时辰。

檐瓦 [iẽi^{33}ŋo^{213}]

封檐口用的瓦，是一种比正常尺寸略宽以有助于跟屋檐砌合的瓦片，一般有滴水，表面多有各种吉祥图案。

图1－13 檐瓦

墙 [tɕʰiõ^{33}]

也叫“屋墙”[vɤʔ$^{3-5}$tɕʰiõ^{33}]，是房子竖直方向的主要构件，起分隔、围护和承重等作用，也有隔热、保温、隔音等功能。多用砖石垒砌而成，分别叫“砖墙”[tɕyẽi$^{31-33}$tɕʰiõ^{33}]和“石塔⁼墙”[ɕieʔ^{3}tʰɔʔ$^{3-5}$tɕʰiõ^{33}]。偶尔有用泥巴夯筑的墙，叫“泥墙”[nɿ^{33}tɕʰiõ^{33}]。墙面多以白灰粉刷，墙头覆以青瓦，白墙青瓦，明朗素雅。

图1－14 泥墙

图1－15 砖墙

图1－16 石塔=墙

马头 [mo$^{213-31}$tʰi^{33}]

绩溪民居，四周均用高墙围起，谓之“马头墙”[mo$^{213-31}$tʰi^{33}tɕʰiõ^{33}]，马头墙向上突起的部分称为“马头”[mo$^{213-31}$tʰi^{33}]，也叫“屋角”[vɤʔ$^{3-5}$koʔ^{3}]，主要起防火和装饰作用。马头墙是徽派建筑的重要特色。在聚族而居的村落中，民居多为木结构，密度大，不利于防火，马头墙能在相邻民居发生火灾时，起到隔断火源的作用。不过，如今新建筑的马头大多只是一种装饰了。马头墙高低错落，一般有两叠式或三叠式，较大的民居，因有前后厅，马头墙可多至五叠，俗称“五岳朝天”[vu$^{213-31}$ŋoʔ^{3}tɕʰie^{33}tʰẽi^{31}]。

图1－17 马头（1）

图1－18 马头（2）

图1－19 门楼

门楼 [mã^{33}ni^{33}]

大门上边类似牌楼的顶叫门楼。绩溪民居正房的大门，一般都有门楼，主要作用是保护檐下构件和门头上方的墙面，防止雨水顺墙而流到门上。农家的门楼一般比较简单，称作“门罩”[mã^{33}tsɤ^{35}]，结构和造型都比较简洁。通常是在大门上方用砖砌出向外挑的檐脚，顶上覆瓦，可以遮挡风雨，并刻一些简单的装饰。讲究的门楼多有砖雕或石雕装饰，比如湖村的门楼。

大门 [t^{h}ɵ$^{22\text{-}55}$mã^{33}]

绩溪民居讲究大门的建筑装饰。大门是整个房子通向外面的主要的门。多为木制，向内对开。大门通常由“门槛”[mã^{33}tɕ^{h}iã^{213}]、“门墩”[mã^{33}tã^{213}]、“门柱”[mã^{33}tɕ^{h}y^{213}]、“门颜”[mã^{33}ŋɔ^{33}]等几个部分组成。门颜是架在两根门柱上的横着的构件，呈“⊓”形，多为石制，由石匠精工细作锤凿而成。门槛细分为两个部分，高出地面的部分叫门槛，与地面齐平的部分叫“藏锋”[ts^{h}õ^{33}fã^{31}]。门颜背后的木结构叫“门枋”[mã^{33}xõ^{31}]，门枋的两头有圆形的孔，藏锋两头的海窝（俗称“覆海底”[fɤʔ$^{3\text{-}5}$xa$^{213\text{-}31}$ tsɿ^{213}]）用于插入门轴，这两个上下相对的孔可以起到固定门轴的作用。

作为大门一部分的门墩多为长方形，是托住门柱的墩子。上面立门柱，两根门柱的上方架门颜。门槛的外面多安“踏步档”[t^{h}ɔʔ^{3}p^{h}u$^{22\text{-}55}$tõ^{35}]，即台阶。

图1－20 大门

方圆门 [xõ$^{31-33}$yẽi^{33}mã^{33}]

是外圆内方叠在一起的两道门。其中圆形部分只有门洞，方形部分有可开合的木门。过去的铜钱也是外圆内方，进这样的门就相当于“进钱”，寄托了主人发财致富的良好愿望。圆形的门洞叫“圆门”[yẽi^{33}mã^{33}]，有的底部是平的，类似于“Ω”形。上端呈弧形的门叫“卷门”[tɕyẽi$^{213-31}$mã^{33}]。

图1－21 方圆门

图1－22 圆门（1）

图1－23 圆门（2）

图1－24 卷门

图1－25 八字门

图1－26 屏风门

图1－27 房门

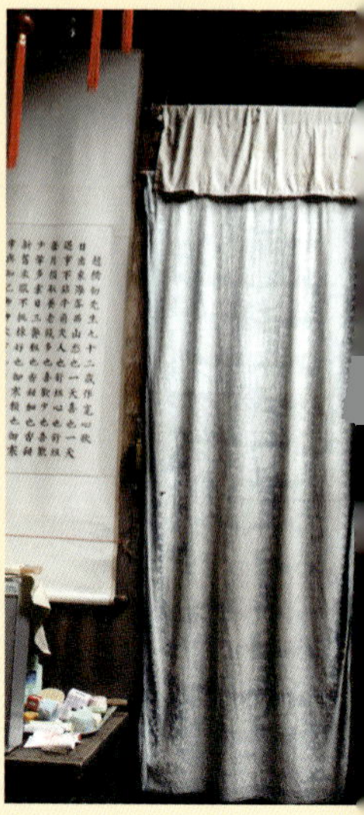

图1－28 门帘

八字门 [pɔʔ$^{3-5}$ts^{h}ʅ$^{22-55}$mɑ̃^{33}]

有的民居仿照过去官府大门的样式，大门前左右两边都向外撇开。

屏风门 [p^{h}iɑ̃^{33}fɑ̃$^{31-33}$mɑ̃^{33}]

大门内的门，正对堂前（客厅），可以挡住外面行人的视线，通常只在做大事（比如婚丧嫁娶时）或贵客临门的时候开启。

房门 [xõ^{33}mɑ̃^{33}]

堂前两边的正房叫“房”[xõ^{33}]，房门多为单扇，旧时多用门轴固定，今多用铰链。

门帘 [mɑ̃^{33}nẽi^{33}]

是门上挂的帘子，用来通风、挡蚊蝇等。过去讲究的民房，房门上边两侧有“门帘托”[mɑ̃^{33}nẽi^{33}t^{h}oʔ^{3}]。

门杠 [mɑ̃^{33}kõ^{35}]

卡在门后两边柱子上的长木棍，用来从房内闩门，有的还用一根木棍作斜支撑，叫“门掌”[mɑ̃^{33}ts^{h}ẽi^{35}]。

图1－29 门杠、门掌

图1－30 门环、门钹

门环 [mã^{33}vɔ^{33}]

是开关大门和叩门用的，类似于门把手。门环的底叫“门钹”[mã^{33}p^{h}oʔ^{3}]，是一对直径十多厘米的六边形铜镲，中间是圆形的穹隆，倒扣在门上，四边是六角平面形的镲缘，固定在大门上。穹隆的顶部中间有一个孔，用金属卡子穿过大门，门内的部分双向翻起来，将门钹固定在大门上，门外部分弯成圆圈形状，用来挂门环。门环的下边一般有铁制的门闩，其一端可上锁。

门闩 [mã^{33}sɔ^{31}]

是大门里面闩门的短横木(也有铁制的)。有些附属建筑如厕所、堆杂物的小房子不用“锁”[sɵ^{213}]，只用简易的门闩。旧式民居多用木锁，有的木锁结构比较复杂，需要用专门的钥匙才能开启。讲究的用“铜锁”[t^{h}ã^{33}sɵ^{213}]。

图1－31 门闩

图1－32 旧式木锁

图1－33 磉

图1－34 石鼓

磉 [sõ^{213}] / **石鼓** [ɕieʔ^{3}ku^{213}]

大门外面通常安置磉或石鼓。磉是大门两边的石墩子，用作装饰，也用来坐人。石鼓是位于大门入口两侧、形似圆鼓的两块石制构件，多见于大户人家及祠堂。

槛闼 [k^{h}ɔ$^{213-31}$t^{h}ɔʔ^{3}]

即窗户，指墙或屋顶上建造的洞口，用来使光线或空气进入室内。窗框叫“槛闼枷”[k^{h}ɔ$^{213-31}$t^{h}ɔʔ^{3}k^{h}o^{33}]，窗栅叫“槛闼栅”[k^{h}ɔ$^{213-31}$t^{h}ɔʔ^{3}sɔʔ^{3}]。传统民居的窗户都比较小，有的内小外大，具有防盗功能，叫“朴刀卡”[p^{h}ɤʔ^{3}tɤ$^{31-33}$k^{h}ɔ^{213}]。室内采光主要依靠天井和明瓦。

图1－35 槛闼

图1－36 朴刀卡

天井 [t^{h}ẽi$^{31-33}$tɕiã^{213}]

绩溪传统民居大都设有天井，是为了采光而在房顶上开的洞，可以使房内光线充足、空气流通。一般在房屋正间，两边为厢房包围，宽与正间同，进深与厢房等。三间房的天井设在厅前，四间房的天井设在厅中。

图1－37 天井

明堂 [miã^{33}t^{h}õ^{33}]

在堂前的下方，多指天井下的地面。有的是一个方形的坑，有的与地面齐平，天井中落下来和竹笕流下来的雨水都流到明堂里，称作“四水归明堂”[sɿ$^{35-55}$ɕy^{213}kui$^{31-33}$miã^{33}t^{h}õ^{33}]，寓意肥水不外流。

图1－38 明堂

图1－39 四水归明堂

绣楼 [si$^{35-55}$ni^{33}]

旧时未婚女子的居室，是青年女子坐卧起居、修炼女红、研习礼仪的场所。多在二楼，窗前常安置“美人靠”（见图 1-87），女孩子坐在上面，可以观察楼下客厅中的动静。

图1－40 绣楼

图1－41 天花板

图1－42 冬瓜梁

天花板 [t^{h}ẽi$^{31-33}$xo$^{31-33}$pɔ^{213}]

铺设在室内顶部表面的木板。绩溪民居多为二层木结构，楼板大都比较粗糙，在楼板的底部设置天花板，显得整洁美观，同时也能防止尘土从二楼撒落。有些讲究的人家，在屋顶下面也铺设天花板，以防止大风将尘土从瓦缝吹入室内。

冬瓜梁 [tã$^{31-33}$ko$^{31-33}$ȵiõ^{33}]

中部略为拱起的梁，形似冬瓜，故名。两端雕出扁圆形或圆形花纹，中段有的雕有多种图案，显得华丽壮美。多用于祠堂等大型建筑中。

商字门 [ɕiõ$^{31-33}$ts^{h}ʅ$^{22-55}$mã^{33}]

是照壁两柱之间的门洞，一般没有门。其上端像没有“口”的“商”字，人走入其中即加入了一个“口”，成为“商”字。过去做生意的人家多有这样的“门”。

水桶掼 [ɕy$^{213-31}$t^{h}ã$^{213-31}$k^{h}uɔ^{35}]

是照壁两柱之间的梁，多为拱形，像覆着的元宝，也像水桶的提手，故名。

图1－43 商字门

图1－44 水桶掼

图1－45 雀替

雀替 [tɕʰyoʔ³tsʰɿ³⁵]

是旧时祠堂等大型建筑中的特色构件。简单地说，就是“托木”。通常安置于梁（横向）与柱（纵向）的相交处，可以缩短梁的净跨度，增强梁的荷载力，承载梁与柱相接处的部分重量，防止横竖构件之间的角度倾斜。

榫头 [ɕiã²¹³⁻³¹tʰi³³]

旧时绩溪民居多为木结构，榫头是木制建筑物或器物中横竖构件利用凹凸相接时凸出的部分。榫，《集韵》曰“剡木入窍也”。木结构建筑，梁柱之间多采用榫卯连接的方式，有的还用“两头钉”[ȵiõ²¹³⁻³¹tʰi³³tiã³¹]或木楔固定。

图1－46 榫头

图1－47 石磉

图1－48 阁桥

石磉 [ɕieʔ^{3}sõ^{213}]

房子里置于柱子（俗叫“屋柱”[vɤʔ$^{3-5}$tɕʰy^{213}]）底下的石墩，普通人家多为方形。为求美观，也有雕刻成圆形、八角形等各种形状的。其主要作用是将柱子与地面隔开，防止柱子受潮霉烂。

阁桥 [koʔ$^{3-5}$tɕʰie^{33}]

绩溪民居多为二层结构，楼上、楼下分别叫“阁上”[koʔ$^{3-5}$ɕiõ^{22}]、“阁下”[koʔ$^{3-5}$xo^{213}]。阁桥就是房子里上下楼用的木梯子，多是固定的，与可随时搬动的“梯”[tʰa^{31}]样子基本相同。不同的是阁桥的每一级都是平板（称“阁桥档”[koʔ$^{3-5}$tɕʰie^{33}tõ^{35}]），而梯子的每一级多是圆柱形的。

笆篱 [pa$^{31-33}$nɿ^{33}]

即篱笆，是用竹子、树枝、板皮、秫秸等编起来或夹起来，埋在地上阻拦人或动物通行的障碍物，多用在菜园、场院的周围。有的也用石头砌成。编篱笆叫“□笆篱”[tsʰo$^{22-55}$pa$^{31-33}$nɿ^{33}]。

图1－49 笆篱

图1－50 巷洞

巷洞 [$x\tilde{o}^{22-55}t^h\tilde{a}^{22}$]

有的地方叫“户路”[$fu^{22-55}nu^{22}$]，岭北上庄等地称“衖”[$k^hu\tilde{\varepsilon}^{24}$]（上庄音），即胡同，是乡村主要街道之间比较小的通道，多由石板铺砌而成。衖，《说文》曰“里中道也”。

村乡 [tsʰã$^{31-33}$ɕiõ^{31}]

简称“村”[tsʰã^{31}]，也叫“村乡凼子”[tsʰã$^{31-33}$ɕiõ$^{31-33}$tõ^{213}tsɿ^{0}]，是成片的居民房屋构成的建筑群。绩溪处于中低山丘陵地带，境内村庄多以山间盆地聚落为主，也有不少是河岸聚落。绩溪人在选择居住地时，注重龙脉，即山脉走向、水的源头、水口和风向，依山傍水、背风朝阳、如封似闭、视野开阔的地方多被认为是吉地。村落坐北朝南居多。上庄镇的石家村，村如棋盘，后村正中的石氏宗祠象征“帅府”，村前的桃花溪象征“楚河汉界”，一幢幢民居犹如一枚枚棋子。因石家村远祖石守信祖籍隶属河南开封，而河南石姓发祥地是甘肃武威，均在北方，故全村所有房舍和宗祠、厅屋均坐南向北。

图1－51 村乡（1）

图1－52 村乡（2）

水口 [ɕy$^{213-31}$kʰi^{213}]

为求财源广茂，绩溪村落临上游一端山野都较开阔，临下游一方都有两山呈合抱之势的屏障，其间的峡谷，俗称水口，是村庄的门户。旧有“关起大门是一家，关起水口为一村”之说。为求聚财发丁，水口要求紧窄，显而不露。有的村庄，虽背风向阳，但水口不紧，则在村口垒坝植树，建成水口坝、水口园林，以弥补缺陷。

图1－53 水口林

山、水、树是水口的三大要素。一般要求前有朝阳山，后有倚龙山，溪水似玉带。流水是水口的灵魂。旧时风水理论认为，水是财富，为了留住财气，水口常以桥“锁关”。胡适曾引用杨万里的诗句来赞美水口：“万山不放一溪奔，拦得溪声日夜喧。到得前头山脚尽，堂堂溪水出前村。”

图1－54 水口亭

“水口林”[ɕy$^{213-31}$kʰi$^{213-31}$ȵiã^{33}]是为收束水口、增加水口的锁钥之势而种的风水树林。风水理论认为，水口林能聚财聚气，但它客观上起到了防风挡沙、营造美好景观的作用。一般单株或成片植于河岸，以围蔽屏障的形式给村落以庇护。

“水口亭”[ɕy$^{213-31}$kʰi$^{213-31}$tʰiã^{33}]，也叫“水口庙”[ɕy$^{213-31}$kʰi$^{213-31}$mie^{22}]，是建于水口出口处的亭子，属水口建筑的一部分。主要功能是镇锁水口，寄寓富裕、文运昌盛的良好愿望，同时也可增加人文气息。

坦 [tʰɔ^{22}]

也叫“门口坦”[mã^{33}kʰi$^{213-31}$tʰɔ^{22}]，是大门前的平地。旧时多用来堆放柴火，晾晒粮食、衣物等。婚嫁时新娘下轿后进门前的活动，出殡前的祭拜活动等也都在门口坦进行。可以说，门口坦是一个家庭对外活动的公共场所。村中公用的平地叫“众坦”[tsã$^{35-55}$tʰɔ^{22}]，晒粮食的平地叫“晒坦”[so$^{35-55}$tʰɔ^{22}]，撂荒的平地叫“空坦”[kʰuã$^{35-55}$tʰɔ^{22}]。

图1－55 坦

二　其他建筑

绩溪人除了重视正房的择基、朝向，规避某些禁忌外，还都讲究“脚手”[tɕyoʔ$^{3-5}$ si^{213}]，即附属建筑。除正房有堂屋、房间外，猪圈、厕所、院落、柴房、灰堂、水圳、道路、桥梁、水井等都不能少，这些附属建筑大多是跟日常生活、生产劳作密切相关的。

茅司 [mɤ^{33}sɿ^{31}]

就是厕所。旧式厕所基本是一个独立的小屋，里面有粪坑，两边用木板铺平，中间留一窄缝。或者在木板上安装木制的简易坐便器。厕所里一般都有“粪桶”[fɑ̃$^{35-55}$ tʰɑ̃^{213}]。农家卧室里一般有带箱的马桶（即“夜盆”[iɔ$^{22-55}$pʰɑ̃^{33}]），今一般多用“痰盂”[tʰɔ^{33}y^{33}]。

图1－56 茅司

图1－57 猪栏（1）

图1－58 猪栏（2）

猪栏 [tɕy$^{31-33}$nɔ^{33}]

用来养猪的小房子。有的是低矮的平房，也有的是二层的小房，楼下是猪圈，底部铺稻草麦秸等，有简易的门，猪的粪便混合在稻草等中，就是“猪粪”[tɕy$^{31-33}$ fã^{35}]；楼上是“猪栏阁”[tɕy$^{31-33}$nɔ^{33}koʔ^{3}]，主要用来堆放稻草、麦秸、玉米秆（俗称“苞萝秆杪”[pɤʔ^{3}nɵ^{33}kɔ$^{213-31}$mie^{213}]）等。

“牛栏”[ŋi^{33}nɔ^{33}]是用来养牛的小房子。有的是低矮的平房，有的是二层的小房，楼下养牛，楼上是“牛栏阁”[ŋi^{33}nɔ^{33}koʔ^{3}]。

鸡赛⁼ [tsɿ$^{31-33}$sa^{35}]

鸡住的地方，旧时多为一个木制的匣子，前面有可以升降的门（“鸡赛⁼门”[tsɿ$^{31-33}$ sa$^{35-55}$mã^{33}]）。匣子底部放火灰，鸡的粪便混入火灰中就成“鸡赛灰”[tsɿ$^{31-33}$sa$^{35-55}$fa^{31}]（鸡粪肥）。晚上鸡进鸡赛⁼叫“进赛⁼”[tɕiã$^{35-55}$sa^{35}]或“上赛⁼”[ɕiõ$^{213-31}$sa^{35}]。

图1－59 鸡赛⁼

鸡罩 [tsɿ$^{31-33}$tsɤ^{35}]

用来将鸡罩住的竹制用具，由竹篾和竹片编织而成，六七十厘米高，带寸许见方的孔眼，中空，呈圆柱体。底部敞开，顶部中间开一个圆孔。

鸡笼 [tsɿ$^{31-33}$nã^{33}]

圈养家禽（主要是鸡）的木匣子，下部架空，前面有对开的栅栏门。

图1－60 鸡罩

图1－61 鸡笼

板仓 [pɔ$^{213-31}$ts^{h}õ^{31}]

板仓、“板格”[pɔ$^{213-31}$kɔʔ^{3}]、“麦瓮”[mɔʔ^{3}õ^{35}]，都是农家必备的传统储粮用具。

板仓简称仓，是储藏粮食及其加工产品的橱形器物，多为木制。上半部分有对开的门，可以根据储粮的多少加减“仓板”[ts^{h}õ$^{31-33}$pɔ^{213}]，下部是仓体。板仓高 2 米左右，下面中部自下而上叠楔装卸木板，便于取谷，仓底离地尺许。

板格是较大型的粮仓，卧柜式，下有出粮口。多格木框叠楔而成，顶置可掀翻的盖，拆移方便。

旧时储藏麦子多用土瓮，称麦瓮。

图1－62 板仓

图1－63 板格

图1－64 谷印

谷印 [kuɤʔ^{3}iã^{35}]

即仓印。粮食收进粮仓并弄平后，用刻有图案的木印盖在上面以作标记，主要目的是防偷盗。

图1－65 水井、井钩

水井 [ɕy$^{213\text{-}31}$tɕiã^{213}]

简称“井”[tɕiã^{213}]，是用于采集地下水的建筑物，主要用于生活取水。境内水井多为圆形筒井。通常边上放置“井钩”[tɕiã$^{213\text{-}31}$ki^{31}]、“井索”[tɕiã$^{213\text{-}31}$soʔ^{3}]等，用来从井中提水（叫“吊水”[tie$^{35\text{-}55}$ɕy^{213}]或“打水”[tɔ$^{213\text{-}31}$ɕy^{213}]）。

亭 [t^{h}iã^{33}]

建在路边的、敞开的纳凉亭榭，由柱子支承屋顶建造，供行人避雨或休息。建于村中的亭子多是众人聚集聊天的场所。

“路亭”[nu$^{22\text{-}55}$t^{h}iã^{33}]，旧时建筑在路旁供行人休息的小亭子。绩溪境内的古道和一些主干道上，每隔十里八里便有跨路而建的路亭，或筑路旁、桥头，配建房舍，皆砖瓦、石拱结构，内置木石凳，供行人歇肩、躲雨、乘凉。有些路亭还有专门的人看守，在亭内设置茶水，免费供行人饮用，所以也叫“茶亭”[ts^{h}o^{33}t^{h}iã^{33}]。

过去交通不便，行旅艰难，民间将建路亭、茶亭视为善举，主要路道皆“三里一路亭，五里一茶亭”。茶亭多由捐建人置山场或地产为基业，设亭户管理，或近村挨户轮年当值，常年施茶，烘烤干粮。夏秋收获季节，常可见亭户“化缘”[xo$^{35\text{-}55}$yẽi^{33}]田间，农户施谷麦以补贴茶亭费用。

图1－66 亭

图1－67 路亭

图1-68 牌坊（1）

牌坊 [p^hɔ^{33}xõ^{33}]

也叫“牌楼”[p^hɔ^{33}ni^{33}]，是旧时为表彰功勋、科第、德政以及忠孝节义等所立的纪念性建筑物。按其旌表对象来分，大致有四种类型：仕科坊、百岁坊、节孝坊、贞烈坊。多建于要道路口、街旁，或横跨道路，也有置于宗祠前的。

从材质看，牌坊有砖坊、木坊和石坊。砖坊往往都不是独立建筑，大多附于宅第大门上，形同门罩，上刻旌表旨文。木坊，大多为二柱一门三楼牌坊，坊脊覆小青瓦，挑飞檐，柱下置石础及夹杆石。石坊的造型有冲天式和抬梁式：冲天式牌坊四柱出脊，较

图1－69 牌坊（2）

为少见。多数为抬梁式，结构有二柱一门一楼、二柱一门三楼。坊下置雀替，上下平梁间置花板、竖匾。

牌坊多讲究雕饰。竖匾镌刻“圣旨”“恩荣”，花匾正反面分别雕刻坊表名称及上下款文。其他部位多镂刻神鹿仙鹤、祥云瑞草等图案。

水碓 [ɕy$^{213-31}$ta^{35}]

简称碓，有脚碓（“踏碓”[tʰɔʔ^{3}ta^{35}]）和水碓两种。脚碓以脚力踩踏，启动舂杵舂制臼中粮食。水碓是利用水力、杠杆和凸轮原理去除粮食皮壳的一种木结构系统。水碓的动力机械是一个立式大木轮，轮上装有若干板叶，转轴上装有一些彼此错开的拨板，用来拨动“碓梃”[ta$^{35-55}$tʰiã^{31}]（碓杵）。每个碓用柱子架起一根木杆，杆的一端是铁制的“碓头”[ta$^{35-55}$tʰi^{33}]。下面的“碓臼”[ta$^{35-55}$kʰi^{213}]（也叫“步臼”[pʰu$^{22-55}$kʰi^{213}]）里放待加工的稻谷。流水冲击木轮使其转动，轴上的拨板拨动碓杵的尾端，使碓头一起一落。

图1－70 水碓

水碓多建在溪河岸边，为防止所碓之物不受日晒雨淋，方便使用，水碓都建有水碓房（“碓屋”[ta$^{35-55}$vɤʔ^{3}]），可以日夜加工粮食。水碓声音较大，所以多建在村外，以防扰民。旧时水碓以租赁方式经营，加工者自行操作，“碓主”[ta$^{35-55}$tɕy^{213}]收取“碓俸”[ta$^{35-55}$fɑ̃^{22}]，向来有“管碓开店，不认亲眷”[kuɔ$^{213-31}$ta^{35}k^{h}a$^{31-33}$tẽi^{35}pɤʔ$^{3-5}$ȵiɑ̃$^{22-55}$tɕ^{h}iɑ̃$^{31-33}$tɕyẽi^{35}]之说。

磨 [mɵ^{22}]

用于人力磨粉或为粮食脱皮的工具。有上下两个带齿的“磨盘”[mɵ$^{22-55}$p^{h}ɑ̃^{33}]，圆形有齿（“磨齿”[mɵ$^{22-55}$tsɿ^{213}]）。下扇有齿的一面正中，装有木质柱状“磨心”[mɵ$^{22-55}$ɕiɑ̃^{31}]，上扇一面边上有孔（“磨窿”[mɵ$^{22-55}$nɑ̃^{213}]），侧面装一个向外伸出的把手（“磨手”[mɵ$^{22-55}$si^{213}]），一般小手磨的磨把则弯曲向上安装。两个磨盘合起来放在“磨凳”[mɵ$^{22-55}$tiɑ̃^{35}]上，在磨手上连接“磨担钩”[mɵ$^{22-55}$tɔ$^{35-55}$ki^{31}]就可以推动上扇转动。

图1－71 磨

油坊 [iɵ^{33}xɔ̃^{31}]

是使用榨油机榨取植物油的作坊，过去多为木榨。榨油有“炒籽”[ts^{h}ɤ$^{213-31}$tsɿ^{213}]、“碾籽”[ȵiẽi$^{213-31}$tsɿ^{213}]、“装榨”[tsɔ̃$^{31-33}$tso^{35}]等工序。以往油坊榨油多为副业，往往秋后开工，春耕大忙前收摊。多以黄豆、芝麻、油菜子等为原料榨油，榨油后剩余的残渣多为圆形，统称之为“枯”[k^{h}u^{31}]或“枯饼”[k^{h}u$^{31-33}$piɑ̃^{213}]，是上好的饲料和有机肥料。

“油榨”[iɵ^{33}tso^{35}]是借助机械外力的作用，将油脂从种子中榨取出来的机械。主要用来榨油菜子、大豆里的油脂。明徐光启《农政全书》卷二三说：“油榨，取油具也。用坚大四木，各围可五尺，长可丈余。迭作卧枋于地，其上作槽，其下用厚板嵌作底盘，盘上圆凿小沟，下通槽口，以备贮油于器。”

图1－72 油榨

图1－73 灰灶

灰灶 [fa$^{31-33}$tsɤ^{35}]

即石灰窑。石头砌成，立式窑身，可连续加料，用来煅烧石灰石（“料石”[ȵie$^{22-55}$ɕieʔ^{3}]），使石灰石在高温条件下分解成“石灰”[ɕieʔ^{3}fa^{31}]。过去烧石灰都用柴草，所以需要“斫灰草”[tsoʔ$^{3-5}$fa$^{31-33}$tsʰɤ^{213}]、“挑灰草”[tʰie$^{31-33}$fa$^{31-33}$tsʰɤ^{213}]。

窑 [ie^{33}]

窑是烧制砖瓦或陶瓷器的灶。

制作砖瓦的泥（俗称“窑泥”[ie^{33}nɿ^{33}]）要搅和均匀，不能有树根、石块、杂质等，尤其是做瓦的泥，更要踩得透、踩得细。为了保证砖瓦泥的质量，一般用水牛或黄牛踩泥（俗称“踩窑泥”[tsʰa$^{213-31}$ie^{33}nɿ^{33}]）。将泥土踩透拌匀，将其堆成一个巨大的泥堆，用塑料布或稻草盖好保湿。

“做砖”[tsə$^{35-55}$tɕyẽi^{31}]即制作砖坯。将切好的泥块向下用力拍入“砖枷”[tɕyẽi$^{31-33}$kʰo^{33}]（木板制成的模具）里，使泥块填满整个砖枷，再用铁丝弓（“砖弓”[tɕyẽi$^{31-33}$kuɑ̃^{31}]）顺着沿口割下多余的泥，在砖枷下面垫一块“砖板”[tɕyẽi$^{31-33}$pɔ^{213}]，砖板上洒上一些沙子，将泥块从砖枷中脱到砖板上，一块砖坯就做成了。

“做瓦”[tsə$^{35-55}$ŋo^{213}]：将“瓦桶”[ŋo$^{213-31}$tʰɑ̃^{213}]（制瓦模具，由活动木板拼接而成的小木桶）置于转动的木制轴承（俗称“车头”[tɕʰiɔ$^{31-33}$tʰi^{33}]或“瓦头”[ŋo$^{213-31}$tʰi^{33}]）上，在木桶外围披上一层湿布（俗称“瓦衣（布）”[ŋo$^{213-31}$ɿ$^{31-33}$（pu^{35}）]），用细钢丝（俗称“推弓”

图1－74 窑

[t^{h}a$^{31-33}$kuã^{31}]）从泥堆（俗称“妥$^{=}$”[t^{h}ɵ^{213}]）上割下一层薄而长的泥块，将其围在瓦桶外面，用类似于抹子的“瓦丝”[ŋo$^{213-31}$sɿ^{31}]将泥巴拍实、抹得厚薄均匀，将一把带有钉子的篾制标尺（俗称“（刮）泥刀”[（kuɔʔ$^{3-5}$）nɿ^{33}tɤ^{31}]）紧贴桶边，转动瓦桶，剔去多余部分，将瓦桶拎到地上，放平，向内一收，轻轻揭去里面的湿布，连成圆筒形的四块瓦坯就脱胎而出。晒干以后，轻拍纹线，就会顺着既定的印痕分成四块瓦坯。

过去烧砖瓦都用柴草，所以需要“斫窑草”[tsoʔ$^{3-5}$ie^{33}ts^{h}ɤ^{213}]（即砍柴草）、“挑窑草”[t^{h}ie$^{31-33}$ie^{33}ts^{h}ɤ^{213}]。

桥 [tɕ^{h}ie^{33}]

绩溪境内多山地丘陵，沟渠纵横，多石桥、木桥。

“卷桥”[tɕyẽi$^{213-31}$tɕ^{h}ie^{33}]即拱桥，是以拱作为上部结构主要承重构件的桥梁，多为石拱桥。石拱桥以天然石料作为主要建筑材料，建桥的石头多呈梯形，砌筑时，小面在里，大面在外。桥面的重量往下压，桥两边的重量朝中间挤压，石头就被固定住。石拱桥外形美观，养护简便，并可以就地取材。缺点是自重大，跨越能力有限。

“石板桥”[ɕieʔ^{3}pɔ$^{213-31}$tɕ^{h}ie^{33}]是用几根石梁并列成桥面的桥，一般跨度较小。跨度大的中间有桥墩，多段石梁对接在桥墩上。

图1－75 卷桥

图1－76 石板桥（1）

图1－77 石板桥（2）

“渡槽”[t^{h}u$^{22-55}$ts^{h}ɤ^{33}]是跨越其他水道、坑道、道路等修建的桥式架空水槽，是渠道的一部分。

板桥 [pɔ$^{213-31}$tɕ^{h}ie^{33}]

是用木材建造的桥梁，架在木制“桥脚”[tɕ^{h}ie^{33}tɕyoʔ^{3}]（石制的叫“桥墩”[tɕ^{h}ie^{33}tã^{213}]）上，凌架溪涧两岸，村道、山路多用。具有重量轻，强度较高，加工简单等优点，但也容易被大水冲走，承载力和耐久性较差。多在每块“桥板”[tɕ^{h}ie^{33}pɔ^{213}]的头上凿一个洞，穿上铁链，扣住桥脚、桥板，拉固两岸，这样即便桥被水冲垮，桥板也不会被冲走。长的板桥，有多个木脚架，上置拼木板，数迭相衔横跨两岸。

小溪两边不架桥，而用“石步”[ɕieʔ^{3}p^{h}u^{22}]（即石头墩子，也叫“踏步”[t^{h}ɔʔ^{3}p^{h}u^{22}]）置放在溪河中以便行人往来的石头墩子。

图1－78 板桥

竹笕 [tsɤʔ$^{3-5}$tɕiẽi^{213}]

田间引水或屋檐上承接雨水的长竹管叫竹笕。将竹子从中破开，去除竹节，成为通水管。过去多用竹子，也有用木头的，今有用铝合金或白铁制成的。

图1－79 竹笕（1）

图1－80 竹笕（2）

石板大⁼路 [ɕieʔ^{3}pc^{213}tʰɔ$^{22-55}$nu^{22}]

在路基上铺上一层石板的道路。过去视修桥铺路为善举，有钱人家做公益事业，以修桥铺路服务大众。

图1－81 石板大⁼路

图1－82 卷洞

图1－83 水陆$^{=}$

卷洞 [tɕyẽi$^{213-31}$t^{h}ã^{22}]

过去绩溪交通极为不便，行旅往来和货物运输多走羊肠小道，经常几十公里之内无人烟。卷洞是建在古道边供行人休息、遮风挡雨的建筑，用石头砌成拱形的洞，洞内两边设有长石条凳。有的洞内立碑，勒写亭记，或镌刻捐资人姓名。

水陆$^{=}$ [ɕy$^{213-31}$nɤʔ^{3}]

也叫“水塘”[ɕy$^{213-31}$t^{h}õ^{33}]或“水凼”[ɕy$^{213-31}$tõ^{213}]，一般建在村庄中央。每天清早，家庭妇女聚集于此，洗衣洗菜，家长里短，一番热闹景象。如今多数村庄有了自来水，水塘大多已废弃不用。

水圳 [ɕy$^{213-31}$tɕyẽi^{35}]

即引水渠，从村中蜿蜒而过，是日常生活取水用水的主要来源，用于洗菜洗衣服等。火灾时也可用于灭火。过去大姓村庄非常讲究，村中每家每户的生活用水，刷马桶、洗衣服、洗菜分别有相对固定的时间。

图1－84 水圳

图1－85 埠头

埠头 [pʰu$^{22-55}$tʰi^{33}]

河边洗菜洗衣服的地方，多用石头垒砌而成。

图1－86 塝

塝 [pʰõ^{22}]

指田地、沟渠、土埂的边坡，特指用石头砌成的埂，所以也叫“石塔$^{=}$塝”[ɕieʔ^{3}tʰɔʔ$^{3-5}$pʰõ^{22}]。农村中有专门“砌塝”[tsʰɿ$^{35-55}$pʰõ^{22}]的“塝匠”[pʰõ$^{22-55}$tɕʰiõ^{22}]。砌塝是一项重体力活儿，也是技术活儿，既要搬动大块的石头，又要将石头安放得整齐有序。塝，《集韵》:“蒲浪切，音傍。地畔也。吴楚间方语。土之平阜曰塝，沟塍之畦畔处亦曰塝。”

美人靠 [mẽi$^{213-31}$/mi$^{213-31}$iɑ̃^{33}kʰɤ^{35}]

也叫“飞来椅”[fi$^{31-33}$na^{33}ɿ^{213}]，是民宅楼上天井四周设置的靠椅的雅称。古民宅往往将楼上作为日常憩息和活动场所。古代闺中女子轻易不能下楼外出，寂寞时只能倚靠在天井四周的椅子上，遥望外面的世界，或窥视楼下迎来送往的应酬，故雅称此椅为“美人靠”。今也泛指栏杆式长条坐具。

图1－87 美人靠

三　建筑活动

民间建房（俗称“做屋”[tsɵ$^{35-55}$vɤʔ^{3}]），“东家”[tã$^{31-33}$ko^{31}]事先邀请砖、木、石匠师上门谋划，匠师根据拟建房屋地基大小、形状、朝向、资金情况及格局要求，确定施工方案。石匠砌完“墙脚”[tɕ^{h}iõ^{33}tɕyoʔ^{3}]，砖匠打过“平水”[p^{h}iã^{33}ɕy^{213}]后，木匠师傅定出木料构件的尺码，以此取料，建造“屋架”[vɤʔ^{3}ko^{35}]。搭起屋架（俗称“起屋”[ts^{h}ɿ$^{213-31}$vɤʔ^{3}]），“钉椽”[tiã$^{31-33}$tɕ^{h}yẽi^{33}]，“盖瓦”[ka$^{35-55}$ŋo^{213}]，石匠安装门颜，砖匠依屋架垒砌墙体。山民住房，有的以石块、卵石垒砌成墙，有的用黄泥夯打筑成墙体。

民居建筑材料有木材、青砖、石灰、岩石、黄沙等。垒墙脚用花岗石、石灰石或河卵石。砌墙用“木墩砖”[mɤʔ^{3}tã$^{213-31}$tɕyẽi^{31}]、“开线砖”[k^{h}a$^{31-33}$sẽi$^{35-55}$tɕyẽi^{31}]（双开砖）。屋架以柱、梁构成。民居建筑的柱子，一般用杉木，也有正屋四柱用柏、梓、桐、椿树料，寓意“百子同春”，富家有的用石柱。祠堂、庙宇等大型建筑的柱子，用银杏、枫杨等树料。桁、梁用松木，屋椽用杉木，房间以杉木薄板装成。地面以河卵石、粗砂填底，石灰、黄沙、瓜子片石和成“三合土”，夯打平实。

房屋墙面以石灰浆粉刷，保护墙体。屋面盖小青瓦。为防尘埃、冻雨，隔热保温，椽上铺望砖或杉木制成天花板。梁、柱、天花板、“板壁”[pɔ$^{213-31}$pieʔ^{3}]抹桐油或朱漆描金。窗户装木板门。民宅大门，以花岗岩、茶园石或黟县青凿制门颜，以杉木料拼制门板。

建房上门颜时，要宰杀公鸡，将鸡血淋在门口，叫“祭门神”[tsɿ$^{35-55}$mã^{33}ɕiã^{33}]，同时口念祭词：“鸡血淋到东，恭贺东家添儿孙；鸡血淋到西，恭贺东家多添丁。”

新房子（“新屋”[ɕiã$^{31-33}$vɤʔ^{3}]）盖好之后，乔迁新居要举行一定的仪式，摆酒庆贺。“进新屋”[tɕiã$^{35-55}$ɕiã$^{31-33}$vɤʔ^{3}]之前一般要请“地理先生”[ts^{h}ɿ$^{22-55}$nɿ$^{213-31}$sẽi$^{31-33}$sẽi$^{31-33}$]选择吉日，提前通知亲友。到吉日那一天，选择吉时，家人、亲友每人各带一样东西，依一定顺序向新房行进，一般的顺序是：小孩提灯笼，户主夫妻分别拿秤和算盘，挑长袋的（一袋稻谷，一袋麦子），拿五谷袋的（袋内装稻谷、高粱、大麦、粟米、黑芝麻），提火通$^{=}$的长者，拿其他东西的，总人数必须是双数。一路上不能说话。到了新房子门口，有的人家要请“牧夏”[mɤʔ$^{3-5}$xo^{22}]，以求平安；有的在新房子院内立两根竹子，寓意节节高。进屋之后，燃放鞭炮。同时将长袋和五谷袋由后向前一个一个地传递，叫“传袋”[tɕʰyẽi^{33}tʰa^{22}]，寓意一代传一代，代代高。然后祭拜天地、祖宗和门神，吃三道茶和长寿面。

进屋当天，被邀的亲友前来送礼贺喜，送来的礼幛，都要挂在新房子的堂前。宴席的座位，砖匠、木匠、石匠坐在新屋堂前的“上屋头”[ɕiõ$^{22-55}$vɤʔ^{3}tʰi^{33}]（也叫“上围$^{=}$头”[ɕiõ$^{22-55}$vi^{33}tʰi^{33}]）。

挖地基 [vɔʔ^{3}tsʰɿ$^{22-55}$tsɿ^{31}]

也叫“打地基”[tɔ$^{213-31}$tsʰɿ$^{22-55}$tsɿ^{31}]，即奠基，打下建筑物的基础。“地基”[tsʰɿ$^{22-55}$tsɿ^{31}]是承受建筑物重量的经过夯实的土体。

地基挖好后，浇铸基础梁，叫“浇地梁”[tɕie$^{31-33}$tsʰɿ$^{22-55}$ȵiõ^{33}]，地梁起稳定框架和连接的作用。

图1－88 地基

图1－89 挖地基

图1－90 浇地梁

平地面 [pʰiã^{33}tsʰɿ$^{22-55}$mẽi^{22}]

将石灰、黄泥、沙子等拌和后铺在地面上，并将其弄平。今多用水泥、沙子、小石子儿等拌和。将地面弄平压实叫“打地面”[tɔ$^{213-31}$tsʰɿ$^{22-55}$mẽi^{22}]。

图1－91 平地面

图1－92 打地面

砌墙 [tsʰɿ$^{35-55}$tɕʰiõ^{33}]

筑墙，将砖或石块逐块搭砌成墙。砖块或石块之间用“灰泥”[fa$^{31-33}$nɿ^{33}]或“灰沙[fa$^{31-33}$so^{31}]”作为黏合剂。

浇平顶 [tɕie$^{31-33}$pʰiã^{33}tiã^{213}]

旧式民居在起屋当天“盖瓦”[ka$^{35-55}$ŋo^{213}]、“煞脊”[sɔʔ$^{3-5}$tɕieʔ^{3}]，屋顶部分即告完成。今新式建筑用钢筋混凝土浇铸屋顶。浇平顶之前的一项重要工作是“钉架子板”[tiã$^{31-33}$ko$^{35-55}$tsɿ$^{213-31}$pɔ^{213}]，即用木板、支架钉成一个屋顶的框架，然后在这个框架内浇铸。

图1－93 砌墙

图1－94 浇平顶

图1－95 批墙

批墙 [$p^{h}ɿ^{31-33}tɕ^{h}iõ^{33}$]

在砌好的砖墙或石墙上抹泥灰，遮盖缝隙，将墙弄平，叫批墙。在批好的墙上刷石灰浆，使墙变白叫“粉墙”[$f\tilde{ɑ}^{213-31}tɕ^{h}iõ^{33}$]。

贰·日常用具

图2－1 日常用具

上世纪八十年代以前，家庭日常用具（俗称“手用家伙”[si$^{213-31}$yɑ̃$^{22-55}$ko$^{31-33}$xɵ^{213}]）大多就地取材，一般是请木匠、篾匠、石匠等手工艺人上门手工制作（俗称“佣匠人”[yɑ̃$^{22-55}$tɕ^{h}iõ$^{22-55}$ȵiɑ̃^{33}]）。富裕人家的用具大多制作精美，而且多在木制用具上刷油漆，一般人家相对比较粗糙，不刷油漆，保持材料本色。铁制用品基本上都是买的，也有雇用“铁匠”[t^{h}iaʔ$^{3-5}$tɕ^{h}iõ^{22}]上门加工的。改革开放以后，原来手工制作的日常用具逐渐淘汰，多数被塑料或金属制品取代。

一　炊具

锅灶 [kɵ$^{31-33}$tsɤ^{35}]

也叫“瓦锅灶”[ŋo$^{213-31}$kɵ$^{31-33}$tsɤ^{35}]，是可以移动的轻便炉灶，用铁架支撑，内装炭火，炖菜用。可以摆在饭桌上给菜加热或使菜保温。

锅 [kɵ^{31}]

锅是重要的炊事用具，圆形中凹，多用铁制，也叫“□锅”[k^{h}uɔ$^{22-55}$kɵ^{31}]（特指“石□”[ɕieʔ^{3}k^{h}uɔ^{22}]这个地方生产的铁锅，也泛指一般的锅）。炒菜用的锅一般比饭锅小，有长的木把手，叫“茶铫”[ts^{h}o^{33}t^{h}ie^{22}]。做豆腐、杀猪等用“大锅”[t^{h}ɵ$^{22-55}$kɵ^{31}]，大锅一般砌在炉灶内，不能移动。

图2－2 锅灶

图2－3 锅

图2－4 茶铫

铁锹 [tʰiaʔ$^{3-5}$tɕʰie^{31}]

即锅铲，铁、不锈钢或铝材制成，是炒菜时用来翻拨原料，煮饭时搅米、起饭、铲锅巴（俗称“□锅焦”[tsʰɔ$^{35-55}$kɵ$^{31-33}$tɕie^{31}]）用的工具。

铜瓢 [tʰɑ̃^{33}pʰie^{33}]

有长把儿的可以舀取东西的器具，多铜制或铁制，用于盛稀饭或盛汤。

图2－5 铁锹、铜瓢、漏瓢

漏瓢 [ni$^{22-55}$p^{h}ie^{33}]

一种中间有很多小孔的勺子，用来捞东西，多铝制。

饭甑 [fɔ$^{22-55}$tɕiã^{35}]

蒸饭用的木制桶状器具，有屉无底，屉上有透蒸汽的格子。饭甑大多是用木料做成的，所以蒸出来的米饭（叫“蒸饭”[tɕiã$^{31-33}$fɔ^{22}]）有一股木头的幽香。饭甑容量比锅大，过去多在大年三十蒸出一甑子米饭，可以持续吃好多天。农家酿甜酒时，也用它来蒸糯米饭。

图2－6 饭甑

火锹 [xɵ$^{213-31}$tɕʰie^{31}]

铲火或铲炉灰用的铁铲子。铲头为铁或钢制成，类似平底锹，前端是平直的利刃，后面根据用途安装长短不一的木柄。

图2－7 火锹

火夹钳 [xɵ$^{213-31}$kɔʔ$^{3-5}$tɕʰiẽi^{33}]

也叫“夹火钳”[kɔʔ$^{3-5}$xɵ$^{213-31}$tɕʰiẽi^{33}]，是烧火时用来添加柴火或者煤炭的一种用具，形状像剪刀。一头是两个豆瓣形的把手，中间有铆钉连接，另一头是长铁脚。

“火叉”[xɵ$^{213-31}$tsʰo^{31}]是铁制的叉子，后装木柄，用来通炉子或加柴火。

图2－8 夹火钳

图2－9 火叉

图2－10 吹火筒

吹火筒 [tɕʰy$^{31-33}$xɵ$^{213-31}$tʰã^{33}]

是一截两尺来长的竹筒，一般有三个竹节，前两个打通，第三个钻一个小孔。用来向炉里吹气，以使火烧得更旺。或者对着火星吹，火星就会让靠着的木柴燃烧起来。

水桶 [ɕy$^{213-31}$tʰã^{213}]

用来装水、运水的器具。多为木制，长圆形，有提梁，可以单手提，也可以用水担钩（见图5-56）挑。

图2－11 水桶

图2－12 猪食桶

图2－13 水勺

猪食桶 [tçy$^{31-33}$çieʔ^{3}t^{h}ã^{213}]

也叫“猪泔桶”[tçy$^{31-33}$kẽi$^{31-33}$t^{h}ã^{213}]，即泔水桶，存放刷锅水、洗碗水或装剩饭剩菜之类脏水的木桶。其中的水多用来喂猪，故名。

水勺 [çy$^{213-31}$soʔ^{3}]

是木制的勺子，用来舀水、豆浆等液体。圆筒形，有长木柄。今多为塑料或铝制的。

笊篱 [tsɤ$^{-33}$nɿ^{33}]

是用竹篾丝或金属丝制成的能漏水的用具，一端有长柄，用来捞取食物，使被捞的食品与汤水、油等分离，起到过滤的作用。过去煮饭时，多用笊篱先捞取部分未完全煮熟的米饭，放到另外一个锅里继续煮，剩下的煮成稀饭，这个过程叫“煮粥撩饭”[tçy$^{213-31}$tsɤʔ$^{3-5}$ȵie^{33}fɔ^{22}]。

图2－14 笊篱

萝稷帚 [nɵ^{33}tsɿ$^{35-55}$tsi^{213}]

炊帚，一般用高粱秆做成，用草茎、竹条、瓜瓤等制作的多叫“刷帚”[sɔʔ^{3}tsi^{213}]，用来刷锅或锅台。

图2－15 萝稷帚

图2－16 馃印

图2－17 步$^{=}$臼、戳杵

馃印 [kɵ$^{213-31}$iã^{35}]

即做饼的模子，刻有吉祥图案或“福禄寿喜”等字样的木头模板，做馒头或米饼用。将和好的粉或面填进去压紧，再倒出来，馒头或饼上就印出了图案。整个模板多为长条形，中间的木模多为圆形或吉祥图形。用馃印做出来的馃叫“印馃”[iã$^{35-55}$kɵ^{213}]。

步$^{=}$臼 [p^{h}u$^{22-55}$k^{h}i^{213}]

加工粮食除了用水碓之外，还用石臼，步$^{=}$臼是舂粮食的家用器具，也有用木头制的，中间凹下。主要用于舂离谷物皮壳，也可以用来捣烂煮熟的食品。臼杵俗称“戳杵”[ts^{h}oʔ$^{3-5}$tɕ^{h}y^{213}]，是两头粗中间细的圆木棒，有的装铁制杵头。

图2－18 碗架橱

碗架橱 [vɔ$^{213-31}$ko$^{35-55}$tɕ^{h}y^{33}]

装餐具、放剩菜、油盐酱醋等的橱柜。有对开的木门或纱窗门，一般分两层，上层放剩菜剩饭、油盐酱醋等，下层放洗好的碗碟。多为木制，有的嵌在墙内。

图2－19 得$^{=}$得$^{=}$碗

得$^{=}$得$^{=}$碗 [tɤʔ$^{3-5}$tɤʔ$^{3-5}$vɔ^{213}]

旧时小孩儿吃饭用木制的小碗。轻巧耐用，不烫手，也不容易摔坏。对过去的穷人家来说，摔坏一个碗也是一笔不小的损失。

筷筒 [k^{h}uɔ$^{35-55}$t^{h}ɑ̃^{33}]

插放筷子的器具，也用来插勺子、铲子等，多为木制或竹制，两个圆柱形并联在一起。一般放在干爽通风的地方。

图2－20 筷筒

锅头 [kɵ$^{31-33}$t^{h}i^{33}]

即灶台，用砖石砌成（砌灶台叫“泥锅头”[ɱ̍^{33}kɵ$^{31-33}$t^{h}i^{33}]），用来生火做饭。前面留口作为添柴用的灶眼（俗称“风炉”[fɑ̃$^{31-33}$nu^{33}]，连接烟囱的叫“灶囱”[tsɤ$^{35-55}$ts^{h}ɑ̃^{31}]），上方留出一个圆形窟窿，锅坐在里面。一般可同时放三到四个锅，靠墙的往往是一口“大锅”[t^{h}ɵ$^{22-55}$kɵ^{31}]，做豆腐或杀猪时用。有的还内置“水锅”[ɕy$^{213-31}$kɵ^{31}]或“热水罐”[n̥iaʔ^{3}ɕy$^{213-31}$kuɔ^{35}]，在烧饭的同时烧水，等水烧热了，边上有出水的“水龙头”[ɕy$^{213-31}$nɑ̃^{33}t^{h}i^{33}]可以放水。

图2－21 锅头

刀板 [tɤ$^{31-33}$pɔ^{213}]

用于切菜的木板叫刀板。过去多为木制，因容易耗损，近年来大多用塑料制品。用来切菜的刀叫“朴刀”[p^{h}ɤʔ^{3}tɤ^{31}]。

制作面食如饺子、包子、馒头时用来和面、擀面用的案板叫“面板”[mẽi$^{22-55}$pɔ^{213}]，多为长方形。擀面槌叫“碌果槌”[nɤʔ$^{3-5}$kɵ$^{213-31}$tɕ^{h}y^{33}]，用来压制面条或擀包子皮，中间粗两头细；有的是一根长木棍，用来擀大的面皮儿，叫“面杖拐”[mẽi$^{22-55}$tɕ^{h}iõ$^{213-31}$kuɔ^{213}]。

图2－22 刀板、朴刀

图2－23 面板、面杖拐

图2－24 碌果槌

二 卧具

床 [sõ^{33}]

绩溪普通人家的床一般都在“铺板”[pʰu$^{35-55}$pɔ^{213}]（也叫“床板”[sõ^{33}pɔ^{213}]）的上面铺稻草（“床草”[sõ^{33}tsʰɤ^{213}]），稻草上面再垫席子。传统的床大多由床头板、床尾板、骨架等几个部分构成，称为“满顶床”[mã$^{213-31}$tiã$^{213-31}$sõ^{33}]。所谓“满顶”，是指上顶、下底、左壁、右壁和后壁五面都用木板满封。床前横木叫“床□”[sõ^{33}kõ^{31}]，床的里向叫“床壁里”[sõ^{33}pieʔ$^{3-5}$nɿ^{213}]。夏天乘凉时睡卧的床叫“竹床”[tsɤʔ$^{3-5}$sõ^{33}]或“凉床”[ȵiõ^{33}sõ^{33}]，是竹制家具的一种。蚊帐叫“布罩”[pu$^{35-55}$tsɤ^{35}]，开口处叫“布罩门”[pu$^{35-55}$tsɤ^{35}mã^{33}]，帐钩称作“布罩钩”[pu$^{35-55}$tsɤ$^{35-55}$ki^{31}]。

图2－25 床

图2－26 布罩

图2－27 竹床

床上用品有“被”[pʰɿ^{213}]（又分“□被”[tʰɔ$^{22-55}$pʰɿ^{213}]即褥子和“盖被”[ka$^{35-55}$ pʰɿ^{213}]）、“被单”[pʰɿ$^{213-31}$pɔ^{31}]、“枕头”[tɕiã$^{213-31}$tʰi^{33}]等。

罗汉床 [nɵ^{33}xɔ$^{35-55}$sõ^{33}]

旧时有钱人家的一种木制待客家具。三面围子，一面冲前，中间有固定的小茶几。主客两人可以分别斜倚在两边聊天，有点像木制的双人大沙发。因为旧时有钱人多躺在罗汉床上抽鸦片（俗称“乌烟”[vu$^{31-33}$iẽi^{31}]），所以罗汉床也叫“乌烟床”[vu$^{31-33}$ iẽi$^{31-33}$sõ^{33}]。

图2－28 罗汉床

图2－29 焙偷$^{=}$

焙偷$^{=}$ [p^{h}a$^{22-55}$t^{h}i^{31}]

也叫“摇篮”[ie^{33}nɔ^{33}]，婴儿卧具，形状有点像篮子，多用竹篾或藤等制成，可以左右摇动，容易使婴儿入睡。摇篮的底部中空，天冷时放置烤火用具。有的摇篮就是一个悬挂着的竹篮子。

睏簟 [k^{h}uã$^{35-55}$t^{h}ẽi^{213}]

睡觉用的竹席子叫睏簟，将竹子劈成篾丝，经蒸煮、浸泡后用手工编织而成。夏天人直接睡在竹席上，冬天在竹席上铺褥子。今多用“草席”[ts^{h}ɤ$^{213-31}$tɕ^{h}ieʔ^{3}]。

图2－30 睏簟

三　桌椅板凳

台盘 [tʰa^{33}pʰɔ^{33}]

桌子在绩溪话中统称为台盘，稍微抽象一点的说法是“四方台”[sɿ$^{35-55}$xõ$^{31-33}$tʰa^{33}]，比喻比较公开正式的场合。桌子有多种，其中“八仙桌”[pɔʔ$^{3-5}$sẽi$^{31-33}$tsoʔ^{3}]家家必备，由木匠、油漆匠精工制作，桌面四边长度相等，桌面较宽，四边都有精美木雕，每边可坐二人，四边围坐八人。小一点的叫“四仙桌”[sɿ$^{35-55}$sẽi$^{31-33}$tsoʔ^{3}]。普通人家，无论厅堂装饰典雅还是简单，都会在客厅上方摆上一张八仙桌，两侧各放一把椅子，这个位置也叫“上屋头”[ɕiõ$^{22-55}$vɤʔ^{3}tʰi^{33}]。

绩溪旧时男人多外出经商，绩商是“徽商”[fi$^{31-33}$ɕiõ^{31}]的重要一支。平常家中只有妇女和孩子，桌子也只用半边，叫“半边桌”[pã$^{35-55}$pẽi$^{31-33}$tsoʔ^{3}]，丈夫回家，才把两半桌子拼成一个完整的桌子。外人也可以通过半边桌的使用情况知晓男主人是否在家。

台面圆形的是“圆台”[yẽi^{33}tʰa^{33}]或“圆桌”[yẽi^{33}tsoʔ^{3}]，一般用作餐桌，或者用在祠堂中摆放供品。

图2－31 八仙桌

图2－32 半边桌

图2－33 条桌

条桌 [t^{h}ie$^{213-31}$tsoʔ^{3}]

客厅中摆放八仙桌，八仙桌的后面是放在中堂下方的长方形几案，叫条桌，主要用以放陈设品。传统陈设品包括自鸣钟、“屏风”[p^{h}iã^{33}fã^{31}]、镜子（“镜”[tɕiã^{35}]）等。讲究一点儿的条桌两头架在立柜上，立柜设有“抽屉”[ts^{h}i$^{31-33}$ts^{h}ʅ^{35}]，可以放一些日常用具。

茶几 [ts^{h}o^{33}tsʅ^{213}]

绩溪普通农家一般不用茶几，客人进门，多用“茶碗”[ts^{h}o^{33}vɔ^{213}]“泡茶”[p^{h}ɤ$^{35-55}$ts^{h}o^{33}]（续茶水叫“冲茶”[ts^{h}ã$^{31-33}$ts^{h}o^{33}]），现在多用“茶杯”[ts^{h}o^{33}pa^{31}]。条件好一些的家庭才用茶几。茶几一般有方形、矩形两种，高度与太师椅的扶手相当。茶几通常夹在两把椅子中间，用来放杯盘茶具、水果、水果刀、烟灰缸等，主宾二人分坐两边对谈。

图2－34 茶几

图2－35 交椅

图2－36 太师椅

图2－37 小交椅

交椅 [kɤ$^{31-33}$ɿ^{213}]

绩溪椅子统称为交椅，是一种有靠背，有的还有扶手的坐具。交椅都有靠背，人可以靠在上面，所以也叫“靠椅”[k^{h}ɤ$^{35-55}$ɿ^{213}]。“太师椅”[t^{h}ɔ$^{35-55}$sɿ$^{31-33}$ɿ^{213}]是一种方方正正的有扶手的椅子。这种椅子的靠背板、扶手与椅面成直角，有的扶手呈环形，样子庄重，用料厚重。低矮的小椅子叫“小交椅”[ɕie$^{213-31}$kɤ$^{31-33}$ɿ^{213}]或“细交椅”[sɿ$^{35-55}$kɤ$^{31-33}$ɿ$^{213-33}$]。竹制的简易小椅子叫“竹交椅”[tsɤʔ$^{3-5}$kɤ$^{31-33}$ɿ^{213}]。“藤椅”[t^{h}iã^{33}ɿ^{213}]是有靠背有扶手的椅子，多为藤制，椅面和椅背都是软的。简单一点儿的藤椅，靠背和扶手连成半圆形。可以躺卧、两边有扶手的长椅叫“挺椅”[t^{h}iã$^{213-31}$ɿ^{213}]，椅面及可升降的靠背由多块长木条连缀而成，多数可以折叠，存放方便。

图2－38 竹交椅

图2－39 藤椅

图2－40 挺椅

图2－41 板凳

图2－42 方凳

图2－43 抽屉凳

图2－44 细板凳

图2－45 床凳

板凳 [pɔ$^{213-31}$tiã^{35}]

木板面、无靠背的坐具统称板凳，凳面有长方形、方形、圆形等。方形的又叫“方凳”[xõ$^{31-33}$tiã^{35}]或“骨牌凳”[kuɤʔ$^{3-5}$p^{h}ɔ^{33}tiã^{35}]、带抽屉的方凳叫“抽屉凳”[ts^{h}i$^{31-33}$ts^{h}ɿ$^{35-55}$tiã^{35}]。一个人坐的小矮凳叫“细板凳”[sɿ$^{35-55}$pɔ$^{213-31}$tiã$^{35-55}$]。马扎叫“收折凳”[si$^{31-33}$tɕyaʔ^{3}tiã^{35}]，是一种小型的坐具。腿交叉，上面绷帆布或麻绳等，可以合拢，便于携带。“床凳”[sõ^{33}tiã^{35}]，也叫“踏脚凳”[t^{h}ɔʔ^{3}tɕyoʔ^{3}tiã^{35}]，是放在床前的小方凳或长方凳，一般比较矮，上床、脱鞋时用。

坐垫 [ts^{h}ɵ$^{213-31}$t^{h}ẽi^{22}]

是以稻草或蒲草编织而成的圆形扁平坐具，家庭少用。石匠打石头时常用这种坐垫。

图2－46 坐垫

坐枷 [tsʰɵ$^{213-31}$kʰo^{33}] / **隑桶** [kʰa$^{213-31}$tʰɑ̃^{213}]

坐枷是小孩的坐具，木制或竹制。下部是底座，上部方形或圆形中空，孩子坐或站在里面，因为胸部以下基本被固定住，所以不容易翻倒。

隑桶是用杉木箍成的木桶，上细下粗，有方形和圆形两种。桶内半腰间有木栅栏隔断，小孩就站在栅栏的隔板上。天冷的时候桶底部可以放火盆，让孩子取暖。站在桶里的小孩，下半身基本被固定住，双手可以活动。大人不得闲时，可以将孩子放在桶里，既安全又方便。大人有空时，也可以坐在桶旁边跟孩子逗乐或给孩子喂饭。小孩站隑桶，可以在学步前锻炼腿劲。

图2－47 坐枷

图2－48 隑桶（1）

图2－49 隑桶（2）

四　其他用具

图2－50 面盆

面盆 [mẽi^22-55^pʰɑ̃^33^]

洗脸用的盆。面盆有各种材料的，过去多为木制，通常开口部分比较宽大，底部稍小一些，外刷红漆。今一般以塑料、金属和搪瓷的较为常见。面盆也可以用于洗菜等其他用途。

脚盆 [tɕyoʔ^3-5^pʰɑ̃^33^]

洗脚用的盆，多为木料或塑料制成。多为圆形，也有椭圆形的。

面架 [mẽi^22-55^ko^35^]

也叫“面盆架”[mẽi^22-55^pʰɑ̃^33^ko^35^]，是放脸盆的木架子，有的有小抽屉、有镜子，下面还可以放脚盆。稍微讲究一点儿的脸盆架，类似于一个简易的梳妆台。

图2－51 脚盆

图2－52 面架

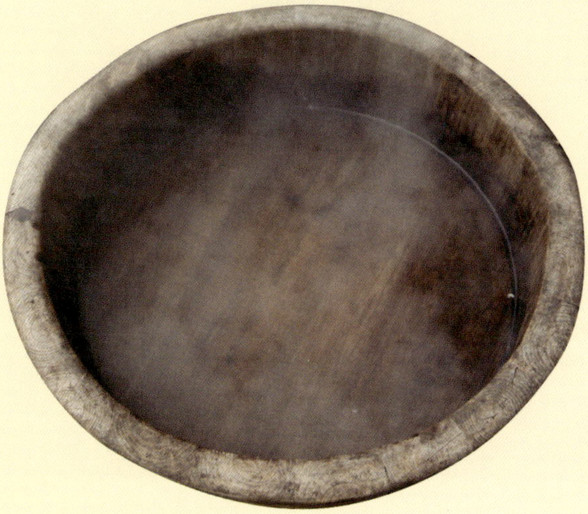

图2－53 浴盆

浴盆 [yoʔ^{3}p^{h}ã^{33}]

旧时洗浴多用木制的大圆盆，今已少用。女子出嫁时嫁妆中一般都有浴盆。

夜盆 [iɔ$^{22\text{-}55}$p^{h}ã^{33}]

马桶叫夜盆，木制的坐便器，是大小便用的有盖的桶。通常放在卧室里，摆在床边。盖子叫“夜盆盖”[iɔ$^{22\text{-}55}$p^{h}ã^{33}ka^{35}]。作为嫁妆时称为“子孙桶”[tsɿ$^{213\text{-}31}$sã$^{31\text{-}33}$t^{h}ã^{213}]。夜盆多放在木制的“夜盆箱”[iɔ$^{22\text{-}55}$p^{h}ã^{33}ɕiõ^{31}]里，面板可翻起。小孩用“尿盆”[ɕy$^{31\text{-}33}$p^{h}ã^{33}]，无盖，一头有提手。旧时男人多用“夜壶”[iɔ$^{22\text{-}55}$fu^{33}]。

图2－54 夜盆、夜盆箱

图2－55 夜壶

图2－56 竹丫笤帚

图2－57 梅花笤帚

图2－58 棕毛帚

笤帚 [tʰie^{33}tsi^{213}]

扫地用的工具，用来扫除尘土、垃圾等。用竹枝、茅草或棕毛等扎成，分别叫“竹丫笤帚”[tsɤʔ$^{3-5}$ŋo^{31}tʰie^{33}tsi^{213}]、“梅花（笤）帚”[ma^{33}xo^{31}（tʰie^{33}）tsi^{213}]、“棕毛帚”[tsã$^{31-33}$mɤ^{33}tsi^{213}]。

笐竿 [xõ$^{-55}$kɔ^{31}]

晾晒衣服、被褥等用的长竹竿，架在两根有杈子的“竹杈”[tsɤʔ$^{3-5}$tsʰo^{31}]上，靠在向阳的墙上。初冬收白菜时，也可将白菜卡在上面晾晒。

图2－59 笐竿

图2－60 煤油灯

图2－61 美孚灯

煤油灯 [ma^{33}iɵ^{33}tã^{31}]

又叫“洋油灯”[iõ^{33}iɵ^{33}tã^{31}]，是电灯普及之前家庭的主要照明工具，以煤油作为燃料。一般自制的煤油灯多用玻璃瓶装上“煤油”[ma^{33}iɵ^{33}]（又叫“洋油”[iõ^{33}iɵ^{33}]），瓶盖钻孔装入“灯芯”[tã$^{31-33}$ɕiã^{31}]制成，有的还有底座和把手。旧时山区农村晚上多点“松迷$^{=}$”[tsʰã$^{31-33}$mɿ^{33}]（即松明）照明。

从商店买的比较讲究的煤油灯也叫“美孚灯”[mi$^{213-31}$fu^{33}tã^{31}]。上面有一个形如张嘴青蛙的“灯头”[tã$^{31-33}$tʰi^{33}]，灯头一侧有将灯芯调高调低以控制亮度的旋钮，灯头边上有弹性簧片，用来固定玻璃“灯罩”[tã$^{31-33}$tsɤ^{35}]，灯罩具有聚光或增强亮光的作用。

马灯 [mo$^{213-31}$tã^{31}]

马灯底部装煤油，配上一根可调控的灯芯以调整亮度，外面有可以升降的玻璃罩，灯罩固定在铁架子上，以防止风将灯吹灭，上端有出烟口，夜行时可随身携带。旧时接亲新郎、新娘要各提一盏马灯。

图2－62 马灯

图2－63 火盆（1）

图2－64 火盆（2）

火盆 [xɵ$^{213-31}$p^{h}ɑ̃^{33}]

绩溪山区农村冬季寒冷，火盆是用来取暖或烘干衣物的用具。早期大多是泥制的，泥火盆传热慢，保暖性能好，近些年来才有铁或铜制成的火盆，也有直接用铁锅装炭火的火盆。火盆的形状以圆形为主，架在方形木架上，上面可以放铁制的网状火通$^{=}$盖。过去山区大多数农家都有火盆，是冬日取暖不可缺少的器物。如今，不锈钢制的火盆逐渐开始取代旧式的火盆。

火桶 [xɵ$^{213-31}$t^{h}ɑ̃^{213}]

既是取暖用具，也是坐具。木制圆形或椭圆形桶（有的只有半边），高度一般跟椅子差不多，内部中空，内侧面中下位置有隔火的木栅，底下可放置炭火盆。天寒时节，人可以坐在桶上取暖，有的还用小棉被覆盖膝盖部位和桶的外缘。

图2－65 火桶（1）

图2－66 火桶（2）

火钵 [xɵ$^{213-31}$poʔ^{3}]

烤火用具，通常是用泥烧成的，桶形无盖（用时可以在上面覆火通⁼盖之类），主要作用是天冷时用来烘脚，也可以用来烘焙鞋、袜、毛巾等小衣物。

图2－67 火钵

火通⁼ [xɵ$^{213-31}$t^{h}ɑ̃^{31}]

是冬天最主要、最常用的用具，是原始而又简单的便携式烤火工具，用来取暖或烘烤衣物、食物。用竹篾编成，内空外圆，内放陶质或白铁“火通⁼盅”[xɵ$^{213-31}$t^{h}ɑ̃$^{31-33}$tsɑ̃^{31}]，上有弧形竹制提手（“火通⁼掼”[xɵ$^{213-31}$t^{h}ɑ̃$^{31-33}$k^{h}uɔ^{35}]），提手两边的缝隙处可以插“火箸”[xɵ$^{213-31}$tɕ^{h}y^{22}]（火筷子），火箸有铜制的也有铁制的，做工往往都比较讲究。火通⁼盅里装满炭火，盖上“火通⁼盖”[xɵ$^{213-31}$t^{h}ɑ̃$^{31-33}$ka^{35}]（用铁丝穿成的，并不是火通⁼必有的部分），就可以取暖了。民谣“手捧苞萝馃，脚踏硬炭火，除脱皇帝就是我”形容的就是老百姓在天寒时节用火通⁼取暖的惬意。

图2－68 火通⁼

图2－69 用火通⁼取暖

图2－70 麦秆扇

图2－71 棕批扇

扇 [çyẽi^{35}]

即扇子，用来摇动生风、纳凉遮阳，也可以用来驱赶苍蝇蚊子等。常见的有“麦秆扇”[mɔʔ^{3}/moʔ^{3}kɔ$^{213-31}$çyẽi^{35}]和“棕批扇”[tsɑ̃$^{31-33}$pʰʅ$^{31-33}$çyẽi^{35}]。麦秆扇，以麦秆编成寸许宽的扁带，将扁带盘缝成圆形扇面，用竹片两面夹紧为柄。棕批扇是用棕树叶子制成的扇子。

刊⁼ [kʰɔ^{31}] / 罐 [kuɔ^{35}] / 瓮 [õ^{35}] / 坛 [tʰɔ^{33}] / 缸 [kõ^{31}]

绩溪装东西的陶制用品有刊⁼、罐、坛、瓮、缸等几种。

刊⁼是一种陶制容器，口圆肚大，一般比较矮，主要用来装咸菜，其中“耿⁼水刊⁼”[kɑ̃$^{213-31}$çy$^{213-31}$kʰɔ^{31}]是一种用来腌菜的罐子。口部有向外张开的宽沿，上面倒扣着钵状盖子，在盖子和宽沿的空处灌上水，可以起到隔绝空气的作用。

罐在绩溪用得比较少，过去通常指“铜罐”[tʰɑ̃^{33}kuɔ^{35}]。

瓮是盛酒或麦子等的一种陶制盛器，口小腹大，比较高。

坛是用陶土烧成的器物，用来腌制菜品或盛放物品。

缸是大口而无颈的陶器，用来装粮食、装水等。装米或其他粮食的大缸叫“米缸”[mʅ$^{213-31}$kõ^{31}]。厨房里贮存生活用水的大缸叫“水缸”[çy$^{213-31}$kõ^{31}]。过去多为木制圆桶，今多为陶制品。上面有两片半圆形的木头盖子，其中一片上有把手。用水时，揭开半边的盖，放在另一片上；不用水时合上。旧时风俗，除夕夜，要把水缸挑满，寓意为“财满”。

图2－72 耿⁼水刊⁼

图2－73 瓮

图2－74 缸

图2－75 水缸

箱 [ɕiõ^{31}]

箱子的统称，是方形、有底有盖可装各种东西的容器。盖子用铰链连接在箱体上，有的箱盖上有锁扣，可以锁闭。一般用木头、竹子、藤革、皮革等制成。常见的有“木头箱”[mɤʔ^{3}t^{h}i^{33}ɕiõ^{31}]、“竹箱”[tsɤʔ$^{3-5}$ɕiõ^{31}]、“藤箱”[t^{h}iɑ̃^{33}ɕiõ^{31}]、“皮箱”[p^{h}ʅ^{33}ɕiõ^{31}]等。

图2－76 木头箱

图2－77 竹箱

图2－78 藤箱

图2－79 橱

橱 [tɕ^{h}y^{33}]

橱、柜在绩溪都叫橱。橱是收置日常用品特别是衣物的家具，前面有门。一般两米来高，分上下两部分，中间有抽屉。常用的有“书橱”[ɕy$^{31-33}$tɕ^{h}y^{33}]、“大衣橱”[t^{h}ɔ$^{22-55}$ʅ$^{31-33}$tɕ^{h}y^{33}]、“碗架橱”[vɔ$^{213-31}$ko$^{35-55}$tɕ^{h}y^{33}]等。新式的有“五斗橱”[vu$^{213-31}$ti$^{213-31}$tɕ^{h}y^{33}]，是存放衣物的柜式家具，有五个抽屉。一边有拉门，可以挂衣服。

“床头柜”[sõ^{33}t^{h}i^{33}k^{h}ui^{22}]也是新式家具，放在床头两边，收纳日常用品，放置床头灯等。

菜篮 [ts^{h}a$^{35-55}$nɔ^{33}]

简称“篮”[nɔ^{33}]，是用竹、藤、塑料等编成的长圆形容器，上面有提梁。大多为竹制，竹篮应用广泛，可以用来装菜、洗衣、盛物件等。盛菜用的叫菜篮、装猪草的叫“猪草篮”[tɕy$^{31-33}$ts^{h}ɤ$^{213-31}$nɔ^{33}]。

图2－80 菜篮

背带 [pa$^{35-55}$tɔ^{35}]

将孩子背在身上时用的比较软的布带子。可以将孩子绑在身后，这样大人可以腾出手来做事。也有绑在身前的。

图2－81 背带（1）

图2－82 背带（2）

轿 [tɕʰie²²]

旧时一种供人乘坐的交通工具。是安装在两根杠上可移动的床或坐椅，全木结构，上部为四角出檐的宝塔顶。新娘子坐的轿子通常披红挂彩，叫“新人轿”[ɕiã³¹⁻³³ ȵiã³³tɕʰie²²]或“花轿”[xo³¹⁻³³tɕʰie²²]。

图2－83 轿

图2－84 猪食槽

图2－85 猪食盆

猪食槽 [tɕy$^{31-33}$ɕieʔ^{3}tsʰɤ^{33}]

喂猪时贮放饲料的器具。多用木料制成，有的用石料凿成。喂猪时，将猪食倒进食槽，猪围槽而食。用石料做的猪食槽，坚硬而且比较重，不怕被猪啃烂或拱倒。

猪食盆 [tɕy$^{31-33}$ɕieʔ^{3}pʰã^{33}]

喂猪时装猪食的木盆，底部是圆形的，上有提手。

狗气杀 [ki$^{213-31}$tsʰɿ$^{35-55}$sɔʔ^{3}]

养鸡鸭等家禽用的器具。桶形或方形，上面有可活动的盖，四周是多根木条围绕成的栅栏。食物在盆底，鸡鸭等家禽可以从容地啄食，猫狗等家畜则因为头部大无法吃到里面的食物。

图2－86 狗气杀

草鞋扒 [ts^{h}ɤ$^{213-31}$xɔ^{33}p^{h}o^{33}]

打草鞋的工具，用时卡在长板凳的一头。打草鞋在过去也算是一门手工技艺，一般在雨雪天或夜间进行。草鞋是利用稻草、草鞋扒人工编织的。如今运动鞋、皮鞋样式美观新颖，草鞋已少有用武之地。

图2－87 草鞋扒

梳妆台 [su$^{31-33}$tsõ$^{31-33}$t^{h}a^{33}]

梳妆台是旧时富贵人家用来梳洗打扮的，普通人家只用面盆架，权当梳妆台。上面放梳妆用品如梳子等，有镜子，有配套的椅子。除了正式的梳妆台之外，简易的梳洗用具还有“镜箱”[tɕiɑ̃$^{35-55}$ɕiõ^{31}]，镜箱是一种木制小匣子，里面有可以翻起的镜子，下层是空的，可以用来放“梳”[su^{31}]、“篦”[p^{h}ʅ^{22}]、“皮筋”[p^{h}ʅ^{33}tɕiɑ̃^{31}]、“刮胡刀”[kuɔʔ$^{3-5}$vu^{33}tɤ^{31}]等。

图2－88 梳妆台

饭桶 [fɔ$^{22-55}$t^{h}ɑ̃^{213}]

旧时送饭用的有盖子的木桶。山区农村，田间作业有时离家比较远，农忙时节需要有人送饭到地头。将做好的饭菜放在木桶中，可以保温保洁，也便于携带。

图2－89 饭桶

食盒 [ɕieʔ^{3}xɔʔ^{3}]

盛放食品、食具的，可提可挑的大盒子。木制方形，有多层。

图2－90 食盒

果子盘 [kɵ$^{213-31}$tsɿ$^{213-31}$p^{h}ɑ̃^{33}]

是放瓜子、花生、糖果等的木盘子，有圆形的，也有方形的，里面有多个小格用来放不同种类的果子。今多为塑料制品。有客人来访时，特别是过春节时招待亲朋，主人通常都会摆出果子盘。

“含盖”[xɔ^{33}ka^{35}]是装瓜子花生等的小竹筐，圆形下凹。用细篾丝编成吉祥图案或文字，是竹艺精品。一般客人进门，女主人总是用含盖装上瓜子、花生、糖果等待客。现在多用塑料的果子盘。

图2－91 果子盘（1）

图2－93 含盖

图2－92 果子盘（2）

图2－94 扁桶

图2－95 王⁼桶

桶 [t^{h}ɑ̃^{213}]

盛水、盛咸菜或盛肉的器具，深度较大，用木料等制成。桶有很多种，根据用途分，有“菜桶”[ts^{h}a$^{35\text{-}55}$t^{h}ɑ̃^{213}]（腌菜用的）、“杀猪桶”[sɔʔ$^{3\text{-}5}$tɕy$^{31\text{-}33}$t^{h}ɑ̃^{213}]（杀猪用的）、“（豆腐）王⁼桶”[（t^{h}i$^{22\text{-}55}$fu$^{22\text{-}55}$）õ^{33}t^{h}ɑ̃^{213}]（做豆腐用的）、“猪草桶”[tɕy$^{31\text{-}33}$ts^{h}ɤ$^{213\text{-}31}$t^{h}ɑ̃^{213}]（装猪草用的）等，根据形状分，有“扁桶”[pẽi$^{213\text{-}31}$t^{h}ɑ̃^{213}]、“圆桶”[yẽi^{33}t^{h}ɑ̃^{213}]。

洋油箱 [iõ^{33}iɵ^{33}ɕiõ^{31}]

即铁皮桶。以前没有铁皮桶，西洋进口的桶装煤油用完之后，空桶用来保存物品，如面粉、茶叶、谷麦等。

图2－96 洋油箱

花篮 [xo$^{31\text{-}33}$nɔ^{33}]

一种比菜篮更精致的竹篮子，有盖，用竹篾和篾丝精工制作而成，用来装食品等。

图2－97 花篮

图2－98 葫芦

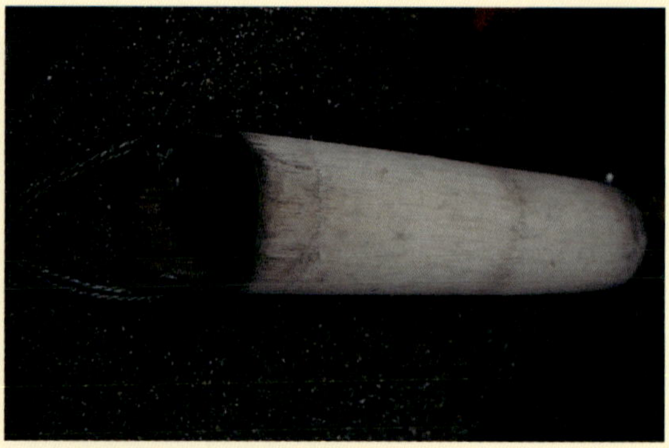

图2－99 茶筒

葫芦 [vu^{33}/vɤʔ^{3}nu^{33}]

装酒或装茶水的用具，上山下地干活时用来装茶水。葫芦的果实成熟后，掏去里面的瓤，风干处理，再在外面按葫芦的形状用竹篾编成外套，以防止磕碰损坏。

茶筒 [tsʰo^{33}tʰã^{33}]

装茶水的竹筒，一般上山下地干活时用。用较粗的毛竹打通中间的竹节，在上面的竹节上凿一个方形或圆形的孔。将茶叶放在竹筒里，倒入开水，或直接将泡好的茶水倒入竹筒。

黹筐 [tsɿ$^{-55}$kʰuã^{31}]

针线筐，竹编的圆形筐子，没有把手。专门用来放针、线、碎布、剪刀等。旧时，黹筐是家庭妇女做女红的必备器具，今已少见。

图2－100 黹筐

图2－101 鱼箩

鱼箩 [ȵy³³nɵ³³]

捕鱼或盛鱼的竹篓。绩溪过去视“撩鱼摸虾”为不务正业，有“撩鱼摸虾，教坏人家”之说。

焙 [pʰa²²]

又叫“青豆焙”[tɕʰiɑ̃³¹⁻³³tʰi²²⁻⁵⁵pʰa²²]，是烘烤衣物、食品的竹制器具。下面为圆筒形，将火盆放在里面，上面为张口的筐形，放入要烘烤的东西。上下两个部分有的是连在一起的，有的则只有上面的筐。

图2－102 焙

图2－103 猪松⁼

猪松⁼ [tɕy$^{31\text{-}33}$sã^{31}]

装小猪的竹制器具。口小，有可活动的盖儿，肚大，有网眼儿。多为一对，卖小猪时可以挑着。

托盘 [t^{h}oʔ$^{3\text{-}5}$p^{h}ã^{33}]

端饭菜时放置碗盏的方形盘子，多在办酒席时用来捧菜。用木板做成，四周有沿儿，刷红漆以示喜庆。宴席上有专门捧菜的，一般一个托盘里放 2 ~ 4 盘菜，分发到不同的酒桌上。

图2－104 托盘

图2－105 煞火得$^{=}$

煞火得$^{=}$ [sɔʔ$^{3-5}$xɵ$^{213-31}$tɤʔ^{3}]

绩溪农家过去烧火做饭多用柴火，柴火有“硬柴”[ŋẽi$^{22-55}$ɕiɔ^{33}]（成段或成块的木柴）、“柿柴”[pʰa$^{35-55}$ɕiɔ^{33}]（劈开的块状的木柴）、“茅柴”[mɤ^{33}ɕiɔ^{33}]（细树枝、柴草树叶等柴火）之分，烧硬柴和柿柴时都会有“炭”[tʰɔ^{35}]。煞火得$^{=}$是用来闷火炭的陶土坛子，烧饭时将灶膛里的火炭铲出倒进这个坛子，盖上盖子，在不通风的情况，这些火炭就热解为木炭。形象的说法是“红的进，黑的出”。

叁·服饰穿戴

图3－1 服饰穿戴

上世纪八十年代以前，男子多穿“中山装”[tsã$^{31-33}$sɔ$^{31-33}$tsõ^{31}]，冬天穿长短棉“大衣”[tʰɔ$^{22-55}$ɿ^{31}]。农村老年人，春秋穿对襟短褂，冬天着“长褂”[tɕʰiõ^{33}ko^{35}]、“长袍”[tɕʰiõ^{33}pʰɤ^{33}]或“絮袄”[ɕy$^{35-55}$ŋɤ^{213}]、“絮裤”[ɕy$^{35-55}$kʰu^{35}]。女性穿翻领对襟褂、西式裤（右腰边开扣）和灰、蓝色列宁装。老年妇女习惯穿列宁装、大裾或对襟短褂。

婴儿初生时，内穿青色“套帽衫”[tʰɤ$^{35-55}$mɤ$^{22-55}$sɔ^{31}]。小孩子的帽子、鞋子比较讲究，帽子有六裥帽、狗头帽、刘海帽等，多缕以金、银丝线，绣花色图案，帽檐钉徽牌或玉翠、银泡，帽后钉小铃铛。鞋子有狮头、虎头、狗头等多种绣花鞋。戴银质手镯，或戴“银箍”[ȵiã^{33}kʰu^{31}]、银项链。

改革开放以前，农村姑娘多扎长辫，末端系红头绳或扎绸结。额前留短发，戴发夹或珠花。中老年妇女在脑后挽髻，称“头髻”[tʰi^{33}tsɿ^{35}]，髻上插簪、钗等。

一　衣裤

衣裳 [ʅ$^{31-33}$ɕiõ^{33}]

衣服，绩溪方言统称衣裳，衣裳可以单指上衣，也可以统指衣裤，衣裤也可以合称为“衣裳裤”[ʅ$^{31-33}$ɕiõ^{33}k^{h}u^{35}]。上衣中，穿在外面的叫“外褂”[ŋɔ$^{22-55}$ko^{35}]，穿在里面的叫“里褂”[nʅ$^{213-31}$ko^{35}]。裤子，主要有“单裤”[tɔ$^{31-35}$k^{h}u^{35}]和“夹裤”[kɔʔ^{3}k^{h}u^{35}]两种，“短裤”[tã$^{213-31}$k^{h}u$^{35-55}$]是遮盖下体至大腿的裤子，有男装或女装之分。短裤长短不一，部分长至小腿。一般为夏季和秋季穿着。短裤可以穿在外面，穿在里面的即内裤。

过去妇女多穿“大裾衣裳”[t^{h}ɵ$^{22-55}$tɕy^{31}ʅ$^{31-33}$ɕiõ^{33}]，是纽扣偏在一侧的中式上衣，衣襟一片小，一片大，穿上后，小片盖到前胸中线，大片越过中线将小片完全盖住，纽扣系在胸前和腋下。大襟衣是相对对襟衣而言的，主要区别在前襟的大小和纽扣的位置不同。对襟衣的两片前襟对称，在胸前中线搭系纽扣，而大襟衣的大片比小片要宽大许多，能够覆盖整个前胸，而且是在腋下系纽扣。

图3－2 大裾衣裳

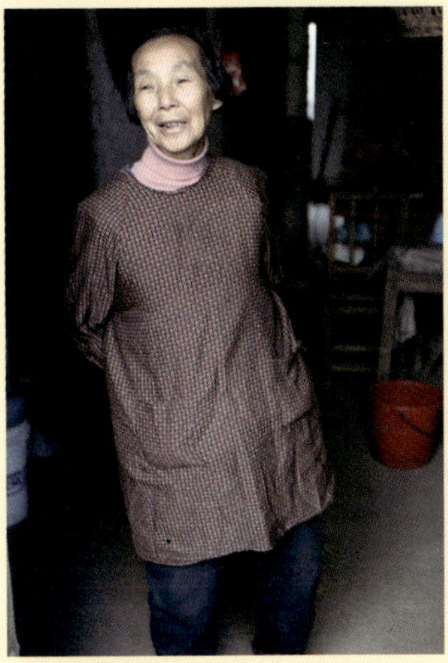

图3-3 罩衣

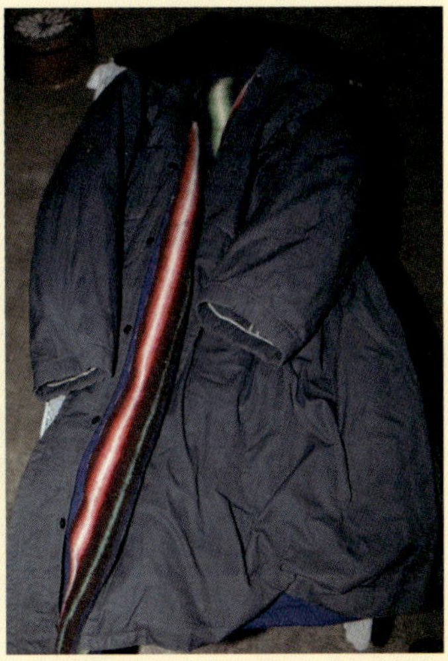

图3-4 絮袄

罩衣 [tsɤ$^{35-55}$ɿ^{31}]

为保护其他衣服而穿的外衣，也指干活的人穿的宽松外衣。

絮袄 [ɕy$^{35-55}$ŋɤ^{213}]

即棉衣，过去冬季御寒多穿棉衣，中间絮上了棉花等保温材料。絮袄分三层：一层是面子，布料比较厚实；里层是里子，多为轻薄的棉质布料；中间一层是用于保暖的棉花。穿絮袄的时候一般要在外面套一件外套，与絮袄一起合称“衫脱”[sɔ$^{31-31}$tʰɤʔ^{3}]。因为絮袄不容易清洗，棉花经水清洗后会影响保暖效果，今已逐渐被“羽绒服”[y$^{213-31}$yɑ̃^{33}fɤʔ^{3}]取代。

絮裤 [ɕy$^{35-55}$kʰu^{35}]

即棉裤。材质与絮袄相同。过去的絮裤款式比较单一、肥厚，穿在身上显得比较臃肿，不是很美观。

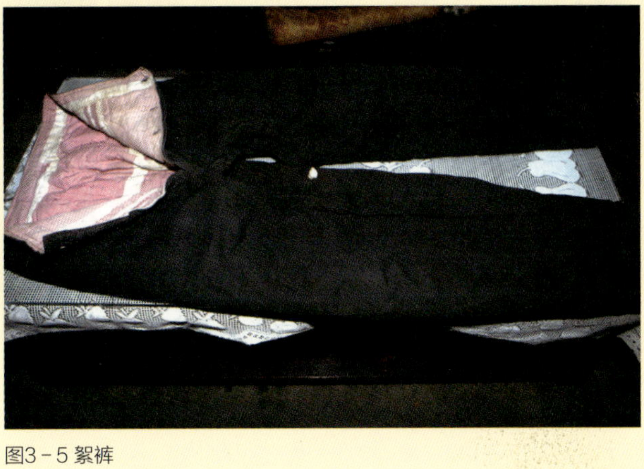

图3-5 絮裤

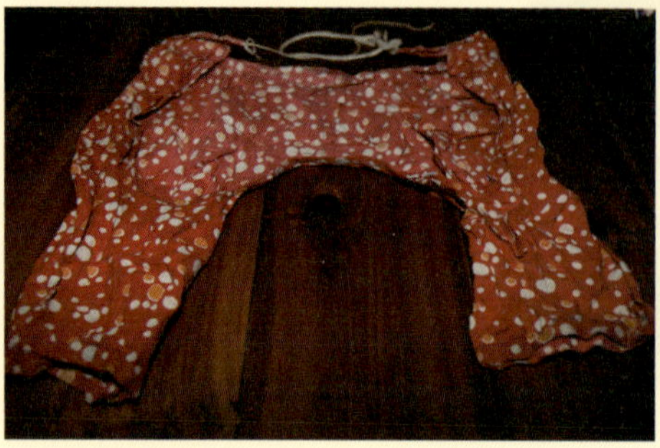

图3－6 开裆裤

图3－7 裤

开裆裤 [kʰa$^{31-33}$tõ$^{31-33}$kʰu^{35}]

幼儿穿的裆部开口的裤子，与“没裆裤”[mɤʔ^{3}tõ$^{31-33}$kʰu^{35}]相对。幼儿大小便不能自理，穿开裆裤可以不致弄脏裤子。

汗衫 [xɔ$^{22-55}$sɔ^{31}]

类似于T恤衫，吸汗的无袖或短袖贴身短衣。

背心 [pa$^{35-55}$ɕiã^{31}]

无领无袖的上衣。汗背心（俗称“汗背”[xɔ$^{22-55}$pa^{35}]）多贴身穿在里面，棉背心（俗称“絮背褡”[ɕy$^{35-55}$pa$^{35-55}$tɔʔ^{3}]）、毛绳背心（俗称“毛绳背”[mɤ^{33}ɕiã^{33}pa^{35}]）多穿在内衣外面。

图3－8 汗衫

图3－9 背心

图3－10 腰布

图3－11 口涎围

腰布 [ie$^{31-33}$pu^{35}]

妇女做饭做家务时在身前系的围裙，长短不一，作用是防止弄脏衣服。有带子套在脖子上，腰间系带子。工匠干活时也系围裙，多数只围住下半身。

口涎围 [kʰi$^{213-31}$sɔ^{33}y^{33}]

婴儿围在脖子下方或胸前的围嘴儿，绩溪叫口涎围，上绣花、鸟、虫、鱼图案。系在脖子周围，接住唾液或饭菜汤以保持衣服干净。

蓑衣 [sə$^{31-33}$ɿ^{31}]

田中劳作如遇下雨天，过去多披蓑衣，戴斗笠。蓑衣是用棕毛制成的、披在后背的防雨用具。一般与下裙（俗称“围裙”[y^{33}tɕʰyã^{33}]，围在下身前边）配合着穿。

图3－12 蓑衣

图3－13 围裙

二　鞋帽等

帽 [mɤ^{22}]

帽子是戴在头上保暖或做装饰的用品。帽子有多种，从材料来说，有毛线织的，有绒的，有棉的，也有布的；从样式来说，圆帽多无帽舌（俗称“帽檐”[mɤ$^{22-55}$iẽi^{33}]），棉耳帽可以护住耳朵，“猴狲帽”[xi^{33}sã$^{31-33}$mɤ^{22}]是可以蒙住整个头部只露眼睛的。

幼儿戴的以虎头为形象的帽子叫“虎头帽”[fu$^{213-31}$tʰi^{33}mɤ^{22}]。民间认为虎是百兽之王，戴虎头帽可以保佑孩子健康成长。

图3－14 帽（1）

图3－15 帽（2）

图3－16 帽（3）

图3－17 虎头帽

图3－18 阳笠

图3－19 草帽

阳笠 [iõ^{33}ȵieʔ^{3}]

即斗笠，荆州叫“阳帽”[iõ^{33}mɤ^{22}]，是用箬竹叶、油纸及竹篾编成的宽边帽子，主要用于挡雨。

草帽 [ts^{h}ɤ$^{213-31}$mɤ^{22}]

有的地方也叫“阴帽”[iã$^{31-33}$mɤ^{22}]，是用麦秸编织成的帽子，帽檐比较宽，多用来遮阳或挡雨。

鞋 [xɔ^{33}]

鞋子种类较多，有布鞋、絮鞋、雨鞋、高筒靴、草鞋等。“布鞋”[pu$^{35-55}$xɔ^{33}]也叫“便鞋”[p^{h}ẽi$^{22-55}$xɔ^{33}]，用布制作的鞋，鞋底为千层底。具有穿着方便、柔软舒适、透气吸湿的特点。通常即将结婚的女子都会为新郎及新郎的父母做布鞋，作为嫁妆。

“絮鞋”[ɕy$^{35-55}$xɔ^{33}]即棉鞋，鞋帮中间填有棉花等保温材料的鞋子，冬天穿，用来御寒，保护脚部不被冻伤。

“雨鞋”[y$^{213-31}$xɔ^{33}]即胶鞋，以橡胶为鞋底或鞋帮，下雨天穿的。

图3－20 布鞋

图3－21 絮鞋

“高筒靴”[kɤ$^{31-33}$tʰã$^{213-31}$ɕiɔ^{31}]，是筒高过小腿的防水靴。

“草鞋”[tsʰɤ$^{213-31}$xɔ^{33}]是农民的劳动用鞋。过去下地干活、上山作业等，不分晴雨都穿草鞋。草鞋透水透气，轻便柔软，防滑，又很廉价。现在，草鞋已经很少见，农民劳作时多穿“解放鞋”[tɕiɔ$^{213-31}$xõ$^{35-55}$xɔ^{33}]。解放鞋耐磨轻便，价格低廉。

旧时缠足妇女所穿的鞋叫“尖头鞋”[tsẽi$^{31-33}$tʰi^{33}xɔ^{33}]，即小脚鞋。

虎头鞋 [fu$^{213-31}$tʰi^{33}xɔ^{33}]

一种童鞋，因鞋头呈虎头模样，故称。老虎是一种吉祥动物，在鞋前脸儿或鞋帮上绣虎头图案，驱鬼辟邪，保佑孩子没病没灾。

图3-22 虎头鞋

图3-23 草鞋

图3-24 解放鞋

图3-25 尖头鞋

图3－26 鞋垫

鞋垫 [xɔ^{33}t^{h}ẽi^{22}]

垫在鞋底的布垫子。手工制作的鞋垫大多精美细腻，纹样富贵吉祥，穿着舒适。

手套 [si$^{213\text{-}31}$t^{h}ɤ^{35}]

手套主要是用于手部保暖的，劳作时也偶有用手套起保护作用的。用毛线编织成的手套叫“毛绳手套”[mɤ^{33}ɕiã^{33}si$^{213\text{-}31}$ t^{h}ɤ^{35}]，上面有各种图案。

图3－27 毛绳手套

金银首饰 [tɕiã$^{31\text{-}33}$ȵiã^{33}si$^{213\text{-}31}$ɕieʔ^{3}]

绩溪过去富贵人家多戴金银首饰。主要有“手镯”[si$^{213\text{-}31}$ts^{h}oʔ^{3}]、“戒指”[kɔ$^{35\text{-}55}$tsʅ^{213}]、“项链”[xõ$^{22\text{-}53}$nẽi^{22}]、“耳朵环”[nʅ$^{213\text{-}31}$tɵ$^{213\text{-}31}$vɔ^{33}]等。

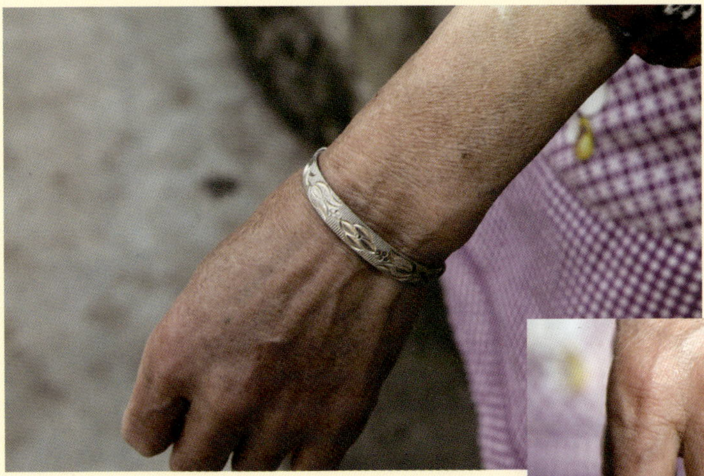

图3－28 手镯

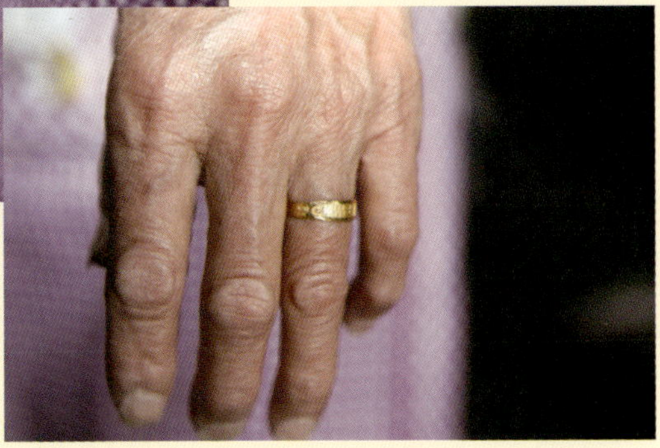

图3－29 戒指

肆·饮食肴馔

图4－1 饮食肴馔

绩溪日常主食为大米，辅以面食和玉米杂粮，家庭多由妇女主炊。一般人家，一日三顿，一粥两饭或一顿面食。农闲时节大多两稀一干，早餐“煮粥撩饭”[tɕy$^{213-31}$tsɤʔ$^{3-5}$ȵie^{33}fɔ^{22}]或粥，殷实人家粥中煮鸡蛋，叫“粥锅鸡子”[tsɤʔ$^{3-5}$kɵ^{31}tsʅ$^{31-33}$tsʅ^{213}]。中饭一顿干饭，晚上菜泡饭、“冷饭汤”[nẽi$^{213-31}$fɔ$^{22-55}$t^{h}õ^{31}]或稀饭，山区居民以食玉米粉为主，辅以山芋、萝卜[nɵ^{33}p^{h}ɤʔ^{3}]、魔芋、葛根等。农忙三顿干饭，雇工匠（俗称“雇人”[ku$^{35-55}$iã^{33}]或“倩人”[tɕ^{h}iã$^{35-55}$iã^{33}]）给“匠人”[tɕ^{h}iõ$^{22-55}$ȵiã^{33}]加“上昼”[ɕiõ$^{22-55}$tsi^{35}]（上午十点左右吃的点心）、“下昼”[xo$^{213-31}$tsi^{35}]（下午三四点钟吃的点心），供以面食、粉馃。

冬季，家家腌“齑菜”[tsʅ$^{31-33}$ts^{h}a^{35}]，制辣椒酱（俗称“辣茄酱”[nɔʔ^{3}tɕ^{h}iɔ^{33}tɕiõ^{35}]），或腌猪肉、火腿。春季焙绿笋、晒“干齑菜”[kɔ$^{31-33}$tsʅ$^{31-33}$ts^{h}a^{35}]，夏季晒“菜干”[ts^{h}a$^{35-55}$kɔ^{31}]，秋季晒干豆角。日常吃食俭朴，以自家“菜园”[ts^{h}a$^{35-55}$yẽi^{33}]所出的新鲜蔬菜为主。有客加腌肉、火腿和鸡蛋汤。远客、贵客登门，四菜一汤或七八样菜，常杀鸡、买肉或做包、馃相待。烹调油腻，稍咸，重佐料。逢时节多“做包做馃”[tsɵ$^{35-55}$pɤ^{31}tsɵ$^{35-55}$kɵ^{213}]。

一 主食

包 [pɤ^{31}]

包子的统称。用面做皮，用菜（如南瓜、冬瓜、豆角等）、肉、芝麻、豆沙等做“馅心”[xɔ$^{22\text{-}55}$ɕiã^{31}]（馅儿）；不带馅的过去也叫“包”，今也有叫“大馍”[tʰɔ$^{22\text{-}55}$mɵ^{33}]的，用蒸笼蒸熟。有“发酵包”“水馅包”“菜包”等。“发酵包”[fɔʔ^{3}kɤ$^{35\text{-}55}$pɤ^{31}]，即馒头，是传统面食，面粉加水、糖等调匀，发酵后蒸熟而成的食品，多为半球形或长条。发酵包也叫“发包”[fɔʔ$^{3\text{-}5}$pɤ^{31}]，做好入笼屉蒸熟后，需趁热在发包顶端盖上刻有“福”“寿”等字形图案的红印，以增添喜庆色彩，称为礼包。绩溪传统的包子多是半月形的，叫“水馅包”[ɕy$^{213\text{-}31}$xɔ$^{22\text{-}55}$pɤ^{31}]，形状像北方的饺子，却是蒸熟吃的，不是煮着吃的。“菜包”[tsʰa$^{35\text{-}55}$pɤ^{31}]是以菜为馅儿的包子，有两种，一种形状类似水馅包，有“南瓜包”[nɔ^{33}ko$^{31\text{-}33}$pɤ^{31}]、“冬瓜包”[tã$^{31\text{-}33}$ko$^{31\text{-}33}$pɤ^{31}]等；一种形状类似馒头，有“猪肉包”[tɕy$^{31\text{-}33}$ȵyeʔ^{3}pɤ^{31}]、“水晶包”[ɕy$^{213\text{-}31}$tɕiã$^{31\text{-}33}$pɤ^{31}]等。

图4－2 包大馍

图4－3 水馅包

图4－4 粥

粥 [tsɤʔ^{3}]

绩溪稀饭称“粥”，是稻米等粮食煮成的半流质食品，一般早饭和晚饭时吃。

煠饭 [sɔʔ^{3}fɔ^{22}]

也叫“煠饭汤”[sɔʔ^{3}fɔ^{22}tʰõ^{31}]，即泡饭，将上一顿吃剩的冷饭用开水泡一泡或煮一煮，或者加上盐、菜等做成的饭。多用来当早饭或晚饭。

苞萝粉 [pɤ$^{31\text{-}33}$nɵ^{33}fɑ̃^{213}]

又称“苞萝饭”[pɤ$^{31\text{-}33}$nɵ^{33}fɔ^{22}]，玉米面儿加水煮成的糊状食品。锅里的水烧开，再一把一把地抓起玉米粉缓缓地调入水中，边放边搅拌，视稀稠而定。有些还在里面加油、盐、菜等。

图4－5 煠饭

图4－6 苞萝粉

面汤 [mẽi$^{22\text{-}55}$tʰõ^{31}]

绩溪过去做汤面，多手工制作，俗称“打面汤”[tɔ$^{213\text{-}31}$mẽi$^{22\text{-}55}$tʰõ^{31}]，先在面粉里加入鸡蛋、少许盐、适量水，揉成面团。用擀面杖将面团擀成厚薄均匀的大片，再将面片像折扇子一样叠起来，切成粗细均匀的细条。碗里加盐、酱油、胡椒粉、味精和猪油。锅加水烧沸，下入面条煮开，将煮开的水浇在碗中，点水二次再煮开。将煮熟的面条捞出放入汤碗中，放入“浇头（菜）”[tɕie$^{31\text{-}33}$tʰi^{33}(tsʰa^{35})]，就是一碗面汤或“面”[mẽi^{22}]。

“面皮汤”[mẽi$^{22\text{-}55}$pʰɿ^{33}tʰõ^{31}]，也叫“面皮”[mẽi$^{22\text{-}55}$pʰɿ^{33}]。将面调好揉好，擀成长条状，锅里煮好相应的蔬菜、肉等后，一手将长条的面片拉长，一手揪为片状下到锅里。

图4－7 打面汤

图4－8 面汤

图4－9 面皮汤

烧饼 [ɕie$^{31-33}$piã^{213}]

绩溪过去少见烧饼。近几十年来有摊点制作出售。是烤熟的小面饼，表面多有芝麻。主要原料为面粉、芝麻、葱油、盐、酱油等。在发酵面团里包入咸或甜的馅料，擀制成饼后撒上芝麻，成形后放入烤炉烤制而成。

图4－10 烧饼

点心 [tẽi$^{213-31}$ɕiã^{31}]

一种有馅的半圆形或半月形的面食，煮熟吃，类似北方的水饺。煮点心时，先在碗里放油、盐、酱油、葱末等，再加入开水，将煮熟的点心捞入碗里就可以吃了。对于以大米为主食的绩溪人而言，“做包打点心”[tsɵ$^{35-55}$pɤ^{31} tɔ$^{213-31}$tẽi$^{213-31}$ ɕiã^{31}]在过去只能是过节时才有的，或者是招待重要客人的。

图4－11 点心（1）

图4－12 点心（2）

图4－13 搨粿

图4－14 苞萝粿

搨粿 [tʰɔʔ$^{3-5}$kɵ^{213}]

绩溪传统的特色面食，是包了馅的面饼。也是外出劳作时携带的饭食，所以也称为“冷饭粿”[nẽi$^{213-31}$fɔ$^{22-55}$kɵ^{213}]。做搨粿的时候，先把面团擀成圆片，放入馅儿，再从四周往中间包好擀平，放在锅中炕熟。搨粿的馅儿多就地取材，多种多样，一般有鲜肉加馅、香椿、萝卜丝、南瓜丝、韭菜蛋花、腌畲菜等。

苞萝粿 [pɤ$^{31-33}$nɵ^{33}kɵ^{213}]

玉米面儿做成的馅饼，通常有肉馅、糖馅、菜馅等。

焖粉 [mɑ̃$^{22-55}$fɑ̃^{213}]

米粉（用大米磨成的粉）加八角茴香、盐、肉丁、豆腐丁、笋丁、香菇丁等煮成的糊状食品，一般是宴席上的主食之一。绩溪宴席风俗，喜庆酒席不上米饭，米粉管饱。

图4－15 焖粉

二　副食

腊月间，民间家家做麻糖、炸“面脆”[mẽi$^{22-55}$tɕ^{h}y^{35}]，或炒花生、瓜子、红薯干（俗称“饭芋干”[fɔ$^{22-55}$y$^{22-55}$kɔ^{31}]）等。麻糖有“冻米”[tã$^{35-55}$mɿ^{213}]、“炖谷米”[tã$^{35-55}$kuɤʔ$^{3-5}$mɿ^{213}]、“谷花”[kuɤʔ$^{3-5}$xo^{31}]三种。殷实人家还做如意糖和花生芝麻糖，此外，还有“麻片”[mo^{33}p^{h}ẽi^{35}]、“饼干”[piã$^{213-31}$kɔ^{31}]、“蛋卷”[t^{h}ɔ$^{22-55}$tɕyẽi^{213}]、“糖枣”[t^{h}õ^{33}tsɤ^{213}]等。春节期间以此奉客和饷邻里孩童。春节后农民野外劳作常以麻糖充饥。传统名糕点有盖头饼（壳饼）、如意糖、短糖、糖饼、寸金糖、骨豆糖、黄切片、麻酥糖、芙蓉糕、云片糕、绿豆糕、百子糕、月饼等。

糍粑 [ts^{h}ɿ^{33}po^{31}]

又叫“糍糕”[ts^{h}ɿ^{33}kɤ^{31}]，糯米蒸熟放到臼里，捣烂切成方形，再油炸制成的一种食品。多用于早点。

油馃 [iɵ^{33}kɵ^{213}]

米粉作皮，菜、肉等作馅做成的饺子状食品，油炸着吃。

图4－16 糍粑

图4－17 油馃

图4－18 艾草饼

图4－19 饭芋干

艾草饼 [ŋɔ$^{22-55}$tsʰɤ$^{213-31}$piã^{213}]

将绿色的艾叶打成浆，和入糯米粉做成的饼。有浓浓的艾叶香，并有少许艾叶的苦味。一般清明前后吃。摘下艾草的嫩叶，拌上石灰沤几天，用水漂洗干净，再放到石臼里捣烂，和入米粉做成多种形状，如元宝形、圆形、扁圆形等，放在粽叶上，上笼屉蒸熟。

饭芋干 [fɔ$^{22-55}$y$^{22-55}$kɔ^{31}]

将整块红薯去皮蒸熟，然后自然晾晒（或烘烤）制成的条状或块状食品。也指将红薯切成片状或条状，晾干之后再炒熟的茶点。

饭芋粉 [fɔ$^{22-55}$y$^{22-55}$fɑ̃^{213}]

即红薯粉，红薯弄碎之后经过过滤晒干的面儿。“滤饭芋粉”[ȵy$^{22-55}$fɔ$^{22-55}$y$^{22-55}$fɑ̃^{213}]（过滤红薯粉）的步骤为：将红薯碾碎，放在麻袋中，过滤到装水的木桶里，红薯沉淀在桶底，倒掉桶里的水，将淀粉拿出来晒干就是红薯粉。

图4－20 滤饭芋粉

图4－21 饭芋粉

图4－22 饭芋粉丝

图4－23 葛粉

饭芋粉丝 [fɔ$^{22-55}$y$^{22-55}$fɑ̃$^{213-31}$sʅ^{31}]

由红薯加工制成的粉丝。将红薯粉放入方形蒸笼中蒸熟，然后用刨子从方形的块状红薯粉刨出丝来。刨出来的粉丝为灰色，细长条状，晶莹剔透。一般炒着吃，偶尔也可以当饭吃。

葛粉 [kɔʔ$^{3-5}$fɑ̃^{213}]

绩溪山中盛产“葛藤”[kɔʔ$^{3-5}$tʰiɑ̃^{33}]，葛根可以食用，也可制粉。历来灾荒，农民挖葛根充饥。初春或霜降后采挖，制粉。葛粉可以用于炒菜时勾芡，也可以做成葛粉丸子。

豆豉 [tʰi$^{22-55}$sʅ^{22}]

有的地方叫“青豆”[tɕʰiɑ̃$^{31-33}$tʰi^{22}]，是嫩黄豆加盐及其他调料煮熟晒干制成的食品，可以用作干粮，或是佐餐食品。

图4－24 豆豉

图4－25 豆腐花

图4－26 豆腐干

图4－27 豆腐皮

图4－28 豆腐

豆腐 [t^{h}i$^{22-55}$fu^{22}]

绩溪旧时一般只在过年时做豆腐，腊月二十八或二十九几乎家家做豆腐。豆腐又称“水豆腐”[ɕy$^{213-31}$t^{h}i$^{22-55}$fu^{22}]，做法是：“黄豆”[õ^{33}t^{h}i^{22}]用水浸泡发胀，用石磨磨碎，在“豆腐枷”[t^{h}i$^{22-55}$fu$^{22-55}$k^{h}o^{33}]上滤去“豆腐渣”[t^{h}i$^{22-55}$fu$^{22-55}$tso^{31}]，将“豆浆”[t^{h}i$^{22-55}$tɕiõ^{31}]烧沸，再将烧沸的豆浆舀入桶内，加入“石膏粉”[ɕieʔ^{3}kɤ$^{31-33}$fɑ̃^{213}]，待插入筷子不倒之后，舀到铺好“饭布”[fɔ$^{22-55}$pu^{35}]的“豆腐匣”[t^{h}i$^{22-55}$fu$^{22-55}$xɔʔ^{3}]中，将饭布盖好，压上重物以滤去水分。根据原料的不同，还有“柴叶豆腐”[ɕiɔ^{33}iaʔ^{3}t^{h}i$^{22-55}$fu^{22}]（用一种植物的叶子做的豆腐）、“板子豆腐”[pɔ$^{213-31}$tsɿ$^{213-31}$t^{h}i$^{22-55}$fu^{22}]（用柞树的果实做的豆腐）、“蒟蒻豆腐”等。

豆腐花 [t^{h}i$^{22-55}$fu$^{22-55}$xo^{31}]

是由黄豆浆凝固后形成的食品。豆花比豆腐嫩软，通常加入糖水或砂糖食用。

豆腐干 [t^{h}i$^{22-55}$fu$^{22-55}$kɔ^{31}]

是豆腐经压制加工成的制品，咸香爽口，硬中带韧，久放不坏。便于旅途携带和食用。

豆腐皮 [t^{h}i$^{22-55}$fu$^{22-55}$p^{h}ɿ^{33}]

是大豆磨浆烧煮后，凝结干制而成的豆制品。豆腐皮是从锅中挑皮、捋直，将皮从中间粘起，成双层半圆形，经过烘干而制成的。

畈$^{=}$豆腐 [fɔ$^{35-55}$t^{h}i$^{22-55}$fu^{22}]

油炸豆腐叫畈$^{=}$豆腐。“畈$^{=}$”[fɔ^{35}]即油炸。将豆腐切成薄片，油炸到金黄色出锅，撒上盐，再用石头压起来。这样制成的豆腐也叫畈$^{=}$豆腐。

豆腐泡 [t^{h}i$^{22-55}$fu$^{22-55}$p^{h}ɤ^{35}]

又叫“豆腐角”[t^{h}i$^{22-55}$fu$^{22-55}$koʔ^{3}]，是一种以豆腐为主要原料的风味小吃，一般放在火锅中。制作时先将豆腐切成小方块，然后放至平底锅上热油煎炸，煎炸时应适时翻动，待至金黄色时即可。

图4－29 畈$^{=}$豆腐（1）

图4－30 畈$^{=}$豆腐（2）

图4－31 豆腐泡

豆腐包 [t^{h}i$^{22-55}$fu$^{22-55}$pɤ^{31}]

也叫“豆腐馃”[t^{h}i$^{22-55}$fu$^{22-55}$kɵ^{213}]，在豆腐泡里装上馅儿做成的。

图4－32 豆腐包

豆腐乳 [t^{h}i$^{22-55}$fu$^{22-55}$y^{213}]

用小块的豆腐做坯，经过发酵、腌制而成的佐餐食品，食用时经常加上香油或辣椒酱等。是一种二次加工的豆制食品。类似豆腐乳但未经发酵的叫“豆腐生”[t^{h}i$^{22-55}$fu$^{22-55}$sẽi^{31}]。

图4－33 豆腐乳

水着饼 [ɕy$^{213-31}$tɕyoʔ$^{3-5}$piã^{213}]

水豆腐揉碎后掺入肉末团成的佐餐食品，一般在春节时制作，是旧时宴席上的一道菜。

蒟蒻豆腐 [tɕy$^{35-55}$ȵyeʔ^{3}t^{h}i$^{22-55}$fu^{22}]

绩溪管魔芋叫“蒟蒻”[tɕy$^{35-55}$ ȵyeʔ^{3}]。蒟蒻豆腐是用魔芋的块茎做成的豆腐。将魔芋块茎洗净，刮净表皮，用刀切成小块，然后用磨磨成浆。将磨好的浆液，加入少量火木灰，经过充分搅拌均匀后，倒入大锅用火直接煮熟凝固。煮制时，边煮边搅拌。

图4－34 水着饼

图4－35 蒟蒻豆腐

麻糖 [mo^{33}t^{h}õ^{33}]

图4－36 麻糖

麻糖以糯米、芝麻（绩溪叫“油麻”[iɵ^{33}mo^{33}]）、白糖为主要原料，拌以桂花、橘皮等精制而成。旧时过年前家家做麻糖，将糯米蒸熟后放在露天晒、冻，然后下锅炒，使米膨化，再拌白糖、饴糖。用刀切出一条条印痕，食用时用手掰开。麻糖可以存放较长时间，过去上山长时间劳作时，常以麻糖为食。

麻酥（糖）[mo^{33}su$^{31\text{-}33}$（t^{h}õ^{33}）]

图4－37 麻酥糖

又叫“顶市酥”[tiã$^{213\text{-}31}$sɿ$^{22\text{-}55}$su^{31}]，是绩溪特色糕点。用白芝麻、白糖配以少量面粉或米粉，拌以饴糖精制而成，成品抓起来成块状，提起来成带状。用一张小红纸包成长约 4 厘米、宽约 3 厘米的长方形。若干个小红纸包包成一个大包，叫“果子包”[kɵ$^{213\text{-}31}$tsɿ$^{213\text{-}31}$pɤ^{31}]。

旧时过年，家家都把小红纸包的酥糖装在果子盘里招待客人，到亲戚家去拜年也一定要送上麻酥糖。民谚说：“拜年不带麻酥糖，请君不要进厅堂。”

近年开发的“徽墨酥”[fi$^{31\text{-}33}$mɤʔ^{3}su^{31}]，外形是一般徽墨墨锭的尺寸，酥体乌黑油亮。以精选黑芝麻、熟面粉为主料，加白糖粉、芝麻酱等拌和而成。

图4－38 甜酒

甜酒 [t^{h}ẽi^{33}tsi^{213}]

即江米酒。过去农家说“做酒”[tsɵ$^{35\text{-}55}$tsi^{213}]通常就是指酿米酒。将糯米淘洗干净，用冷水泡 2～3 小时，放在饭甑里蒸熟。然后摊放在圆筐中，待温度降到 30～40℃时，按比例拌进酒曲，装到坛里，用勺将米稍微压一压，中间挖出一个洞，然后在米上面洒一些凉白开水，盖上盖，大约一昼夜就能出味儿。甜酒经过滤得到的水酒，叫“酒桥”[tsi$^{213\text{-}31}$tɕ^{h}ie^{33}]。

图4－39 茶草

图4－40 茶叶

茶叶 [ts^{h}o^{33}iaʔ^{3}]

生的茶叶也叫“茶草”[ts^{h}o^{33}ts^{h}ɤ^{213}]。茶叶采摘以春茶为主，早春芽茶摘采，摘取嫩芽；清明后为春茶盛采期。采摘重视适时，有“早摘三日是个宝，晏摘三日是根草”“茶过交夏一夜老”的谚语。秋茶一般不采，护棵越冬，“秋茶好吃摘不得”。

旱烟 [xɔ$^{22\text{-}55}$iẽi$^{31\text{-}33}$]

是将烟叶加入辅料，切成丝状，不经卷制即可拿烟筒吸食的烟草制品。过去有专门“做烟”[tsɵ$^{35\text{-}55}$iẽi^{31}]的“烟匠”[iẽi$^{31\text{-}33}$tɕ^{h}iõ^{22}]，将烟叶喷上少许菜油，使其软化也增加香气，然后将烟叶叠起来卡在木槽中，用刨子刨出烟丝来，再用旧报纸包成包。

图4－41 旱烟

三　菜肴

“徽菜”[fi$^{31-33}$tsʰa^{35}]是中国八大菜系之一，是以徽州民间饮食烹调为基础而生成的地方菜系。绩溪是徽菜的重要发祥地，徽菜中著名的“三石”即石耳（俗称“石塔⁼皮”[ɕieʔ^{3}tʰɔʔ$^{3-5}$pʰʅ^{213}]）、石鸡（俗称“石鸭”[ɕieʔ^{3}ŋɔʔ^{3}]）、“石斑鱼”[ɕieʔ^{3}pɔ$^{31-33}$ȵy^{33}]，均以绩溪为名优产地。

传统徽菜烹饪以“重油”“重色”“重火功”而著称：重色——调色之功；重油——调味之功；重火功——调质之功。

绩溪山地多林木，农民常有烧炭的，燃料多样，因此在菜肴的烹调中，既讲究木柴旺火快炒，又擅长以木炭文火慢炖。每年春夏秋，为作全年佐餐食用或备冬季无绿色蔬菜之需，家家都有制酱（俗称“□酱”[ŋɤʔ^{3}tɕiõ^{35}]）和腌菜的习惯。所腌有竹笋、香椿、黄瓜、萝卜、角豆、青菜、大蒜、生姜、辣椒、油豆腐、豆腐乳、毛豆腐、鸡、鸭及鸡鸭蛋、腊肉、火腿等数十种。山民的口味也就偏咸。

烹饪用油较重，农家养猪存油的习惯。每年饲养生猪少则一两头，多则三四头。于春节、端午、中秋等将生猪宰杀后，一定要留足自食的肉和油，多余的卖与店家。“肥膘”[fi^{33}pie^{31}]、“板油”[pɔ$^{213-31}$iɵ^{33}]及“花油”[xo$^{31-33}$iɵ^{33}]熬成“化油”[xo$^{35-55}$ iɵ^{33}]，以备一年烹饪用油所需。

炒蕨 [tsʰɤ$^{213-31}$tɕyaʔ^{3}]

绩溪人家，家常菜多就地取材，以自产或山地野菜为主。“蕨”[tɕyaʔ^{3}]是野生蔬菜，可食用部分是未展开的幼嫩叶芽。通常炒着吃，食用前经沸水烫后，再浸入凉水中除去异味，凉拌或热炒皆可。

图4－42 炒蕨

蕨菜野生在林间、山野、松林内，是无污染的绿色“野菜”[iɔ$^{213-31}$tsʰa^{35}]。也可以煮熟晒干成为“蕨干”[tɕyaʔ$^{3-5}$kɔ^{31}]。旧时灾荒之年，人们采蕨菜、挖蕨根充饥。

图4－43 炒骨豆

炒骨豆 [tsʰɤ$^{213-31}$kuɤʔ$^{3-5}$tʰi^{22}]

“骨豆”[kuɤʔ$^{3-5}$tʰi^{22}]即豆角。豆角是夏天盛产的蔬菜。嫩豆荚可清炒，也可热水烫后凉拌，或腌制成“腌骨豆”[iẽi$^{31-33}$kuɤʔ$^{3-5}$tʰi^{22}]。

图4－44 炒金针

炒金针 [tsʰɤ$^{213-31}$tɕiã$^{31-33}$tɕiã^{31}]

“金针”[tɕiã$^{31-33}$tɕiã^{31}]即黄花菜，取黄花菜的嫩花蕾，放在烧热的油锅中爆炒，颜色鲜艳，味鲜质嫩。

炒苋菜 [tsʰɤ$^{213-31}$ɕiẽi$^{35-55}$tsʰa^{35}]

“苋菜”[ɕiẽi$^{35-55}$tsʰa^{35}]多种植于田间路旁、杂草地上。本地以红苋菜为多。

图4－45 炒苋菜

炒莴笋 [tsʰɤ$^{213-31}$ŋɵ$^{31-33}$ɕiã^{213}]

“莴笋”[ŋɵ$^{31-33}$ɕiã^{213}]即莴苣，可切成片或丝炒菜。莴笋是春季的重要蔬菜，肉质嫩，茎可以凉拌、炒食、干制或腌渍，叶子（俗称“莴笋菜叶”[ŋɵ$^{31-33}$ɕiã$^{213-31}$tsʰa$^{35-55}$iaʔ^{3}]）一般用来喂猪。

图4－46 炒莴笋

焖笋 [mã$^{22-55}$ɕiã^{213}]

选用清明前后出土的春笋加上佐料烧制，也指这样做出来的菜。绩溪竹子种类很多，可食用的竹笋也有多种，有毛竹笋（绩溪叫“毛笋”[mɤ^{33}ɕiã^{213}]或“苗笋”[mie^{33}ɕiã^{213}]）、“水笋”[ɕy$^{213-31}$ɕiã^{213}]、“燕笋”[iẽi$^{35-55}$ɕiã^{213}]等，都可以用来晒制“笋干”[ɕiã$^{213-31}$kɔ^{31}]。

图4－47 焖笋

图4－48 干齑菜

晒干齑菜 [so$^{35-55}$kɔ$^{31-33}$tsɿ$^{31-33}$ts^{h}a^{35}]

为了防备青黄不接时无菜可吃，农家多在冬季将腌菜晒干以便于储存。“腌齑菜”[iẽi$^{31-33}$tsɿ$^{31-33}$ts^{h}a^{35}]晒干就叫“干齑菜”[kɔ$^{31-33}$tsɿ$^{31-33}$ts^{h}a^{35}]。

图4－49 骨豆干

骨豆干 [kuɤʔ$^{3-5}$t^{h}i$^{22-55}$kɔ^{31}]

即脱水豆角，以豇豆为原料，煮熟后，晾晒干或者烘干。

刀豆干 [tɤ$^{31-33}$t^{h}i$^{22-55}$kɔ^{31}]

即脱水四季豆，以四季豆为原材料，煮熟后，晾晒干或者烘干。

图4－50 刀豆干

图4－51 笋干

图4－52 晒笋干

图4－53 笋干丝

图4－54 笋衣

笋干 [ɕiã$^{213-31}$kɔ^{31}]

即干笋，是晒干的笋子或笋片。以竹笋为原料，通过剥壳、洗净、蒸煮、切片或压片、焙干等工艺制取，可长期保存，烹制荤素菜食。食用时，用水泡开之后撕成细丝，叫“笋干丝”[ɕiã$^{213-31}$kɔ$^{31-33}$sɿ^{31}]，炒菜用。

笋衣 [ɕiã$^{213-31}$ɿ^{31}]

笋叶最外面的一层壳形笋皮。煮熟晒干之后，多用来做菜。

香椿芽 [ɕiõ$^{31-33}$tɕ^{h}yã$^{31-33}$ŋɤ^{33}]

切碎的香椿嫩芽。早春摘取香椿树嫩芽晒干腌制，再烘晒至干而成。

图4－55 香椿芽

腌菜 [iẽi$^{31-33}$ts^{h}a^{35}]

绩溪农家冬天家家都做腌菜。腌菜是统称，各种蔬菜都可以腌制。有“腌萝卜”[iẽi$^{31-33}$nɵ^{33}p^{h}ɤʔ^{3}]、“腌骨豆”[iẽi$^{31-33}$kuɤʔ$^{3-5}$t^{h}i^{22}]、“腌大蒜籽”[iẽi$^{31-33}$t^{h}ɔ$^{22-55}$sɑ̃$^{35-55}$tsʅ^{213}]，用盐水或糖水腌起来，制成泡菜，到冬天时享用。也特指“腌（齑）菜”[iẽi$^{31-33}$（tsʅ$^{31-33}$）ts^{h}a^{35}]，利用高浓度的盐液腌制的蔬菜。

绩溪黄瓜叫“□瓜”[ts^{h}ɔ^{33}ko^{31}]，“腌□瓜”[iẽi$^{31-33}$ts^{h}ɔ^{33}ko^{31}]就是腌黄瓜。将黄瓜用盐水腌起来，制成泡菜，到冬天时享用。

图4－56 腌（齑）菜

图4－57 腌□瓜 [iẽi$^{31-33}$ts^{h}ɔ^{33}ko^{31}]

图4－58 腌萝卜

图4－59 腌骨豆

图4－60 腌大蒜籽

图4－61 腊肉

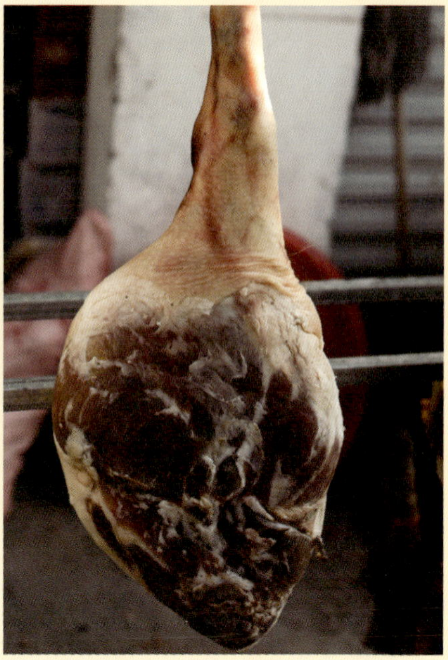

图4－62 火腿

腊肉 [nɔʔ^{3}ȵyeʔ^{3}]

猪肉腌制后经烘烤或曝晒制成的肉类加工食品。腊肉可以长时间保存，风味独特。一般在腊月里制作。“火腿”[xɵ$^{213-31}$t^{h}a^{213}]是腌制的猪腿。

一品锅 [ieʔ$^{3-5}$p^{h}iã$^{213-31}$kɵ^{31}]

岭北乡村，四时八节或婚丧喜庆，时兴“吃锅”[tɕ^{h}ieʔ$^{3-5}$kɵ^{31}]，即一品锅。一品锅讲究层次，一般有 4 ~ 6 层。荤菜在上，素菜在锅底（叫“垫锅菜”[t^{h}ẽi$^{22-55}$kɵ$^{31-33}$ ts^{h}a^{35}]），自上而下分别为“鸭子夹”[ŋɔʔ$^{3-5}$tsɿ$^{213-31}$kɔʔ^{3}]（鸭蛋摊成蛋皮，包入鲜肉馅做成的，类似春卷）、红烧肉、豆腐包、冬笋、干角豆等。等级高一点儿的一品锅用香菇、木耳、冬笋、全鸡垫底，12 个去壳的鸡蛋（闰年 13 个），再分层装蹄膀、荷包蛋或鸭子夹、肉圆、豆腐包、全鱼顶盖。制作一品锅时，大多先以旺火烧开再用文火慢炖。

图4－63 一品锅

图4－64 臭鳜鱼

臭鳜鱼 [ts^{h}i$^{35-55}$kui$^{35-55}$ȵy^{33}]

臭鳜鱼是徽菜的代表菜品之一，闻起来臭，吃起来香，既保持了鳜鱼的本味原汁，肉质又醇厚入味，同时骨刺与鱼肉分离，肉成块状。制作臭鳜鱼最重要的环节是腌制。

毛豆腐 [mɤ^{33}t^{h}i$^{22-55}$fu^{22}]

是徽州有特殊风味的传统名菜，通过人工发酵法使豆腐表面生长出一层白色茸毛。烹饪上桌时以辣椒酱佐食，鲜醇爽口。

图4－65 毛豆腐

喜酒 [sɿ$^{213-31}$tsi^{213}]

绩溪婚丧喜庆必摆酒席。县城一带以“六碗头”[nɤʔ$^{3-5}$vɔ$^{213-31}$t^{h}i^{33}]（六盘大菜）或“七碗四点四”[tɕ^{h}ieʔ$^{3-5}$vɔ$^{213-31}$sɿ$^{35-55}$tẽi$^{213-31}$sɿ^{35}]（七碗大菜、四个点心、四个热炒）居多，岭南农村多为“九碗六”[tɕiɵ$^{213-31}$vɔ$^{213-31}$nɤʔ^{3}]（九碗大菜、六个冷盘）或“十碗八”[ɕieʔ$^{3-5}$vɔ$^{213-31}$pɔʔ^{3}]（十碗大菜、八个冷盘）。并有“上台鸡下台鱼”[ɕiõ$^{213-31}$t^{h}a^{33}tsɿ^{31}xo$^{213-31}$t^{h}a^{33}ȵy^{33}]（第一道大菜是鸡，最后一道菜是鱼）的上席次序，其他菜肴有绩溪炒粉丝、猪蹄（或肉皮）炖干笋、笋片（或萝卜丝）、焖粉、红烧肉、发酵包、甜汤、圆子等，红烧肉、发酵包、焖粉大多一同上桌，是宴席中的两道主食，包和焖粉是可以添加的，主要是让大家吃饱。

“十碗八”开席之前桌上已摆放八个小碟，有瓜子、花生、粉蒸排骨、猪肝（或猪耳朵）、红枣、鸡蛋瓣等。客人基本到齐后，以爆竹为号，爆竹三响即开始上大菜。席间，主人挨桌敬酒，以表谢意。

图4－66 上台鸡

图4－67 炸虾

图4－70 小炒（1）

图4－71 小炒（2）

图4－74 炸丸子

图4－75 白木耳

图4－68 红烧肉

图4－69 猪脚焐笋

图4－72 炒粉丝

图4－73 发酵包

图4－76 焖粉

图4－77 水着饼

图4－78 下台鱼

伍·农工百艺

图5－1 农工百艺

旧时各行各业，如“做务农”[tsɵ$^{35-55}$vu$^{22-55}$nɑ̃^{33}]、“做手艺”[tsɵ$^{35-55}$si$^{213-31}$mɿ^{22}]、“做生意”[tsɵ$^{35-55}$sɑ̃$^{31-33}$ɿ^{35}]等，都有各自的行规习俗。

农村要祭“五谷神”[vu$^{213-31}$kuɤʔ$^{3-5}$ɕiɑ̃^{33}]，祈求庄稼丰收，天旱时要“求雨”[kʰi^{33}y^{213}]。耕牛转让时，买主要带新牛绳（“牛索”[ŋi^{33}soʔ^{3}]）换下旧牛绳，叫“断索”[tʰɑ̃$^{213-31}$soʔ^{3}]，表示买卖双方均不反悔。每年第一次插秧称为“开秧门”[kʰa$^{31-33}$iõ$^{31-33}$mɑ̃^{33}]，要祭拜“田公”[tʰẽi^{33}kuɑ̃^{31}]、“田母”[tʰẽi^{33}m^{213}]，在田埂上插三根香，跪拜。

“芒种”[mõ^{33}tsɑ̃^{35}]之后，水稻栽插完毕，禾苗长势初定时，择定“龙”（辰）日或“虎”（寅）日举行“安苗节”[ŋɔ$^{31-33}$mie^{33}tɕiaʔ^{3}]。在村前“众坦”[tsɑ̃$^{35-55}$tʰɔ^{22}]（即公用平地）或河滩设祭坛，从大庙请出黑（脸）太尉、红（脸）太尉登祭台，祭台周围插旗幡，前面摆香案、香炉、烛台，供村中各户敬贡祭拜。下午日头西斜时，抬太尉老爷巡视稻田，黑、红太尉分坐椅上由四或八人抬行，在锣鼓声、鞭炮声中巡游村周四处田畈，再回到庙前，仪式结束。县内汪姓大村则奉先祖越国公汪华神像，抬着篾扎纸糊的汪公老爷到田间巡游，俗称“汪公看稻”[õ$^{31-33}$kuɑ̃^{31}kʰɔ$^{35-55}$tʰɤ^{213}]。谚语有“种田种得哭，享个安苗福”。这一天，各家做包做馃，邻里互相品尝，其他村庄的“亲眷朋友”[tɕʰiɑ̃$^{31-33}$tɕyẽi^{35}pʰɑ̃^{33}iɵ^{213}]也赶来过节。

木工供奉“鲁班师”[nu$^{213-31}$pɔ$^{31-33}$sɿ^{31}]，忌讳清晨有人坐其工具凳（俗称“作凳”[tsoʔ^{3}tiɑ̃^{35}]），意为坐冷板凳，即无生意可做。

店家设财神座，常年供奉大元帅，以求生意兴隆、财源滚滚。

一　农事

田 [tʰẽi^{33}]

也叫“水田”[ɕy$^{213-31}$tʰẽi^{33}]，是围有田埂（绩溪叫“田塍”[tʰẽi^{33}ɕiɑ̃^{33}]或“田塝”[tʰẽi^{33}pʰõ^{22}]），可以经常蓄水，用于种植水稻等水生作物的土地。水田按水源情况分为灌溉水田和望天田两类。灌溉水田指有水源保证和灌溉设施，在一般年景能正常灌溉，用于种植水生作物的耕地，包括灌溉的水旱轮作地。主要有“堨田”[xɔʔ^{3}tʰẽi^{33}]和“塘田”[tʰõ^{33}tʰẽi^{33}]。“堨”[xɔʔ^{3}]是通过拦河坝将水引到田里的引水渠，在河溪中筑“拦河坝”[nɔ^{33}xɵ^{33}po^{35}]（筑拦河坝俗称“作堨”[tsoʔ$^{3-5}$xɔʔ^{3}]），经“水圳”[ɕy$^{213-31}$tɕyẽi^{35}]引水灌田。山区小堨灌田三五亩至数十亩，大堨灌田数百亩。堨田是指通过引水渠灌溉的水田；塘田是用水塘灌溉的水田。望天田指无灌溉工程设施，主要依靠天然降雨，用以种植水稻、莲藕等水生作物的耕地，包括无灌溉设施的水旱轮作地。田有“烂田”[nɔ$^{22-55}$tʰẽi^{33}]、“麦田”[mɔʔ^{3}tʰẽi^{33}]之分。烂田是常年有水的田，不能种麦子。麦田是稻麦间作的田。

图5－2田（1）

图5－3田（2）

图5－4 梯田

图5－5 秧田

绩溪是丘陵山区，除了河流冲积区之外，平地较少。“梯田”[tsʰɿ$^{31-33}$tʰẽi^{33}]是基本农田之一，一般呈长条形，边缘筑有田埂。

培育水稻秧苗的水田叫“秧田”[iõ$^{31-33}$tʰẽi^{33}]。过去选种多是取稻桶前沿的饱满稻谷，剔除杂粒、稗子，单独储存。清明节后，将谷种(称为“谷籽”[kuɤʔ$^{3-5}$ tsɿ^{213}])晒一两天，经风扇筛选，清水中浸泡两三天，或用泥水盐水选种。水稻育秧前要“覆秧田”[fɤʔ$^{3-5}$iõ$^{31-33}$tʰẽi^{33}]，即将田里的土弄碎弄平，有的还要往田里“踩秧草”[tsʰa$^{213-31}$ iõ$^{31-33}$tsʰɤ^{213}](将从山上割来的嫩草踩入田中作为基肥)。播下谷种，盖上草木灰，畦两边插竹弓，覆盖薄膜保温，“秧龄”[iõ$^{31-33}$ȵiã^{33}]一般为 30 ~ 35 天。

耕田 [kẽi$^{31-33}$tʰẽi^{33}]

播种之前首先要犁田，即用犁翻松田土。犁田的过程大致是：将牛牵到田地里，在牛脖子上套好牛轭，并将牛轭上的铁链拴在犁上，“犁尖”[nɿ^{33}tsẽi^{31}]插入田中，右手扶

图5－6 耕田

图5－7 撞⁼田

犁，左手拉着牵牛绳（“牛索”[ŋi^{33}soʔ^{3}]），驱赶着牛往前走。牵牛绳控制牛往左走，要让牛往右走，则需要喊“嘟——”之类的口令。复耕叫“撞⁼田”[tsʰõ$^{22-55}$tʰẽi^{33}]，即把耕过一遍的田再耕一遍，把土块弄得更碎。

耙田 [pʰo$^{22-55}$tʰẽi^{33}]

耕过撞⁼过的田，里面的泥块一般都还比较大，而且不平，不便于插秧。耙田就是用“耙”[pʰo^{22}]弄碎田中土块，将田弄平。耙田时，用手扶着有铁齿的耙子，由牛牵引将水田里的土块弄平，使稻子有疏松的生长土壤，又能均匀受水。

耙有两种。一种齿是直立的，由人手扶着前行；另一种叫“踏耙”[tʰɔʔ^{3}pʰo^{22}]，两排铁齿是横着的，人站在上面由牛牵行。“踏耙”也是一种耙田方式，种麦子或油菜时，人站在有齿的耙上，由牛牵引着，在行进中碎土平田。

图5－8 耙田

图5－9 踏耙

图5－10 筑田塍

图5－11 拔秧

筑田塍 [tsɤʔ$^{3-5}$tʰẽi^{33}ɕiɑ̃^{33}]

有的地方也叫“作田塝”[tsoʔ$^{3-5}$tʰẽi^{33}pʰõ^{22}]，即筑田埂。用四齿铁耙从水田里捞出稀泥堆筑成田埂。田埂上可以种豆子或高粱等。

拔秧 [pʰɔʔ^{3}iõ^{31}]

稻秧长到三至五寸长时即可拔秧，就是将秧苗拔起来，用稻草捆成一把一把的，再挑到稻田里移栽。拔秧时总弯着腰，劳动强度大，可以坐在“秧凳”[iõ$^{31-33}$tiɑ̃^{35}]上。秧凳是一种简易的板凳，一块木板下面支一根下部削尖的木棍，可以插在田里。

图5－12 种田

种田 [tsã$^{35\text{-}55}$t^{h}ẽi^{33}]

将秧苗栽插在水田里叫种田，岭北叫“莳田”[sɿ^{33}t^{h}ẽi^{33}]，多手工操作。栽插时间一般始于“小满”[ɕie$^{213\text{-}31}$mɔ^{213}]，兴于“芒种”[mõ^{33}tsã^{35}]，结束于“夏至”[xo$^{22\text{-}55}$tsɿ^{35}]之前。有些地方将枯饼粉拌和草木灰，盛在小木盆里，插秧时用手指夹带少量枯灰随秧插下，俗称“点盆”[tẽi$^{213\text{-}31}$p^{h}ã^{33}]或“登盆”[tã$^{31\text{-}33}$p^{h}ã^{33}]。

种饭芋 [tsã$^{35\text{-}55}$fɔ$^{22\text{-}55}$y^{22}]

栽红薯。将“饭芋藤”[fɔ$^{22\text{-}55}$y$^{22\text{-}55}$t^{h}iã^{33}]去除多余的枝叶，剪成一段一段的，拿来插在地里。多种于旱地或坡地。春暖后下“饭芋种”[fɔ$^{22\text{-}55}$y$^{22\text{-}55}$tsã^{213}]培苗，苗床用猪牛粪垫底，加肥土，盖稻草或薄膜保温。苗萌长到十厘米左右时移栽到育苗地。施猪牛粪、土杂肥、草木灰等，耕耙作畦，趁阴雨天剪苗扦插。

图5－13 种饭芋

图5－14 种油菜

种油菜 [tsã$^{35-55}$iɵ^{33}ts^{h}a^{35}]

绩溪油菜通常有两种栽种方法，多数“打凼”[tɔ$^{213-31}$tõ^{213}]直播，少数撒播（“撒菜籽”[sɔʔ$^{3-5}$ts^{h}a$^{35-55}$tsɿ^{213}]）或育苗移栽。播前将地耕好耙平，疏松土壤，再复耕细耙作畦，开沟排水防渍。播后用草木灰盖子或覆浅土。

间苗 [kɔ$^{35-55}$mie^{33}]

农作物出苗过程中或完全出苗后，人工去除多余部分幼苗的过程，叫间苗。间苗可以使苗间空气流通、日照充足，也使留下的禾苗更好地吸收肥力。

□粪 [ŋɤʔ^{3}fã^{35}]

将猪牛粪便从猪圈牛圈中拉出（俗称“出粪”[ts^{h}ɤʔ^{3}fã^{35}]），堆成一堆，外面盖上稻草，沤制发酵，以增加肥力。沤十多天之后用粪箕挑或用板车拉到田地里。

图5－15 间苗

图5－16 沤粪

图5－17 烧草灰

烧草灰 [ɕie31-33tsʰɤ213-31fa31]

将田地中庄稼的秸秆摊开晒干之后，聚拢在一起放火烧成灰，作为田地的肥料，同时也能烧死土里的害虫。有些农户种红花草（俗称“鸭花”[ŋɔʔ3-5xo31]）或“大麦”[tʰɵ22-55mɔʔ3]作绿肥。另外，山区农户习惯割野生绿肥，春季上山割取嫩枝杂草，施入田中作为肥料。

挑粪 [tʰie31-33fɑ̃35]

将人畜粪挑到庄稼地里施肥。挑人粪（俗称“精粪”[tɕiɑ̃31-33fɑ̃35]）用粪桶；挑猪牛粪用粪箕或用独轮车、板车（双轮车）拉运。

铺粪 [pʰu31-33fɑ̃35]

将猪粪、牛粪抓起来均匀地铺放在庄稼地里，使庄稼能均匀地吸收到肥力。农家畜禽圈养，用稻草或割青草垫栏。每年春种或秋种后出栏，堆沤十到十五天，再施入田地作基肥，或铺施于稻行间作追肥。

图5－18 挑粪

图5－19 铺粪

下粪 [xo$^{213-31}$fã^{35}]

将猪粪牛粪抓起来均匀地下到稻田里，使稻子均匀接收肥力。

图5－20 下粪

浇粪 [tɕie$^{31-33}$fã^{35}]

用粪瓢（俗称“粪勺”[fã$^{35-55}$soʔ^{3}]）从粪桶里将粪舀出来，将其均匀地浇到田地里。

下化肥 [xo$^{213-31}$xo$^{35-55}$fi^{33}]

将化肥施于土壤或植物，以增强作物长势，提高作物产量，并保持土壤肥力。用手施叫“烟⁼”[iẽi^{31}]、“撒”[sɔʔ^{3}]，用工具施叫“下”[xo^{213}]。

图5－21 浇粪

图5－22 烟⁼化肥

图5－23 耘田

耘田 [yã^{33}tʰẽi^{33}]

耘田是水稻管理的一个重要环节，目的是扶苗、除草、松泥、拔除稗草、均匀肥料，使水稻茁壮生长。耘田的方法有多种，如借用工具耘，采用双脚耘，用双手耘，等等。耘田工具主要是“推灰耙”[tʰa$^{31-33}$fa$^{31-33}$pʰo^{33}]和“耘田耙”[yã^{33}tʰẽi^{33}pʰo^{33}]。

喊$^{=}$草 [xɔ$^{213-31}$tsʰɤ^{213}]

用锄头为农作物锄草、中耕或间苗。多在晴天进行，将杂草连根挖起，经太阳曝晒，草就枯死了。今多用“除草剂”[tɕʰy^{33}tsʰɤ$^{213-31}$tsɿ^{35}]。

用手拔草或锄草叫“耘草”[yɑ̃^{33}tsʰɤ^{213}]。

图5－24 喊$^{=}$草

看水 [kʰɔ$^{35-55}$ɕy^{213}]

稻子插下后，需要适时察看稻田水情，以决定排水或灌水。干旱时，属于同一条引水渠的各块稻田，根据面积大小决定轮流灌水的时间长短，叫“分水眼”[fɑ̃$^{31-33}$ɕy$^{213-31}$ŋɔ^{213}]或“分水次”[fɑ̃$^{31-33}$ɕy$^{213-31}$tsʰɿ^{35}]。水稻秧苗长到一定时候，要暂停向田中灌水，让秧苗长根，叫“靠田”[kʰɤ$^{35-55}$tʰẽi^{33}]。稻子收割前，要疏通田中水路，将水放干，以免割稻子时“打烂污”[tɔ$^{213-31}$nɔ$^{22-55}$vu^{35}]，叫“打稻坵”[tɔ$^{213-31}$tʰɤ$^{213-31}$kʰi^{31}]。

图5－25 看水

打农药 [tɔ$^{213-31}$nɑ̃^{33}yoʔ^{3}]

稻子长定后，要定期给庄稼喷洒农药，杀灭害虫或除草。

图5－26 打农药

图5－27 假人

图5－28 割稻（1）

图5－29 割稻（2）

图5－30 割麦

假人 [ko$^{213-31}$iã^{33}]

农田间用来驱赶鸟雀的偶人。过去多以稻草捆扎成人形插在田间。今多用有色的旧衣服垂挂于田间，迎风招展，以达到驱赶鸟雀的目的。有的在田间垂挂铁筒等在微风吹拂下能发出声音的东西。

割稻 [kɔʔ$^{3-5}$t^{h}ɤ^{213}]

用草刀或镰刀收割稻子，一般在霜降前收割。通常三四颗稻子成一把，割下后交错着堆成堆，供打稻的取用。

割麦 [kɔʔ$^{3-5}$mɔʔ^{3}]

用镰刀或草刀收割麦子。

图5－31 斩苞萝

图5－32 挖饭芋

图5－33 斩葵花盘

图5－34 斩萝稷

斩苞萝 [tsɔ$^{213-31}$pɤ$^{31-33}$/pɤʔ^{3}nɵ^{33}]

收割玉米。秋季将包括果实在内的玉米植株的上半段砍下来，再将玉米棒子去皮。玉米多种于山地、旱地或旱田，山区过去沿袭种火子山（俗称“种山”[tsɑ̃$^{35-55}$sɔ^{31}]：选一块杂树林，砍尽树木，晒干后，点火烧掉，刨掉树根，种上玉米、粟米等晚秋作物，不施肥料，种三年抛荒），“打凼”[tɔ$^{213-31}$tõ^{213}]下种。

挖饭芋 [vɔʔ$^{3-5}$fɔ$^{22-55}$y^{22}]

挖红薯，用锄头将红薯从土里刨出来。红薯用于佐餐食用，或加工成淀粉、粉丝，或作为猪饲料。红薯藤（“饭芋藤”[fɔ$^{22-55}$y$^{22-55}$tʰiɑ̃^{33}]）的叶柄去皮后可以炒着吃，叫“饭芋藤梗”[fɔ$^{22-55}$y$^{22-55}$tʰiɑ̃^{33}kuẽi^{213}]，红薯藤也可以拿来喂猪。

斩葵花盆 [tsɔ$^{213-31}$kʰui^{33}xo$^{31-33}$pʰɑ̃^{33}]

用镰刀将向日葵的头状花序砍下来，经曝晒，摘取里面的“葵花籽”[kʰui^{33}xo$^{31-33}$tsɿ^{213}]。“葵花”[kʰui^{33}xo^{31}]多种植于地边或零星隙地，产量甚少。

斩萝稷 [tsɔ$^{213-31}$nɵ^{33}tsɿ^{35}]

收高粱，砍下高粱的穗形果实。高粱一般散植地边、田埂、路旁零星隙地，多用来酿酒。其中有一种“甜萝稷”[tʰẽi^{33}nɵ^{33}tsɿ^{35}]，茎秆味甜如甘蔗。

图5－35 掼稻

图5－36 打稻

掼稻 [kʰuɔ$^{213-31}$tʰɤ^{213}]

一种给稻子脱粒的传统方式。拿起稻把，在禾桶（“板屋”[pɔ$^{213-31}$vɤʔ^{3}]）的一角用力摔打，将谷粒从谷穗上脱下来。用“打稻机”[tɔ$^{213-31}$tʰɤ$^{213-31}$tsɿ^{31}]给稻子脱粒叫“打稻”[tɔ$^{213-31}$tʰɤ^{213}]。打稻机是一种农业机具，有脚踩和电动两种，脚踩的以脚踩踏作为动力，电动的由电动机提供动力。

掼麦 [kʰuɔ$^{213-31}$mɔʔ^{3}]

手握麦把，在禾桶的一角用力摔打，将麦粒从麦穗上脱下来。用打稻机给麦子脱粒叫“打麦”[tɔ$^{213-31}$mɔʔ^{3}]。

图5－37 掼麦

图5－38 打麦

打豆 [tɔ$^{213-31}$tʰi^{22}]

用“连枷”[nẽi^{33}ko^{31}]或“门⁼槌”[mã^{33}tɕʰy^{33}]等拍打、捶打“豆萁”[tʰi$^{22-55}$tsʰɿ^{33}]，使豆粒从“豆荚”[tʰi$^{22-55}$tɕiaʔ^{3}]中分离出来。黄豆多旱地单种，或同玉米间作、桑园地套种及种植在田埂上（称为“田塝豆”[tʰẽi^{33}pʰõ$^{22-55}$tʰi^{22}]）。手握一把豆萁，在石头等硬物上拍打使豆子脱粒叫“掼豆”[kʰuɔ$^{213-31}$tʰi^{22}]。

图5－39 打豆（1）

图5－40 打豆（2）

图5－41 掼豆

图5－42 倒油麻

图5－43 擘苞萝

倒油麻 [tɤ$^{35-55}$iɵ^{33}mo^{33}]

芝麻收割下来之后，捆成堆竖放在太阳下曝晒，直到所有芝麻荚都张开嘴。然后拿起芝麻秆（称为“油麻萁”[iɵ^{33}mo^{33}ts^{h}ɿ^{33}]），用木棍或刀背敲打，芝麻落下来，落到垫在地上的单子上面。将这些芝麻收集起来，放到筛子里面筛去杂质。芝麻多种于旱地或山坡地。

擘苞萝 [mɔʔ$^{3-5}$pɤ$^{31-33}$/pɤʔ^{3}nɵ^{33}]

擘苞萝既指收割玉米，也指将玉米粒儿从玉米芯上脱下来。一般用锥子（俗称“苞萝钻”[pɤ$^{31-33}$nɵ^{33}tsɔ^{35}]）先顺着玉米粒推几行，再隔几行推，然后用手或两个玉米棒对搓使玉米粒儿掉下来。脱下的玉米粒儿叫“苞萝米”[pɤ$^{31-33}$nɵ^{33}mɿ^{213}]，脱粒后的玉米芯叫“苞萝□”[pɤ$^{31-33}$nɵ^{33}p^{h}u^{33}]。

风扇 [fɑ̃$^{31-33}$ɕyẽi^{35}]

脱粒后稻谷中有碎稻叶和其他杂质，去除谷麦等籽实中杂质的方式有多种，有的用“络筛”[nɤʔ$^{3-5}$ɕiɔ^{31}]举到高处筛选，让碎叶被风扬走，大的杂质留在筛子里，稻谷落到铺在地上的单子里。或者用“风车”[fɑ̃$^{31-33}$tɕ^{h}iɔ^{31}]扬去（俗称“扇”[ɕyẽi^{35}]）作物中的秕糠杂质（秕谷俗称“谷厌$^{=}$”[kuɤʔ^{3}iẽi^{35}]）。扇过之后的稻谷叫“风扇谷”[fɑ̃$^{31-33}$ɕyẽi$^{35-55}$kuɤʔ^{3}]。

图5－44 筛谷

图5－45 风扇

图5－46 簸

图5－47 学$^{=}$草穰

也可以用“簸箕”[pɵ$^{35-55}$tsɿ^{31}]或撮箕（俗称“簟缺”[t^{h}ẽi$^{213-31}$tɕ^{h}yaʔ^{3}]）“簸”[pɵ^{35}]去杂质，颠动稻子、麦子、芝麻或米等，扬去糠秕、杂质或灰尘。

学$^{=}$草穰 [xoʔ$^{3-5}$ts^{h}ɤ$^{213-31}$ȵiõ^{33}]

稻草，绩溪叫“草穰[ts^{h}ɤ$^{213-31}$ȵiõ^{33}]”，将脱粒后的稻草捆扎成把，立在田中，便于晒干或风干，叫学$^{=}$草穰。“学$^{=}$”[xoʔ^{3}]，是捆的意思。稻草可以烧在稻田里作肥料，或编成绳子，或铺在床板下面用以保暖，或垫在猪圈牛圈里。

图5－48 草穰堆

图5－49 花谷

草穰堆 [tsʰɤ$^{213-31}$ȵiõ^{33}ta^{31}]

是将捆扎好的稻草一把一把整齐地堆在木杆的周围形成的垛。上下略细中间粗，底部虚空，便于防水，使稻草不容易腐烂。

花⁼谷 [xo$^{31-33}$kuɤʔ^{3}]

用“谷耙”[kuɤʔ$^{3-5}$pʰo^{33}]翻动晒着的稻谷，使其均匀受热速干。

二 农具

锄头 [ɕy^{33}/ɕy^{31}tʰi^{33}]

一种很常用的农具，有长柄，用于耕种、锄草、疏松土壤。依用途分有："细锄头"[sʅ$^{35-55}$ɕy^{33}tʰi$^{33-22}$]（短柄小锄，用于移栽菜苗）、"草锄"[tsʰɤ$^{213-31}$ɕy^{33}]（三角形的叫"三角耙"[sɔ$^{31-33}$koʔ$^{3-5}$pʰo^{33}]。用于在旱地中锄草）、"挖山锄"[vɔʔ$^{3-5}$sɔ$^{31-33}$ɕy^{33}]（也叫"尖锄"[tsẽi$^{31-33}$ɕy^{33}]。用于开垦荒山荒地）、"阔板锄"[kʰuɔʔ^{3}pɔ$^{213-31}$ɕy^{33}]（用于筑田埂、铲草）、"两齿锄"[ȵiõ$^{213-31}$tsʅ$^{213-31}$ɕy^{33}]（用于出猪牛粪、刨地）等。

图5－50 锄头

图5－51 三角耙

图5－52 两齿锄

图5－53 尖锄

图5－54 扁担

图5－55 竹扁担

扁担 [pẽi$^{213-31}$tɔ^{31}]

挑、抬物品的竹木用具，扁圆长条形，两头有用于固定绳子的竹制“扁担键”[pẽi$^{213-31}$tɔ$^{31-33}$tɕiẽi^{35}]，扁担下方有用于抵住打杵以便歇担的“扁担牛”[pẽi$^{213-31}$tɔ$^{31-33}$ŋi^{33}]。有木制的，也有竹制的（叫“竹扁担”[tsɤʔ$^{3-5}$pẽi$^{213-31}$tɔ^{31}]），多用于单人肩挑。做喜事挑东西时，要在扁担两头贴上红纸。

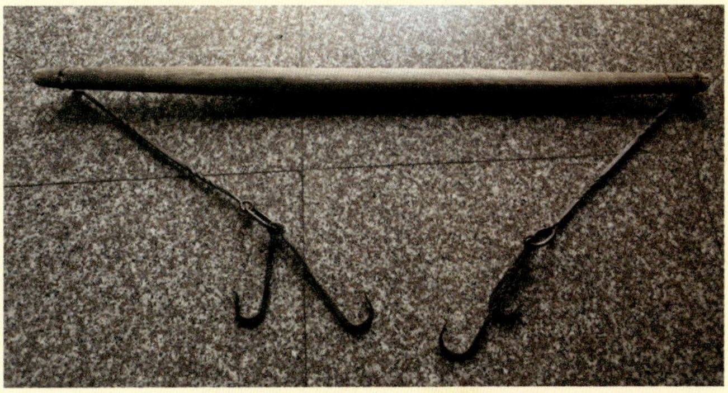

图5－56 水担钩

“水担钩”[ɕy$^{213-31}$tɔ$^{35-55}$ki^{31}]是挑水的扁担，两端有下垂的铁钩。也可以用来挑小粪箕。用水担钩挑东西时，两只手可以分别握住铁钩，以防水桶或小粪箕来回晃动。

“草担”[tsʰɤ$^{213-31}$tɔ^{31}]是用来挑草的扁担，扁平，两头尖。将草担的两头分别插入捆起来的草中，保持前后两端、左右两边平衡。

“草穰担”[tsʰɤ$^{213-31}$ȵiõ^{33}tɔ^{31}]是挑稻草的木棒，一般两头不是尖的。

图5－57 草担

图5－58 楤担

“楤担”[tsʰɑ̃$^{31-33}$tɔ^{31}]，也叫“柴担”[ɕiɔ^{33}tɔ^{31}]（前者基本上就是两头尖的木棒，后者加工稍微精细一些，两端往往有尖的铁套子），是用来挑柴、草的尖头扁担，圆形。将楤担两头分别插入捆好的柴火中，保持两端平衡。《广韵》：“楤，尖头担也。”

打杵 [tɔ$^{213-31}$tɕʰy^{213}]

是长途担运的辅助工具，一般与肩齐高，多为圆木棒，上端扁形微凹，有的下端裹铁片。挑担或抬、扛东西时，将打杵放在空肩，以空肩为支点，将扁担微微撬起，使双肩分担承受物体的压力。用打杵撑住扁担或扛的重物可以歇力。上下坡时打杵可以充当撑杖，以保持身体平衡。

图5－59 打杵

簸箕 [pɵ$^{35-55}$tsɿ^{31}]

是用来晾晒玉米、稻谷、麦子或其他物品的竹编圆筐，也可以用来扬去果实中的杂质。最大的直径两米左右，叫“盛筐”[tʰiã^{33}tɕʰiõ^{31}]，中等大小的叫“笸篮”[pʰɤʔ^{3}nɔ^{33}]、“簸米[pɵ$^{35-55}$mɿ^{213}]”或“簸箕”，小的叫“栲栳”[kʰɤʔ$^{3-5}$nɤ^{213}]或“猪$^{=}$盖”[tɕy$^{31-33}$ka^{35}]。其中栲栳的底可以是下凹的。

图5－60 盛筐、笸篮、栲栳

图5－61 盛筐

图5－62 笸篮

图5－63 栲栳

图5－64 簟缺（1）

图5－65 簟缺（2）

簟缺 [$t^{h}\tilde{e}i^{213-31}tɕ^{h}yaʔ^{3}$]

撮箕，绩溪叫簟缺，是用竹、木、铁片等做成的撮垃圾、粮食等的簸箕。多用竹篾编制，也有铁打的，有些大的撮箕还有竹制的提手，或在两边系上布条作为提手。

粪箕 [$f\tilde{ɑ}^{35-55}tsɿ^{31}$]

用竹篾编成，主要用于挑粪、柴、草、土、石等的农具。过去的粪箕多是三条梁的，现在以四条梁的居多。小粪箕俗称“勾扎”[$ki^{31-33}tsɔʔ^{3}$]。

图5－66 粪箕（1）

图5－67 粪箕（2）

图5－68 勾扎

图5－69 粪桶

粪桶 [fɑ̃$^{35-55}$tʰɑ̃^{213}]

用于积蓄或挑运人粪尿的木桶，多用杉木制成。上世纪八十年代后有塑料成品。

巨篓 [tɕy$^{35-55}$ni^{213}]

也叫“夹⁼篓”[kɔʔ$^{3-5}$ni^{213}]，是用竹篾编成的圆柱形盛器，口圆底方。大小不等，有“五斗篓”[vu$^{213-31}$ti$^{213-31}$ni^{213}]、“八斗篓”[pɔʔ$^{3-5}$ti$^{213-31}$ni^{213}]等，用于装运稻子麦子等。

手提的小竹篓叫“掼篓”[kʰuɔ$^{22-55}$ni^{213}]，口圆底方，有提梁，用来装运小物品。

图5－70 巨篓

图5－71 掼篓

图5－72 背篓

图5－73 高交篮

背篓 [pa$^{35-55}$nɵ^{33}]

有两根肩带可斜挎在肩上或背在背上的竹篓，通常为扁圆形，口大底小，用来装运蔬菜、青草等。

高交篮 [kɤ$^{31-33}$tɕie$^{31-33}$nɔ^{33}]

用来装运萝卜、玉米等的竹制用具，圆柱形，周边有很多方孔儿。腰部有用来插扁担的孔，挂在扁担的两头就可以挑运。

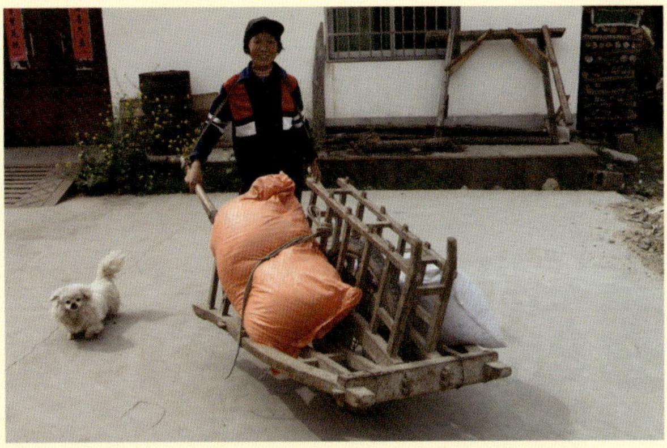

图5－74 独轮车

独轮车 [tʰɤʔ^{3}nã^{33}tɕʰiɔ^{31}]

又叫“单轮车”[tɔ$^{31-33}$nã^{33} tɕʰiɔ^{31}]，一种轻便的运物工具，两手持把推行。只有一个轮子（俗称“车滚”[tɕʰiɔ$^{31-33}$kuã^{213}]），车盘分成左右两边，可载物，也可坐人，但两边须保持平衡。在两个车把之间有“背带”[pa$^{35-55}$tɔ^{35}]，驾车时搭在肩上，以助其力。

板车 [pɔ$^{213-31}$tɕʰiɔ^{31}]

人力牵引的双轮平板车，可载货或载人。前端有两根长的车把，尾部两端有两根短木棒（俗称“车拖”[tɕʰiɔ$^{31-33}$tʰɵ^{31}]），触地即可起刹车作用。有的平板上设围栏。

图5－75 板车

刀 [tɤ^{31}]

农用的刀有多种。“割草刀”[kɔʔ$^{3-5}$tsʰɤ$^{213-31}$tɤ^{31}]是割草用的刀，有长木柄，通常带月牙形刀身，刀口锋利，也用于收割水稻、小麦、油菜等。砍柴用“斫柴刀”[tsoʔ$^{3-5}$ɕiɔ^{33}tɤ^{31}]，有长木柄，刀背较割草刀厚，也更重。砍柴砍树用的是“大刀”[tʰ ɵ$^{22-55}$tɤ^{31}]，刀身较长，刀背较厚，一头有弯的短刃，有长木柄。“镰刀”[nẽi^{33}tɤ^{31}]主要是收割庄稼和割草用的，由刀片和木把构成，刀片上通常带有小锯齿。“铡刀”[tsɔʔ$^{3-5}$tɤ^{31}]是切草或切其他东西的器具，在底槽上安刀，刀的一头固定在凳子上，一头有把，可以上下活动。用来铲猪草的小铲子叫“猪草刀”[tɕy$^{31-33}$tsʰɤ$^{213-31}$tɤ^{31}]，一头装有弯曲的木柄。

图5－76 斫柴刀

图5－77 大刀

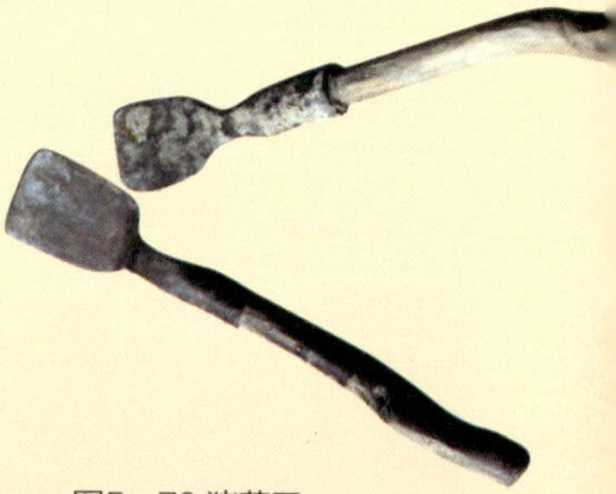

图5－78 猪草刀

图5－79 割草刀

图5－80 铡刀

耙□ [p^{h}o$^{33-ʔ3}$no^{33}]

铁制的有钉状齿的耙，多为四齿耙，是平地、筑田埂用的农具。

草耙 [ts^{h}ɤ$^{213-31}$p^{h}o^{33}]

归拢谷物、柴草用的农具，有长柄，装有木、竹或铁制的齿。

谷耙 [kuɤʔ$^{3-5}$p^{h}o^{33}]

翻晒稻谷时用的耙子，木制，有长柄，耙的一边或两边有木齿。有的谷耙没有齿，只是一块平板，用来聚拢稻谷等。

推灰耙 [t^{h}a$^{31-33}$fa$^{31-33}$p^{h}o^{33}]

也叫“耘田耙”[yã^{33}t^{h}ẽi^{33}p^{h}o^{33}]。绩溪境内的水田有些是酸性土壤，栽完稻秧后，要撒入石灰以改良土壤，也为杀灭害虫。撒入的石灰通常不均匀，需要用推灰耙将石灰推得均匀，同时也将杂草连根拔起。岭南用木头钉铁齿，岭北用方框形铁制“刮耙”[kuɔʔ$^{3-5}$p^{h}o^{33}]。

图5－81 耙□[pho$^{33-ʔ3}$no^{33}]

图5－82 草耙

图5－83 谷耙

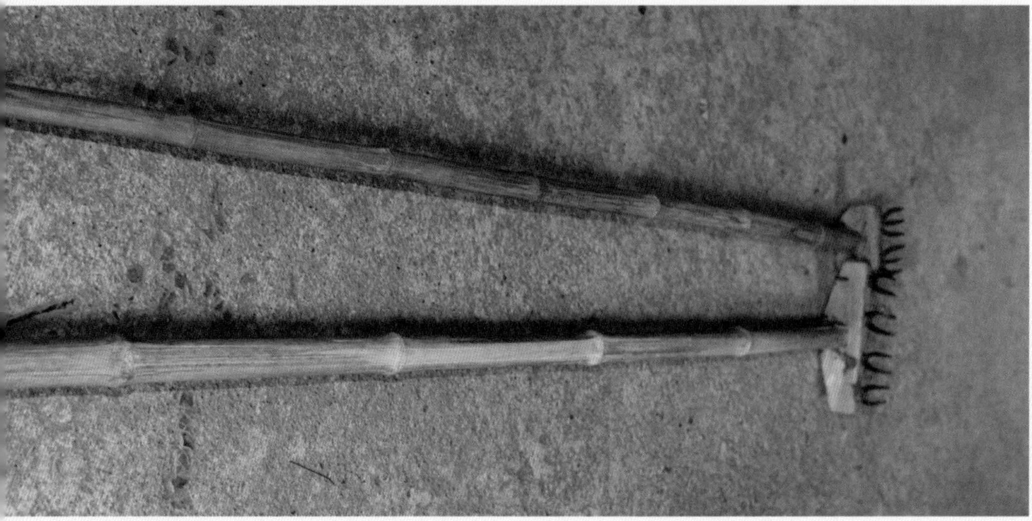

图5－84 推灰耙

犁 [ɳ^{33}]

图5－85 犁

一种耕田耕地的农具。由“犁冲”[ɳ^{33}tsʰɑ̃^{31}]（犁上的曲木）、“犁尾巴”[ɳ^{33}vi$^{213-31}$po^{31}]（也叫“犁手”[ɳ^{33}si^{213}]，即犁把手）、“小犁手”[ɕie$^{213-31}$ɳ^{33}si^{213}]（装在犁尾巴中部，用来将犁提起来的小木棍）、“犁尖”[ɳ^{33}tsẽi^{31}]（犁头）、“铁壁”[tʰiaʔ$^{3-5}$pieʔ^{3}]（犁铧）、“犁磨盘”[ɳ^{33}mo$^{22-55}$pʰɑ̃^{33}]（犁冲前端拴牛轭的横铁条）、“犁鼓槌”[ɳ^{33}ku$^{213-31}$tɕʰy^{33}]（犁冲前端用来扣住犁磨盘的铁制构件）、“犁踏脚”[ɳ^{33}tʰɔʔ^{3}tɕyoʔ^{3}]（底部装犁尖的木头）、“犁千金”[ɳ^{33}tsʰẽi$^{31-33}$tɕiɑ̃^{31}]（连接犁冲和犁踏脚的竖着的木头）、“犁吊”[ɳ^{33}tie^{35}]（拴牛轭的铁链子）等部分组成。耕田时由牛力牵引，曲木牛轭套在牛脖子上，挂铁链拉动犁耕田。犁头插入土地中耕出槽沟，破碎土块，土块经犁铧翻转到一边。

耙 [pʰo^{22}]

是碎土平田的农具，有两种。一种是“耖耙”[tsʰɤ$^{35-55}$pʰo^{22}]，主要用于平整水田。下端的横梁上装铁齿，上面是供手扶的木架，将耙齿插入土里，牛力牵引，经过之处，泥土即被耙碎耙平。一种是“踏耙”[tʰɔʔ^{3}pʰo^{22}]，木制铁齿耙，人站在耙框板上，牛牵引前行，耙碎土块，平整田地。

图5－86 耖耙

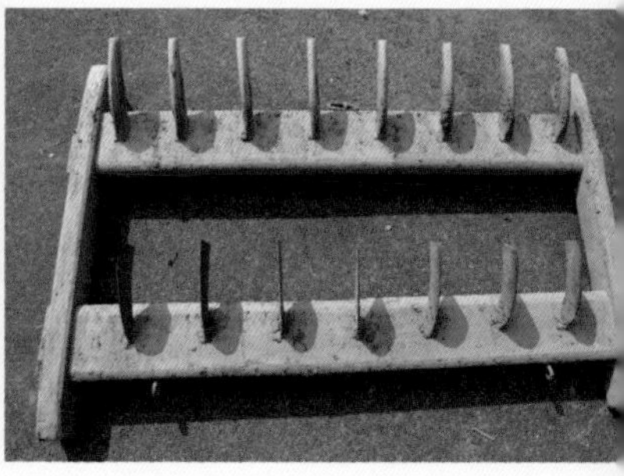
图5－87 踏耙

图5－88 牛轭

图5－89 牛笼兜

牛轭 [ŋi^{33}ŋɔʔ^{3}]

耕田耕地时套在牛脖子上的曲木，两端挂铁链，耕田时连接在犁上。

牛笼兜 [ŋi^{33}nɑ̃^{33}ti^{31}]

竹篾或藤条编制的用具，耕田时套在牛嘴上，防止牛在耕田时吃旁边地里的庄稼。

水车 [ɕy$^{213\text{-}31}$tɕ^{h}iɔ^{31}]

一种提水灌田的农具。用木制“龙骨”[nɑ̃^{33}kuɤʔ^{3}]、“水槽”[ɕy$^{213\text{-}31}$ts^{h}ɤ^{33}]将水流提高 1～2 米，单人双手牵动者为“手车”[si$^{213\text{-}31}$tɕ^{h}iɔ^{31}]，双人在架上用脚踩动者称“踏车”[t^{h}ɔʔ$^{3\text{-}5}$tɕ^{h}iɔ^{31}]（脚车）。农村中约定俗成，干旱季节，堨坝无水上圳时，方可在河溪中“挖凼”[vɔʔ$^{3\text{-}5}$tõ^{213}]“车水”[tɕ^{h}iɔ$^{31\text{-}33}$ɕy^{213}]，或塘坝不能自流灌溉时才能使用水车，车水河段基本固定。今电力抽水机械（常见的是“水轮泵”[ɕy$^{213\text{-}31}$nɑ̃^{33}põ^{35}]、“抽水机”[ts^{h}i$^{31\text{-}33}$ɕy$^{213\text{-}31}$tsʅ^{31}]）增多，不再新制水车。

图5－90 水车

图5－91 撩车

撩车 [ȵie^{33}tɕ^{h}iɔ^{31}]

一种提水灌溉的工具，是一个高数米的木制转轮，轮上大致按等距离分装20多根木辐条，呈放射状向四周展开。每根辐条的顶端都带着一个装水的水斗（多由"竹筒"[tsɤʔ$^{3-5}$t^{h}ɑ̃^{33}]制成）。河水冲来，借着水势缓缓转动着轮子，一个个水斗装满了河水被逐级提升上去。到达顶部的时候，水斗自然倾斜，将水注入渡槽，流到灌溉的农田里。今已少用，提水灌溉多用电力抽水机或水轮泵。

板屋 [pɔ$^{213-31}$vɤʔ^{3}]

是用来给稻子、麦子脱粒的方形木桶，用松木或杉木料制成。常在后侧挂布帘或竹帘（俗称"稻帘"[t^{h}ɤ$^{213-31}$nẽi^{33}]），以防谷物等散落。割稻子或割麦子时，将板屋扛到田中，分段向前推进脱粒。

图5－92 板屋

图5－93 板屋、稻帘

连枷 [nẽi^{33}ko^{31}]

是用于手工脱粒的一种农具，由木柄及一块可以活动的方木板组成，挥动木柄，使木板绕轴转动，敲打麦穗、豆萁、油菜秆等使籽实脱落下来。

图5－94 连枷

筛 [ɕiɔ^{31}]

一种有网眼的竹制用具。根据网眼的大小可分为“米筛”[mɿ$^{213-31}$ɕiɔ^{31}]（筛除米麦中杂质）、“糠筛”[k^{h}õ$^{31-33}$ɕiɔ^{31}]（筛糠）、“碌筛”[nɤʔ$^{3-5}$ɕiɔ^{31}]、“粉筛”[fɑ̃$^{213-31}$ɕiɔ^{31}]（小的叫“丝箩”[sɿ$^{31-33}$nɵ^{33}]。筛米粉用，网眼极细）等。络筛也叫“谷筛”[kuɤʔ$^{3-5}$ɕiɔ^{31}]，是割稻子时用来筛除稻谷杂质的一种网眼较大的筛子。

图5－95 络筛

图5－96 米筛

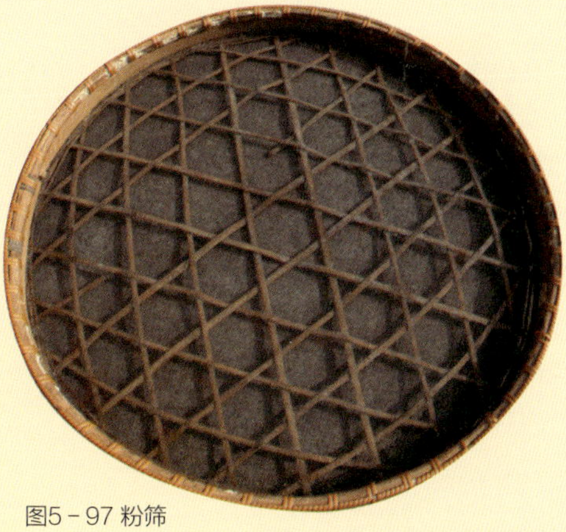
图5－97 粉筛

图5－98 丝萝

风车 [fɑ̃$^{31-33}$tɕʰiɔ^{31}]

扇车，由车架、外壳、叶轮及摇柄、梯形放料斗及调节阀等构成。将农作物籽实放进上边的料斗，转动风扇的把手，斗下边就有风吹过，开启调节阀，农作物籽实在重力作用下落下，密度较小的杂质、瘪粒、秸秆屑等被风力吹出车外，饱满的谷物直接流到下方的出料口。

晒簟 [so$^{35-55}$tʰẽi^{213}]

也叫“延簟”[iẽi^{33}tʰẽi^{213}]，晒粮食用的竹编长席子。长方形，可以卷起来存放，用于晾晒稻、麦、玉米等。今农户多建有水泥晒场，晒簟渐少。

图5－99 风车

图5－100 晒簟

三 蚕桑

图5－101 桑树

绩溪是“蚕桑之乡”，养蚕有悠久的历史。一般春、夏、秋、晚秋三季四次养蚕。

境内除山区外，田埂、园地桑树成荫，丘陵、路旁桑木密植。

蚕种“催青”[tsʰa$^{31-33}$tɕʰiɑ̃^{31}]，过去多在清明之后，取蚕子布折好，用蚕皮纸包起来，白天放在姑娘、妇女胸背里褂外，晚上则放在被窝里，六七天后出蚁蚕。新中国成立后，农业主管部门或蚕种场统一催青分发给农户，上世纪五十年代后，用木炭加温法催青，八十年代，开始采用电器化加温催青。

将催青种平摊在蚕匾里，存放暗室，保持一定温度使其孵化，待孵化终了，用蚕网“收蚁”[si$^{31-33}$ŋẽi^{213}]。

养蚕的周期大概一个月，前三龄不需要多少时间和空间以及食物。一龄二龄的时候，吃很嫩的叶子。到三龄就要换大匾，要大筐采叶了，能听到蚕吃桑叶时发出的沙沙的声音。蚕蜕皮前不动不食的状态叫“傲=眠”[ŋɤ$^{22-55}$mẽi^{33}]，六七天眠一次，等第四次蜕皮，再过两三天，就是“放大食”[xõ$^{35-55}$tʰɵ$^{22-55}$ɕieʔ^{3}]，蚕吃桑叶的量和频率都达到最高。放大食三四天后，蚕的颜色逐渐变黄变透明，意味着蚕要“上山”[ɕiõ$^{213-31}$sɔ^{31}]即上蚕蔟“结茧”[tɕiaʔ$^{3-5}$tɕiẽi^{213}]了。给食拌了催熟药的最后一遍桑叶，再将蚕转移到做茧的蚕蔟上，三五天就可以摘下蚕茧。

图5－102 桑园

图5－103 摘桑叶

桑园 [sõ$^{31-33}$yẽi^{33}]

绩溪境内除荆州乡及原逍遥乡外，遍植桑树，桑园遍布。“桑树”[sõ$^{31-33}$ɕy^{22}]是落叶乔木，桑叶呈卵形，是家蚕的饲料。“桑树□”[sõ$^{31-33}$ɕy$^{22-55}$mã^{35}]即桑葚，是桑树上结的果子，可以食用。

采摘桑叶即“摘桑叶”[tsɔʔ$^{3-5}$sõ$^{31-33}$iaʔ^{3}]，通常在早晨露水干后和傍晚日落之时。

桑叶 [sõ$^{31-33}$iaʔ^{3}]

桑树的叶子是喂桑蚕的主要食料。嫩叶较薄，暗绿色。旧时喂蚕，桑叶要根据蚕龄切成不同大小：蚁蚕切成小方块或细条，一至二龄蚕切成蚕体 2 倍见方，盛食期（即“放大食”）切成 3 ~ 4 倍见方，三至四龄蚕切成三角叶，五龄后喂片叶或条桑。上世纪八十年代后，采用通气孔薄膜覆盖育蚕，喂叶次数减少，用叶量也随之减少。

图5－104 桑叶

图5－105 蚕室

图5－106 蚕架、蚕匾

蚕室 [tsʰã^{33}ɕieʔ^{3}]

专门用来养蚕的屋子。蚕农多自建蚕室或以居屋养蚕。蚕室要求地面平整、洁净，有对流窗。蚕室里养蚕的用具主要是“蚕架”[tsʰã^{33}ko^{35}]和“蚕匾”[tsʰã^{33}pẽi^{213}]。旧时多用木制三角活动蚕架，今多用双脚单皮蚕架。蚕匾用竹篾编制而成，多为椭圆形，主要用于养蚕，也兼用于晾晒稻麦等。

供蚕 [kuã$^{31\text{-}33}$tsʰã^{33}]

即养蚕。“蚕”[tsʰã^{33}]是蚕蛾的幼虫，丝绸原料的主要来源，主食桑叶。

刚孵化出来的小蚕用适熟偏嫩的桑叶，收蚁用绿里带黄叶，蚁蚕食淡绿色叶，二龄蚕喂芽梢上部的鲜绿色叶，三龄蚕食熟叶。养蚕不能用带泥带水的桑叶、老硬叶、病叶或虫口叶。每次给桑前，蚕座需调整均匀。调节蚕室里的温度、湿度，小蚕保温，大蚕通风，防低温、冷湿、干燥。一个匾里的成蚕不能过于疏密，要随蚕龄增长及时分匾。勤除“桑渣”[sõ$^{31\text{-}33}$tso^{31}]、“蚕砂”[tsʰã^{33}so^{31}]。蚕室忌烟熏。

图5－107 供蚕

图5－108 蚕

图5-109 打蚕山

图5-110 蚕山

蚕山 [$ts^h\tilde{a}^{33}sɔ^{31}$]

即蚕蔟，是供蚕作茧的草蔟。用稻草或麦秸等编织起来供蚕结茧的长条束。今多用稻草铡成尺许长，以绳绞制成蜈蚣形的蔟，叫“打蚕山”[$tɔ^{213\text{-}31}ts^h\tilde{a}^{33}sɔ^{31}$]。

蚕茧 [$ts^h\tilde{a}^{33}tɕi\tilde{e}i^{213}$]

简称“茧”[$tɕi\tilde{e}i^{213}$]，是桑蚕蛹期的囊形保护层，里面有虫蛹。包括茧衣、茧层和蛹衬等部分。茧层可以“缫丝”[$ts^hɤ^{33}sɿ^{31}$]，茧衣及缫制后的废丝可作丝棉和绢纺原料。蚕上蔟吐丝结茧后经过4天左右，就会变成蛹。蚕蛹可以炒着吃。

图5-111 蚕茧（1）

图5-112 蚕茧（2）

图5-113 蚕蛹

四　手工艺

砖刀 [tɕyẽi31-33tɤ31]

是“砖匠”[tɕyẽi31-33tɕʰiõ22]（泥水匠）用来砍断砖头、修削砖瓦、填敷或涂抹泥灰的工具，铁制，形状像菜刀。

图5－114 砖刀（1）

图5－115 砖刀（2）

图5－116 灰桶

图5－117 灰沙、灰桶

灰桶 [fa$^{31-33}$t^{h}ɑ̃^{213}]

是泥水匠用来提运“灰沙”[fa$^{31-33}$so^{31}]的器具。灰沙是石灰膏、沙、水泥加水混合而成的建筑材料，砌墙时用来黏合砖块，也用来抹墙。

吊线 [tie$^{35-55}$sẽi^{35}]

砌墙时要吊线，才能保证墙不歪斜。吊线要用“线坨”[sẽi$^{35-55}$t^{h}ɵ^{33}]。

图5－118 线坨（1）

图5－119 线坨（2）

石匠 [ɕieʔ^{3}tɕ^{h}iõ^{22}]

采集石料，将石料加工成产品的工匠。石匠用铁锤（俗称“手锤”[si$^{213-31}$tɕ^{h}y^{33}]）、铁凿子（俗称“锥錾”[tɕy$^{31-33}$ts^{h}ɔ^{213}]）“凿石头”[ts^{h}oʔ$^{3-5}$ɕieʔ^{3}t^{h}i^{33}]或“打石头”[tɔ$^{213-31}$ɕieʔ^{3}t^{h}i^{33}]，将石头加工成规定的大小以及需要的形状。“□石头”[tsɔ$^{31-33}$ɕieʔ^{3}t^{h}i^{33}]是用“扁錾”[pẽi$^{213-31}$ts^{h}ɔ^{213}]将凿好的石头表面弄平，扁錾是一种有一寸多长的刃的凿石工具。

图5－120 石匠

图5－121 □石头 [$tsɔ^{31\text{-}33}ɕieʔ^{3}t^{h}i^{33}$]（周光雄摄）

石匠切割大块石头时用的铁制楔子叫“铁楔”[$t^{h}iaʔ^{3\text{-}5}ɕiaʔ^{3}$]，一头圆，一头扁。将铁楔放入凿好的一个个“暖⁼”[$nã^{213}$]（凿成的长方形石眼）中，用力向下敲击铁楔，石头就沿着排成一行的石眼分裂开来。

图5－122 手锤

图5－123 锥錾

图5－124 铁楔

图5－125 石雕

石雕 [ɕieʔ^{3}tie^{31}]

石雕广泛应用于建筑构件和装饰上，有“浮雕”[fu^{33}tie^{31}]、“镂雕”[ni$^{22-55}$tie^{31}]、“透雕”[t^{h}i$^{35-55}$tie^{31}]等多种。是用石头雕刻出具有一定空间的可视、可触的艺术形象，是一种造型艺术。借以表达人们对生活的美好愿望。过去均为手工操作，今部分用手工、部分用机械加工。加工程序一般是：石料选择、坯料成型、制品成型、局部雕刻、磨光、清洗、制品组装。

墨斗 [mɤʔ^{3}ti^{213}]

是“木匠”[mɤʔ^{3}tɕ^{h}iõ^{22}]、石匠的常见工具，用来在待加工的材料上画直线。具体做法是，先将濡墨后的“墨线”[mɤʔ^{3}sẽi^{35}]一端固定，拉出缠在线轮（俗称“风车”[fɑ̃$^{31-33}$tɕ^{h}iɔ^{31}]）上的墨线牵直拉紧在需要的位置，再提起中段弹下即可。墨仓（俗称“墨筒”[mɤʔ^{3}t^{h}ɑ̃^{33}]）蓄墨，配合墨签（俗称“墨显”[mɤʔ^{3}sẽi^{213}/ɕiẽi^{213}]）用来画短直线或者做记号；墨斗有时还用作吊垂线，衡量放线是否垂直与平整。

图5－126 墨斗

图5－127 钻

钻 [$ts\text{ɔ}^{35}$]

也叫“舞钻”[$vu^{213\text{-}31}ts\text{ɔ}^{35}$]，木匠用于钻孔的工具，拉动操纵杆使钻身旋转，在板材和柱材上钻出孔来。今多用冲击钻。

灶⁼马 [$ts\text{ɤ}^{35\text{-}55}mo^{213}$]

又叫“作马”[$tso\text{ʔ}^{3\text{-}5}mo^{213}$]，木工使用的一种简便支架。用两根木料做成“十”字形，在“十”字形的中心安上一根垂直的长木柄，“十”字形下端与木柄一端着地，“十”的上端可以放木料。两个作马可以架起一根木料，以便木工加工。家庭常用于锯柴火。

图5－128 灶⁼马

竹匠 [$ts\text{ɤʔ}^{3\text{-}5}t\text{ɕ}^{h}i\tilde{o}^{22}$]

即篾匠，是用竹子的薄片编制日常用品和工艺品的手艺人。篾匠最重要的基本功就是“破篾”[$p^{h}\text{ɵ}^{35\text{-}55}mia\text{ʔ}^{3}$]，把一根完整的竹子分解成各种各样所需的篾片。破出来的篾片，要粗细均匀，青白分明。

篾匠使用的工具统称“竹匠家伙”[$ts\text{ɤʔ}^{3\text{-}5}t\text{ɕ}^{h}i\tilde{o}^{22\text{-}55}ko^{31\text{-}33}x\text{ɵ}^{213}$]，主要包括“竹刀”[$ts\text{ɤʔ}^{3\text{-}5}t\text{ɤ}^{31}$]（篾匠用来破篾和加工竹篾的刀子，直刃，前有弯头，有短木柄）、“刮刀”[$ku\text{ɔʔ}^{3\text{-}5}t\text{ɤ}^{31}$]（“刮篾”[$ku\text{ɔʔ}^{3\text{-}5}mia\text{ʔ}^{3}$]用）、“先锋”[$s\tilde{e}i^{31\text{-}33}f\tilde{\text{ɑ}}^{31}$]（铁制弯弓形，一头尖有槽，一头扁。编织篾片时将“先锋”插在一个地方，将篾片从缝隙中穿过去），还有尺

图5－129 先锋

图5－130 刮刀（1）

图5－131 刮刀（2）

图5－132 刮篾

图5－133 赶刀

图5－134 竹刀

子（俗称“竹批”[tsɤʔ3-5pʰʅ31]）、锯、凿子等。

刮刀是篾匠用来刮掉篾青或使篾片变得光滑的刀子，“ㄱ”形，用竹片卡在凳子上用。还有一种弯弓形的刮刀，用来刮去篾的表皮。

“赶刀”[kɔ213-31tɤ31]是篾匠用来将篾片或篾丝弄得粗细均匀、光滑的用具。两片竹刀呈上宽下窄角度固定在木头底座上，篾匠按照所需篾片的大小调整宽度（在两个刀片之间用黄篾卡好宽度）。将待加工的篾片或篾丝放在两个刀片之间，直着拉出来，加工就完成了。

图5－135 破篾

图5－136 刮篾

木雕 [mɤʔ^{3}tie^{31}]

雕艺的一种，以锋利的手工工具刻凿装饰木质物件，也指以这样的方法制成或装饰过的木器，是相对于“大木”[tʰɵ$^{22-55}$mɤʔ^{3}]而言的“细木”[sɿ$^{35-55}$ mɤʔ$^{3-5}$]（大木指加工盖房子的木料等，细木指打家具等）。木雕一般选用质地细密坚韧不易变形的树种，如楠木、红木、紫檀、柏木、银杏、樟木等。木雕有圆雕、浮雕、镂雕或几种技法并用，有的还施彩用以保护木质和美化。木雕广泛应用于建筑构件或家用器具上。“牛腿”[ŋi^{33}tʰa^{213}]是木雕构件，放在悬臂梁与挂梁之间。

图5－137 木雕（1）

图5－138 木雕（2）

图5－139 牛腿

图5－140 墙画

墙画 [tɕʰiõ^{33}vo^{22}]

在正房外墙上画的吉祥喜庆的图画，题材包括历史故事、花鸟虫鱼、吉祥图案等。反映了人们对生活的美好愿望，也有美化外观的功能。

漆器 [tɕʰieʔ^{3}tsʰɿ^{35}]

用漆涂在表面制成的日常器具及工艺品、美术品等。制作漆器时，以木、竹为胎骨，以漆涂其外表，干燥后即可使用。涂漆既可保护器物，又可使其美观。很多日常器具都是漆器。

图5－141 漆器钱箱

剃头 [tsʰɿ$^{35-55}$tʰi^{33}]

修剪头发。老式“剃头店”[tsʰɿ$^{35-55}$tʰi^{33}tẽi^{35}]的基本样式是：一个长条案上放着各种理发用具，包括老式推子（“推剪”[tʰa$^{31-33}$tsẽi^{213}]）、折叠剃刀（“剃头刀”[tsʰɿ$^{35-55}$tʰi^{33}tɤ^{31}]）等，铁制理发椅，大玻璃镜片。

图5－142 剃头

剃头布 [tsʰɿ$^{35-55}$tʰi^{33}pu^{35}]

也叫“鐾刀布”[pʰɿ$^{22-55}$tɤ$^{31-33}$pu^{35}]，是一块狭长的粗布。将布拉直绷紧，剃刀在上面来回蹭（俗称“鐾”[pʰɿ^{22}]）几下，可让刀刃重新变得锋利。

图5－143 剃头布

图5 - 144 剃头交椅

剃头交椅 [tsʰɿ$^{35-55}$tʰi^{33}kɤ$^{31-33}$ɿ^{213}]

理发店供顾客坐着理发用的椅子，可以升降、旋转，座椅靠背可以调整角度，以方便剃头师傅（“剃头匠”[tsʰɿ$^{35-55}$tʰi^{33}tɕʰiõ^{22}]）剪发。

裁缝 [tsʰa^{33}fɑ̃^{33}]

是以裁剪、缝制衣服为职业的人。“裁缝店”[tsʰa^{33}fɑ̃^{33}tẽi^{35}]、“缝纫机”[fɑ̃^{33}iɑ̃$^{213-31}$tsɿ^{31}]曾经是最贴近人们生活的名词，如今随着越来越多的品牌服装占据商场、街铺，裁缝店风光不再。

“烙铁”[noʔ^{3}tʰiaʔ^{3}]是裁缝熨烫衣服的工具，烧热后可以烫平衣服的铁器，底面平滑，一头有木柄。今已被电熨斗取代。

“烫斗”[tʰõ$^{35-55}$ti^{213}]即旧式熨斗，是平整衣服和布料的工具。斗形，把烧红的木炭放在熨斗里，等熨斗底部热得烫手了就可以使用。老式的熨斗没有加水口，在熨烫衣服时，需要在接触的布料上沾点水，或者是铺上一块湿布，防止把布料烫坏。

图5 - 145 烙铁

图5 - 146 烫斗

图5 - 147 裁缝店

图5－148 缉鞋底

图5－149 鞋底（1）

图5－150 鞋底（2）

缉鞋底 [tɕʰieʔ$^{3-5}$xɔ^{33}tsɿ^{213}]

农闲或雨雪天气，妇女在家做女红，如缝补衣服、纳鞋底等。纳鞋底是将若干层白布抹上糨糊（“面糊”[mẽi$^{22-55}$vu^{22}]）叠在一起，然后用白线（“鞋绳”[xɔ^{33}ɕiã^{33}]）一针一针细细地纳起来，针脚越细密寿命越长。用这样的鞋底做的布鞋穿起来通爽透气，舒适轻便。

纳鞋底的工具主要有“针钻”[tɕiã$^{31-33}$tsɔ^{35}]或“布针钻”[pu$^{35-55}$tɕiã$^{31-33}$tsɔ^{35}]、“抵针箍”[tsɿ$^{213-31}$tɕiã$^{31-33}$kʰu^{31}]、“抵针棍”[tsɿ$^{213-31}$tɕiã$^{31-33}$kuã^{35}]、“针掐”[tɕiã$^{31-33}$kʰɔʔ^{3}]等。针钻是纳鞋底用的锥子。鞋底比较厚，缝衣针不容易穿透，先用锥子钻出一个洞，再把针从洞里穿过去。抵针箍即顶针，做针线活时戴在手指上的金属环形指套，表面密布小凹痕，用来抵住针鼻儿，使针易于穿过鞋底或衣料，用来保护手指。抵针棍作用同抵针箍，用来抵住针鼻儿，将针穿过鞋底或衣料。抵针棍多用硬木制成。针掐是纳鞋底时用来拔针的钳子。鞋底很厚实，针穿过时比较费力，穿的时候用抵针箍，拔的时候用针掐。

图5－151 针钻

图5－152 抵针棍

图5－153 针掐

鞋楦 [xɔ^{33}çyẽi^{35}]

是传统做布鞋时用的模具，决定鞋的造型和式样，也决定鞋是否合脚。多用质地坚硬、纹理细致的树材制成。做布鞋时，上好鞋帮之后，将鞋楦塞进鞋子里使其成型。

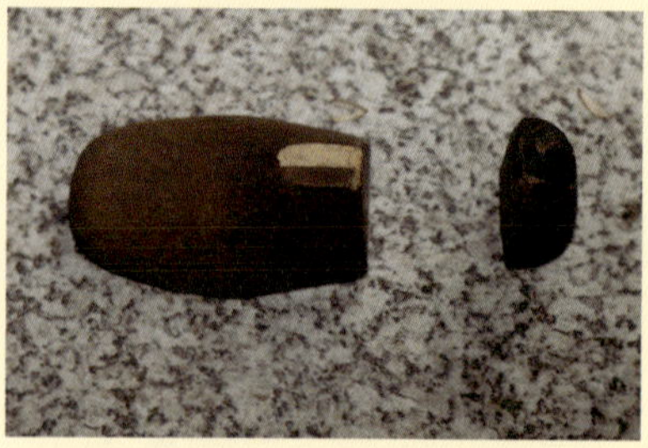

图5－154 鞋楦

磨刀 [mɵ^{33}tɤ^{31}]

在磨刀石（“刀石”[tɤ$^{31-33}$çieʔ^{3}]）上将刀磨得锋利。磨刀石一般选用质地比较软的石头，一般卡在一根剖开的木棍里，也有的嵌在一个方形木匣中。

棕绷 [tsɑ̃$^{31-33}$pɑ̃^{31}]

用木头做框架，用棕毛捻成的棕绳精工密织而成的床面。棕绷床有很好的韧性，软硬适度，睡卧舒适。

图5－155 磨刀

图5－156 刀石

图5－157 棕绷

图5－158 弹棉花

弹棉花 [tʰɔ^{33}mẽi^{33}xo^{31}]

即弹棉胎，也指弹棉被褥。棉花去籽以后，再用弦弓来弹絮棉被、棉衣的棉花。用木槌击打弓弦，在不停的敲打下，弓弦的高速振动将皮棉或旧棉花打得逐渐蓬松。再将棉絮的两面用棉纱（“絮线”[ɕy$^{35-55}$sẽi^{35}]）纵横布成网状，以固定棉絮。布好纱后，用木制圆盘压磨，使之平帖、坚实、牢固。一般用白色纱，但用作嫁妆的棉絮必须用红绿两色纱，以示吉利喜庆。弹棉花时扬尘很大，“棉花匠”[mẽi^{33}xo^{31}tɕʰiõ^{22}]一般都戴口罩。

“棉花弓”[mẽi^{33}xo$^{31-33}$kuã^{31}]是弹棉花用的木制弓。弓上绷牛筋作为弦，用木槌敲动弓弦，弓弦发出有节奏的声音。

“棉花槌”[mẽi^{33}xo$^{31-33}$tɕʰy^{33}]是弹棉花用的木槌，前端突出，有手柄。弹棉花时用棉花槌敲击振动弓弦，将棉花纤维弹开弹均匀。

图5－159 棉花弓

图5－160 棉花槌

图5－161 絮磨（1）

图5－162 絮磨（2）

槌，前端突出，有手柄。弹棉花时用棉花槌敲击振动弓弦，将棉花纤维弹开弹均匀。

棉絮布好纱之后，用“絮磨”[ɕy$^{35-55}$mɵ^{33}]将纱线和棉胎磨合在一起“磨絮”[mɵ^{33}ɕy^{35}]。絮磨是一个木制圆盘，主要作用是将罩在外面的纱线与里面的棉胎紧密有致地结合在一起，同时也将棉絮压实压平整。

打铁 [tɔ$^{213-31}$tʰiaʔ^{3}]

传统锻造工艺，将烧红的钢铁通过手工打造成各种器物。“铁匠铺”[tʰiaʔ$^{3-5}$tɕʰiõ$^{22-55}$pʰu^{35}]里通常有一个用“风箱”[fɑ̃$^{31-33}$ɕiõ^{31}]鼓风使炉火旺盛的炉子、铁砧（俗称“铁墩”[tʰiaʔ$^{3-5}$tɑ̃^{213}]，打铁时用的垫座，两头突出，一头尖，一头平）以及各式锤子钳子等，还有一个用来淬火（绩溪叫“□火”[tsʰu^{33}xɵ^{213}]）的水桶。

图5－163 打铁

图5－164 铁墩

图5－165 箍桶

图5－166 凿、刨

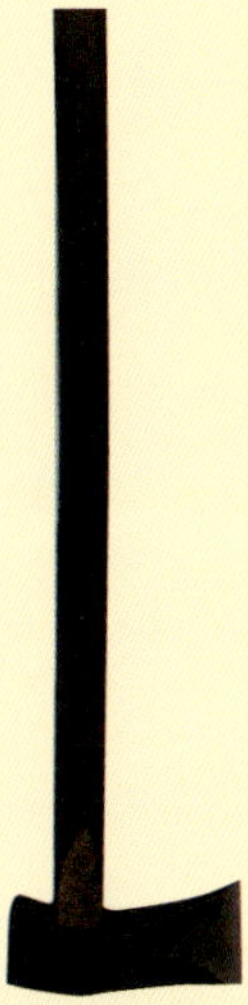

图5－167 灾⁼光斧

图5－168 锛

图5－169 削刀

“桶匠”[t^{h}ɑ̃$^{213-31}$tɕ^{h}iõ^{22}]用“篾箍”[miaʔ^{3}k^{h}u^{31}]（简称“箍”[k^{h}u^{31}]）或“篾键”[miaʔ^{3}tɕiẽi^{35}]将刨成弧形的板拼接在一起，使其成为所需形状，确保接缝严实。

木匠家伙 [mɤʔ$^{3-5}$tɕ^{h}iõ$^{22-55}$ko$^{31-33}$xɵ^{213}]

木工用具的统称，主要有“刨”[p^{h}ɤ^{22}]、“凿”[ts^{h}oʔ^{3}]、“钻”[tsɔ^{35}]、“尺”[tɕ^{h}ieʔ^{3}]、“灾⁼光斧”[tsa$^{31-33}$kõ$^{31-33}$fu^{213}]、“锛”[pɑ̃^{31}]、墨斗、“削刀”[ɕyoʔ$^{3-5}$tɤ^{31}]等。

刨是用来刨直、刨平、削薄、出光的一种木工工具。刨的种类较多，分别用于粗刨、细刨、起线、刨槽、刨圆等工艺。由刨刃和刨床两部分构成。刨刃是金属锻制而成的，刨床是木制的。刨削的过程，就是刨刃在刨床的向前运动中不断地切削木材的过程。

灾⁼光斧是木匠用来砍削木料的斧头。一个厚重的金属开刃的头装在木柄上，刃口与柄平行，以便砍削。家庭用的“斧头”[fu$^{213-31}$t^{h}i^{33}]相对小一些，也轻一些。

凿是挖槽或穿孔用的工具，使用凿子打眼时，一般左手握住凿把，右手持斧，在打眼时凿子需两边晃动，目的是为了不夹凿身，另外需要把木屑从孔中剔出来。半榫眼在正面开凿，透眼需从构件背面凿一半左右，反过来再凿正面，直至凿透。

锛是削平木料的工具。柄与刃具垂直呈丁字形，刃具扁而宽。使用时向下向里用力。

削刀是用来刮去树皮的弯弓刀。

锯 [tɕy^{35}]

用来把木料锯断或割开的工具。锯子有多种，有“手锯”[si$^{213-31}$tɕy^{35}]（可以单手操作的锯子）、“解锯”[kɔ$^{35-55}$tɕy^{35}]（将树锯成木板的锯子）、“龙锯”[nɑ̃^{33}tɕy^{35}]（弧形的锯子）、“电锯”[tʰẽi$^{22-55}$tɕy^{35}]等。

图5－170 锯

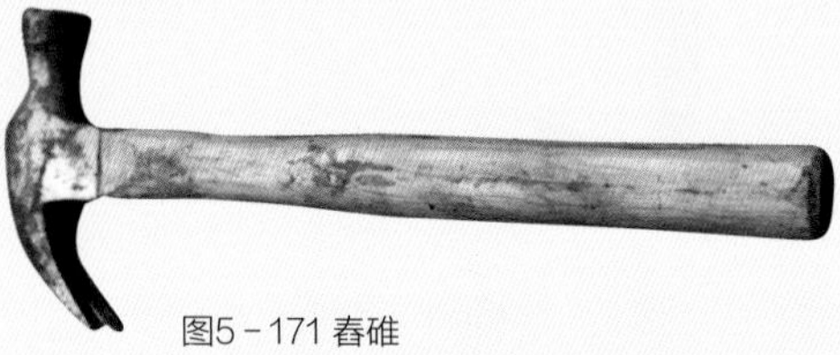
图5－171 舂碓

舂碓 [tsɑ̃$^{31-33}$ta^{35}]

即钉锤，钉铁钉的锤子。顶部的一面是平的以便敲击，另一面则是锤头。锤头的形状像羊角，其功能是拔钉子。

榫头夹 [ɕiɑ̃$^{213-31}$tʰi^{33}kɔʔ^{3}]

是木工画榫眼线时用的夹子，用榫头夹的目的是保证在木料两边凿的榫眼儿能正对着。两根略有折度的方木棍穿在一个方木片上，可以根据木料的大小调整宽度，卡在木料上。

图5－172 榫头夹

两头钉 [ȵiõ$^{213-31}$tʰi^{33}tiɑ̃^{31}]

能同时钉住梁和柱的钉子，两头都是尖的，钉头的方向可以是一样的，也可以是不一样的。

楔 [ɕiaʔ^{3}]

即木头楔子，上粗下锐的小木片。用来填充器物的空隙使其牢固，也用来加强、支撑或保持固定位置。

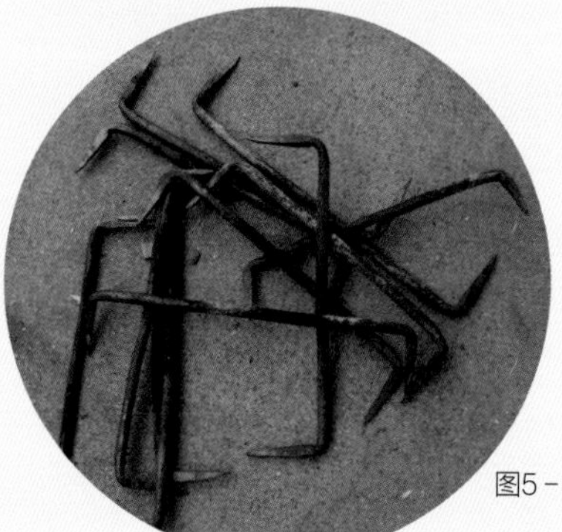
图5－173 两头钉

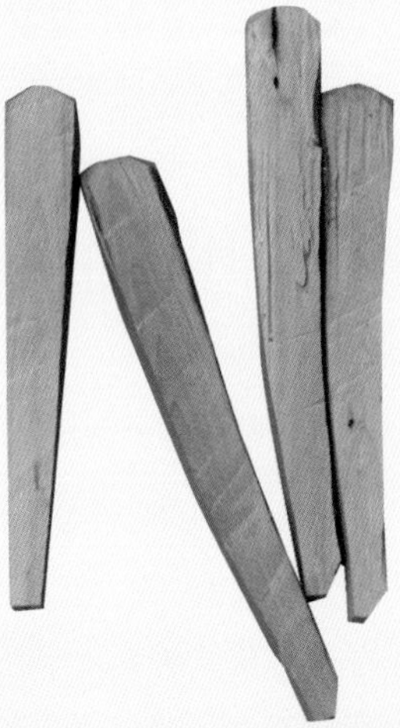
图5－174 楔

五　制墨业

“徽墨”[fi$^{31-33}$mɤʔ^{3}]是文房四宝之一。“天下墨业在绩溪。”绩溪是徽墨发祥地之一，岭北乡从事墨业者最多，世代相沿，良工辈出。

清代徽墨四大家，绩溪有其二——汪近圣、胡开文，尤以胡开文名冠海内外，久传不衰。胡开文子孙众多，分布于大江南北，丰富和发展了前人的制墨工艺，独占一时之秀。清代精品墨走向世界并获得好评。1915年胡开文后裔制“地球墨”“南极生辉墨”，获得巴拿马世界博览会金奖，为徽墨争得了荣誉。

近些年来，绩溪制墨业快速发展，在继承传统的基础上创新、发展，恢复了茶墨、青墨、朱砂墨、五彩墨和古色古香的手卷墨的生产，并增添、开发了新的品种。将墨锭制成各种形态并施以五彩，嵌在锦匣中，供人们鉴赏珍藏，成为高雅的工艺美术品。

生产徽墨用的原料有：“烟煤”[iẽi$^{31-33}$ma^{33}]、“油烟”[iɵ^{33}iẽi^{31}]（做高档墨的，主要是“桐油烟”[t^{h}ɑ̃^{33}iɵ^{33}iẽi^{31}]，也有“松烟”[sɑ̃$^{31-33}$iẽi^{31}]）、工业“炭黑”[t^{h}ɔ$^{35-55}$xɤʔ^{3}]。辅助材料有“胶”[tɕie^{31}]（主要是“广胶”[kõ$^{213-31}$tɕie^{31}]）、药物、添加剂等。胶是墨的黏合剂，制墨多用“牛皮胶”[ŋi^{33}p^{h}ʅ^{33}tɕie^{31}]或“骨胶”[kuɤʔ$^{3-5}$tɕie^{31}]。入墨的药物常见的有天然“麝香”[ɕiɔ$^{22-55}$ɕiõ^{31}]、大梅片、公丁香等数十味，能添香固体。常见的添加剂有金箔、银箔、珍珠粉等，起增光助色作用。

图5－175 骨胶

图5－176 烟煤

图5－177 松烟

图5－178 和胶

制墨有九道工序。

炼烟（俗称“点烟”[tẽi$^{213-31}$iẽi^{31}]）：炼制松烟。

和胶（俗称“杀烟”[sɔʔ$^{3-5}$iẽi^{31}]）：首先要“熬胶”[ŋɤ^{33}tɕie^{31}]（也叫“匀胶”[yɑ̃^{33}tɕie^{31}]、“化胶”[xo$^{35-55}$tɕie^{31}]、“炖胶”[tɑ̃$^{35-55}$kɤ^{31}]），然后将制墨原料拌和在一起。有的烟煤需先“漂洗”[pʰie^{213}si^{213}]（俗称“洗烟”[si$^{213-31}$iẽi^{31}]），筛除杂质，降低黑度。

杵捣：所有制墨原料和胶以后，搅拌均匀，然后“捣匀”[tɤ$^{213-31}$yɑ̃^{33}]。

成型：杵捣后的原料，做成“墨馃”[mɤʔ^{3}kɵ^{213}]，晾冷拿到“墨房”[mɤ^{3}xõ^{33}]，再将墨馃软化（俗称“烘坯”[fɑ̃$^{31-33}$pʰa^{31}]），放在“墨墩”[mɤʔ^{3}tɑ̃^{213}]上用“墨锤”[mɤʔ^{3}tɕʰy^{33}]翻打（俗称“打坯”[tɔ$^{213-31}$pʰa^{31}]或“捶墨”[tsʰa^{33}mɤʔ^{3}]）。翻打后的墨馃，在“戥秤”[tɑ̃$^{213-31}$tɕʰiɑ̃^{35}]上称准重量分成“小馃”[ɕie$^{213-31}$kɵ^{213}]，在“火板”[xɵ$^{213-31}$pɔ^{213}]（放在“墨桌”[mɤʔ^{3}tsoʔ^{3}]上，底下有抽屉，放炭火或电炉加热）上搓成“墨条”[mɤʔ^{3}tʰie^{33}]，嵌入“墨模”[mɤʔ^{3}mɵ^{33}]（俗称“下印”[xo$^{213-31}$iɑ̃^{35}]）。再将墨模置于“坐凳”[tsʰɵ$^{213-31}$tiɑ̃^{35}]上的“坐担”[tsʰɵ$^{213-31}$tɔ^{31}]下面，以墨工自身重量“压模”[ŋɔʔ$^{3-5}$mɵ^{33}]（现在也用螺栓“压模机”[ŋɔʔ$^{3-5}$tso$^{35-55}$tsɿ^{31}]代替坐担）。挤压的墨待冷却定型后“脱模”[tʰɤʔ$^{3-5}$mɵ^{33}]（俗称“拆印”[tɕʰiaʔ^{3}iɑ̃^{35}]，拆印时要用“拆印刀”[tɕʰiaʔ^{3}iɑ̃$^{35-55}$tɤ^{31}]）。

图5－179 墨模（1）

图5－180 墨模（2）

图5－181 墨锤

图5－182 墨墩

图5－183 坐凳

图5－184 墨馃

图5－185 烘坯

图5－186 打坯

图5－187 墨条

图5－188 下印

图5－189 坐担

图5－190 压模

图5－191 墨锭

图5－192 锉边

“晾墨”[nõ$^{22-55}$mɤʔ^{3}]：检验合格的“墨锭”[mɤʔ^{3}tʰẽi^{22}]或“墨块”[mɤʔ^{3}kʰua^{35}]，拿到“晾墨间”[nõ$^{22-55}$mɤʔ^{3}kɔ^{31}]“风晾”[fɑ̃$^{31-33}$nõ^{22}]。要求保持恒温恒湿，避免阳光照射。晾墨要勤翻，以防墨块收缩不匀而变形。

“整墨”[tɕiɑ̃$^{213-31}$mɤʔ^{3}]：晾干的墨块要“锉墨”[tsʰɵ$^{35-55}$mɤʔ^{3}]或“锉边”[tsʰɵ$^{35-55}$pẽi^{31}]（有些特别的墨还要经过“洗水”[si$^{213-31}$ɕy^{213}]，以使墨变得光亮），使其变得整齐光滑。

“打蜡”[tɔ$^{213-31}$nɔʔ^{3}]。

“描金”[mie^{33}tɕiɑ̃^{31}]。

“包装”[pɤ$^{31-33}$tsõ^{31}]。

图5－193 晾墨

图5－194 描金

图5－195 包装好的墨

六　商业

绩溪商人是徽商的一支劲旅，县民历来富有经商精神，“恃商以为衣食者十之五六”，旧有“无徽不成镇，无绩不成街”“前世不修，生在徽州。十三四岁，往外一丢”之说。意思是说，绩溪少年到了十三四岁，就要外出当学徒，学做生意。绩溪蕴藏丰富的山珍等物产，为经商提供了充足的货源。

门板 [mã33pɔ213]

店铺临街的一面像门的木板，早晨卸下，晚上装上。

摆摊 [pɔ213-31tʰɔ31]

指在街边路旁或市场空地陈列货物出售。“摊”[tʰɔ31]是没有铺面的简易售货处，或是加工制作小物品的小工作台。多早晨摆出，晚上收归。

图5－196 门板

图5－197 摊（1）

图5－198 摊（2）

图5－199 摊（3）

图5－200 卖金货的

卖金货仂 [mɔ$^{22\text{-}55}$tɕiã$^{31\text{-}33}$xɵ^{35}nɤʔ^{0}]

货郎，绩溪叫“卖金货仂”，是走街串巷流动贩卖日常用品的人，有的也兼营收购，如用牛皮糖（饴糖）换鸡毛、头发或废铜、牙膏皮等。“货郎担”[xɵ$^{35\text{-}55}$nõ^{33}tɔ^{35}]是货郎挑的杂货担，两只大竹篮，竹篮的上面架两个木匣子，里面盛放各种各样的生活用品。

图5－201 招牌

招牌 [tɕie$^{31\text{-}33}$p^{h}ɔ^{33}]

商店门外悬挂的牌子，主要用来标示店铺的名称或所卖商品，有竖招、横招，或是在门前牌匾上横题字号，或在屋檐下悬置标牌。

秤 [tɕ^{h}iã^{35}]

是测量物体重量的衡器。主要有“杆秤”[kɔ$^{213-31}$tɕ^{h}iã^{35}]、“戥秤”[tã$^{213-31}$tɕ^{h}iã^{35}]、“磅秤”[põ$^{213-31}$tɕ^{h}iã^{35}]等。家庭常用的是杆秤，是利用杠杆平衡原理来称重量的简易衡器，以带有星点（俗称“花星”[xo$^{31-33}$ɕiã^{31}]）的木杆为主体，并配有“秤砣”[tɕ^{h}iã$^{35-55}$t^{h}ɵ^{33}]、“秤钩”[tɕ^{h}iã$^{35-55}$ki^{31}]、“秤纽”[tɕ^{h}iã$^{35-55}$ȵiɵ^{213}]（分为“头纽”[t^{h}i^{33}ȵiɵ^{213}]和“二纽”[n$^{22-55}$ȵiɵ^{213}]）和“秤盘”[tɕ^{h}iã$^{35-55}$p^{h}ã^{33}]。单人操作的小秤叫“手秤”[si$^{213-31}$tɕ^{h}iã^{35}]，称重物的叫“大秤”[t^{h}ɵ$^{22-55}$tɕ^{h}iã^{35}]。戥秤多用于中药铺。

图5－202 秤

官升 [kuɔ$^{31-33}$ɕiã^{31}]

简称“升”[ɕiã^{31}]，量器，木制或铁制，圆筒形。过去民间也作为容量单位，一升是一斗的十分之一。

斗 [ti^{213}]

也叫“官斗”[kuɔ$^{31-33}$ti^{213}]，是量粮食的器具，也是传统市制容量单位，十升为一斗，十斗为一“石”[tɔ^{35}]。

酒樽 [tsi^{213}tã^{31}]

酒提，用来从缸里或坛里舀取水酒的工具，木竹或铁制品，有长柄。

图5－203 官升

图5－204 斗

图5－205 酒樽

七　其他行业

炭 [$t^h ɔ^{35}$]

木材不完全燃烧，或者在隔绝空气的条件下所残留的黑色固体燃料。农家多用“煞火得$^=$”[$sɔʔ^{3-5}xɵ^{213-31}tɤʔ^3$]储存木炭。烧砖瓦时，从砖瓦窑里弄出来的炭叫“窑炭”[$ie^{33}t^hɔ^{35}$]。绩溪山多林木，县民有烧木炭的习俗。每年秋季，山民进山伐薪，烧制木炭，以备冬天烤火取暖及煨煮菜肴之用。

铁夹 [$t^hiaʔ^{3-5}kɔʔ^3$]

捕野兽用的铁夹子。在野兽行走的必经之路上，设置陷阱，安放铁夹，用来捕捉野兽。过去多用来捕捉兔子等小型动物，近年来野猪数量激增，毁坏庄稼，安放野猪夹的渐多。铁夹安放的位置一般比较隐秘，上山作业的人或家畜如狗有时会踩到以致受伤。

图5－206 炭

图5－207 铁夹

图5－208 漆桶

开漆 [$k^{h}a^{31-33}tɕ^{h}ieʔ^{3}$]

即割漆，是一种取天然油漆的传统方法。生漆（俗称“土漆”[$t^{h}u^{213-31}tɕ^{h}ieʔ^{3}$]）主要用作刷家具等生产生活用品。生漆不是人人都能接触的，有的人对生漆过敏，如不慎沾到，会生出很多红疙瘩，奇痒无比，俗称“生漆疮”[$sẽi^{31-33}tɕ^{h}ieʔ^{3-5}ts^{h}õ^{31}$]。生漆采下来后，装在竹筒做成的“漆桶”[$tɕ^{h}ieʔ^{3-5}t^{h}ɑ̃^{213}$]里。

鱼塘 [$ȵy^{33}t^{h}õ^{33}$]

用来养鱼的水塘。大多是天然水塘，也可以是人工造的塘。

图5－209 鱼塘

图5-210 酒曲

酒曲 [tsi$^{213-31}$kʰɤʔ^{3}]

传统的酒曲是用“酒曲花”[tsi$^{213-31}$kʰɤʔ$^{3-5}$ xo^{31}]（学名“辣蓼草”）和米粉、米糠制成的。今商店里有专门的酒曲出售。

炒茶 [tsʰɤ$^{213-31}$tsʰo^{33}]

也叫“做茶”[tsɵ$^{35-55}$tsʰo^{33}]或“火茶”[xɵ$^{213-31}$tsʰo^{33}]，即炒制茶叶。过去多手工操作，将鲜茶叶铺散在干净地上或竹篚里散尽水汽，经过杀青、揉捻、干燥三道工序。今有多种制茶机械，手工炒茶逐渐减少。县境山地多产优质绿茶，其中以高山云雾茶品质最佳。

图5-211 炒茶

图5－212 赶猪郎

赶猪郎 [kɔ$^{213-31}$tɕy$^{31-33}$nõ^{33}]

手持鞭子驱赶种公猪（“猪郎”[tɕy$^{31-33}$nõ^{33}]）去给母猪配种，收取一定的费用。农家多有饲养“猪婆”[tɕy$^{31-33}$pʰɵ^{33}]者，配种不便，赶猪郎便应运而生。

杀猪 [sɔʔ$^{3-5}$tɕy^{31}]

把猪抓住，按倒在宽凳上，将猪的上半身放到“杀猪桶”[sɔʔ$^{3-5}$tɕy^{31}tʰɑ̃^{213}]上方，猪脖子下方的桶底放接“猪血”[tɕy$^{31-33}$ɕyaʔ^{3}]的木盆，里面放好盐水。拿“杀猪刀”[sɔʔ$^{3-5}$tɕy^{31}tɤ^{31}]对着猪脖子动脉往里捅，放完猪血。再将热水倒在桶里，浇水拔毛（“推=毛”[tʰa$^{31-33}$mɤ^{33}]）。装猪血的木盆放到一边，等猪血凝固再放到大锅里煮熟。

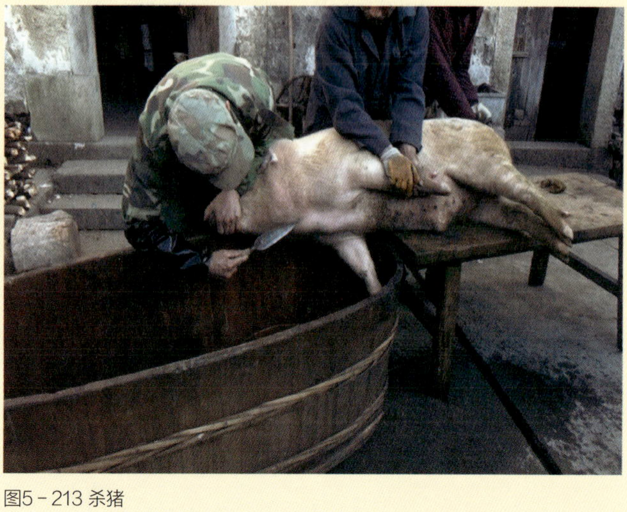

图5－213 杀猪

放蜂 [xõ$^{35-55}$fɑ̃^{31}]

将蜂群运到有大片蜜源植物的地方获取蜂产品的一种养蜂方法。放蜂可以使蜂群提前繁殖，蜂群的生产期可提早或延长，这样能够充分利用各地的蜜源，使蜂群提高产量。“蜂蜜”[fɑ̃$^{31-33}$mieʔ^{3}]可清热、补中、解毒、止痛。

图5－214 放蜂

图5－215 解树

解树 [kɔ$^{35-55}$ɕy^{22}]

也叫“解板”[kɔ$^{35-55}$pɔ^{213}]，就是将树锯成木板。过去有专门的“解匠”[kɔ$^{35-55}$tɕ^{h}iõ^{22}]，搭一个齐肩高的架子，用两头钉将树固定在支架上，两个解匠分站树的两边，手持平锯对拉，从树的一端锯到另一端，按照所需木板的厚度将树锯成一块块的木板。俗谚有“解树解天晴，落雨好雇人”。今已改用电力机械锯木板。

陆·日常活动

图6－1 日常活动

绩溪民风淳朴，崇尚书香门第，耕读传家，教育发达。境内可耕地少，过去从事商业的人很多。乡民勤劳俭朴，终年粗茶淡饭，节衣缩食。持家重节省，绩溪妇女更是勤俭，毕生劳累而自奉克俭。改革开放以来，习俗日趋现代化，不过，“四时八节”做包粿，以及家宴、馈赠之风一直流行。

随着生活水平的提高，人们的饮食习惯开始从温饱型向精致型、健康型转变。休闲娱乐方式也有了很大的变化，过去小孩子常玩儿的传统游戏如“拾麻”[ɕieʔ^{3}mo^{33}]（抓子儿）、“□水”[vo$^{31-33}$ɕy^{213}]（即游泳）、“翻线股”[fɔ$^{31-33}$sẽi$^{35-55}$ku^{213}]（翻绳变花样）、“摸命=王”[moʔ^{3}miã$^{22-55}$õ^{33}]（捉迷藏）、“跳皮筋”[t^{h}ie$^{35-55}$p^{h}ɿ^{33}tɕiã^{31}]等逐渐淡出了人们的生活，取而代之的是电子产品和网络游戏等。

绩溪乡民信神崇祖，主要的信仰对象有灵魂、各种自然神（如天神、雷神、山神、土地神、蛇神、树神等）、祖先神、生育神（如送子观音）、行业神（如鲁班）等。信仰的媒介有“梦同仂”[mã$^{22-55}$t^{h}ã^{33}nɤʔ^{0}]、算命仂、“收吓仂”[si$^{31-33}$xɔʔ^{3}nɤʔ^{0}]、“看相仂”[k^{h}ɔ$^{35-55}$ɕiõ^{35}nɤʔ^{0}]、地理先生等。

一　起居

图6－2 吸旱烟

吸旱烟 [tɕʰieʔ^{3}xɔ$^{22-55}$iẽi^{31}]

抽旱烟。抽烟的工具有"旱烟"[xɔ$^{22-55}$iẽi^{31}]、"烟筒"[iẽi$^{31-33}$tʰɑ̃^{33}]、"火夹"[xɵ$^{213-31}$kɔʔ^{3}]（夹炭火的小铁钳）、"火镰"[xɵ$^{213-31}$nẽi^{33}]（打火用的铁制器具，形状像镰刀）、"火石"[xɵ$^{213-31}$ɕieʔ^{3}]（跟火镰摩擦产生火星，引燃纸媒）、"烟盒"[iẽi$^{31-33}$xɔʔ^{3}]（装烟丝的铁盒或袋子）、"纸媒"[tsɿ$^{213-31}$ma^{33}]（黄表纸卷成的筒，用来给烟丝点火）等。烟筒由"烟筒杯杯"[iẽi$^{31-33}$tʰɑ̃^{33}pa$^{31-33}$pa^{31}]（即烟锅子）、"烟杆"[iẽi$^{31-33}$kɔ^{213}]、"烟嘴"[iẽi$^{31-33}$tɕy^{213}]三部分构成。烟筒杯杯一般是圆形，铜质或铁质，耐火，是装烟丝的地方。烟杆多为竹质或木质，中空为烟道。装上烟丝，用纸媒或炭火点燃，对着烟嘴吸就可以吸出烟来。

旱烟筒 [xɔ$^{22-55}$iẽi$^{31-33}$tʰɑ̃^{33}]

即旱烟袋。旱烟筒多就地取材，挖水竹脑或罗汉竹的根加工制作而成。在竹脑部位挖一个烟锅，用烧红的铁丝钻通所有竹节，就做成一支简易的旱烟筒。"水烟筒"[ɕy$^{213-31}$iẽi$^{31-33}$tʰɑ̃^{33}]即水烟袋。

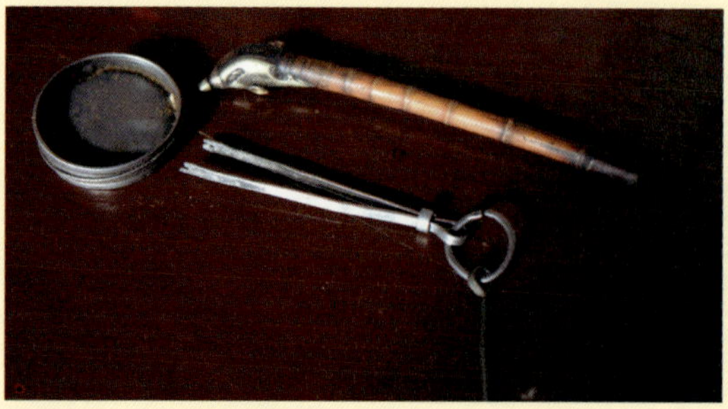

图6－3 旱烟筒、火夹、烟盒

图6－4 水烟筒

图6-5 炒菜

图6-6 做包

炒菜 [tsʰɤ²¹³⁻³¹tsʰa³⁵]

在烧热的锅里先放些油，待油热后，再将菜品加入，用锅铲翻动将菜炒熟。

做包 [tsɵ³⁵⁻⁵⁵pɤ³¹]

即包包子。过去只在过年（多在腊月二十八）、“七月半”[tɕʰieʔ³⁻⁵yaʔ³pã³⁵]（农历七月十五，中元节）、“十月半”[ɕieʔ³yaʔ³pã³⁵]（农历十月十五，下元节）等少数节日才做包子。

驮妹 [tʰɵ³³ma³⁵]

抱孩子，通常将孩子竖着抱持在胸前。小孩像骑马一样骑在大人的肩膀上叫“坐马”[tsʰɵ²¹³⁻³¹mo²¹³]。

图6-7 驮妹

图6-8 坐马

图6－9 焙火通⁼

图6－10 戳戳拐

焙火通⁼ [pʰa$^{22-55}$xɵ$^{213-31}$tʰã^{31}]

火通⁼是绩溪人冬天不可或缺的取暖器具，冬天或天气寒冷的时候用火通⁼驱寒取暖叫焙火通⁼。火通⁼可以烘手（“焙手”[pʰa$^{22-55}$si$^{213-31}$]）、烘脚（“焙脚”[pʰa$^{22-55}$tɕyoʔ^{3}]），也可夹在两腿中间取暖。家庭妇女闲时多将火通⁼笼在围裙下面以暖和身体。

戳戳拐 [tsʰoʔ^{3}tsʰoʔ$^{3-5}$kuɔ^{213}]

绩溪拐杖叫“戳拐”[tsʰoʔ$^{3-5}$kuɔ^{213}]，是一种辅助行走的简易器械，通常是一根木竹制或金属制的棍子，顶端有一个把手。戳戳拐就是拄拐，老年人或腿脚不便的人拄着拐杖站立或行走。

洗衣裳 [si$^{213-31}$ɿ$^{31-33}$ɕiõ^{33}]

用“肥珠”[fi^{33}tɕy^{31}]（也称“肥皂”[fi^{33}tsʰɤ^{213}]）将湿衣服搓好后，到河溪边将衣服放在平整的石头上，用“门⁼槌”[mã^{33}tɕʰy^{33}]使劲捶，边捶边扭动衣服，挤出脏水，反复进行几次，再将衣服放到水里漂洗（“渡”[tʰu^{22}]）干净，拧干晾晒。农妇们在水边一边洗衣服，一边说说笑笑，也是过去农村的一道常见风景。

图6－16 冒⁼鹰驮鸡

冒⁼鹰驮鸡 [mɤ$^{22-55}$iã^{31}t^{h}ɵ^{33}tsɿ^{31}]

一种多人参加的益智娱乐游戏，在户外或有一定空间的室内进行。游戏开始前先确定角色：一人当母鸡，一人当老鹰，其他人当小鸡。小鸡依次在母鸡后牵着衣襟排成一队，老鹰站在母鸡对面，做出抓小鸡的姿势和动作，母鸡极力保护身后的小鸡。老鹰转着圈抓小鸡，众小鸡则在母鸡身后左躲右闪。老鹰突破母鸡的防线，抓住最后面的小鸡方为胜。母鸡为了防止老鹰抓住小鸡，可以张开双臂或左右移动，后面的小鸡也跟着移动。

拼手劲 [p^{h}iã$^{31-33}$si$^{213-31}$tɕiã^{35}]

掰手腕。两人隔着桌子相对而坐，伸出右手，肘部抵桌面，两手掌相对反握，握紧对方大拇指根部，两臂成垂直交叉。同时发力，谁先将对方的手掰倒（手背碰到桌面）即为获胜。

图6－17 拼手劲

图6－18 拔河

拔河 [p^{h}ɔʔ^{3}xɵ^{33}]

人数相等的双方对拉一根粗绳子以比较力量的对抗性娱乐活动。在地上划两条平行的直线为河界，由人数相等的两队在河界两侧各执绳索的一端，同时用力拉绳，以将对方拉出河界为胜。简单的拔河比赛也可以不用绳子，两队人在划定的标记前相向站立，领头的两个人四手相扣，各自队伍后面的人依次拉住前一人的衣襟，同时用力对拉，以将对方拉过标记为胜。

斗鸡 [ti$^{35-55}$tsʅ^{31}]

小孩子在冬天玩的一种游戏，能暖和身子。游戏至少在两人以上，各自向前盘起左腿或右腿，用双手抓住脚腕，使自己的左腿或右腿不落在地上。用单脚一蹦一跳地对撞。其中一方将另一方盘起的那条腿撞在地上就算赢了。

边$^{=}$跤 [p$\tilde{e}$i$^{31-33}$kɤ^{31}]

小孩玩的摔跤游戏。两人徒手相搏，以各种技巧和方法摔倒对手。

图6－19 斗鸡

图6－20 边$^{=}$跤

拳头剪刀布 [tɕʰyẽi^{33}tʰi^{33}tsẽi$^{213-31}$tɤ$^{31-33}$pu^{35}]

儿童手法游戏。通常为两人，双方同时喊口令，同时伸手亮出比划的手势。握紧的拳头代表“石头”，食指和中指伸出代表“剪子”，五指张开代表“布”。“石头”胜“剪子”，“剪子”胜“布”，而“布”又胜“石头”。

图6－21 拳头剪刀布

打弹子 [tɔ$^{213-31}$tʰɔ$^{22-55}$tsɿ^{213}]

弹玻璃珠，小孩游戏。玩的人各拿出数枚玻璃珠，在地上画线为界，将对方的玻璃珠打出去即为赢，输的人将丧失对玻璃珠的所有权。玻璃珠是一种彩色透明小球，有的里面有小气泡，有的里面嵌有各种图案，在阳光照射下能折射出缤纷的色彩。

打炮 [tɔ$^{213-31}$pʰɤ^{35}]

儿童游戏，即拍洋画。拿出一些洋画，合在一起摆在地上，轮流用巴掌或用另外的洋画去拍，拍翻即可拿走。洋画是一种五颜六色的小画片儿。过去没有这些小画片，就用废纸叠成正方形，叫“炮”[pʰɤ^{35}]，通常两个小孩玩，将对方的炮拍翻为赢。

图6－22 打弹子

图6－23 打炮

图6－24 跳格

图6－25 丢手泡=

跳格 [tʰie$^{35-55}$kɔʔ^{3}]

即跳房子，儿童游戏，是女孩子爱玩的游戏。在空地上，画一个有许多格子的房子，由近至远依序写上数字，最后一格是天堂。在距离第一格的适当位置，画一条线作为起跳点，用一只沙包（或者瓦片、石块）作为游戏的辅助物。玩的人用“拳头剪刀布”排定跳的顺序。跳时先将沙包放在第一方格外，用一只脚将沙包轻轻踢进第一格里，然后单脚跳进第一格，用支撑脚将沙包踢进第二格。依次进行下去，直至将沙包踢过全部方格。如果在踢的过程中出现沙包压线、出格或连穿两格的现象，算失败一次，下一轮重新从第一格跳起。到达终点后，要把沙包放在脚背上，轻轻走出方格。先完成全套动作者为胜，负者要接受胜者的惩罚。

丢手泡⁼ [ti$^{31-33}$si$^{213-31}$p^{h}ɤ^{35}]

绩溪手绢叫“手泡⁼”[si$^{213-31}$p^{h}ɤ^{35}]，丢手泡⁼即丢手绢，儿童游戏。推选一个丢手绢的人，其余的人在平地上围成一个圈蹲下。游戏开始，丢手绢的人沿着圆圈外行走或奔跑，神不知鬼不觉地将手绢丢在其中一个人身后，然后继续走。如果丢下的手绢被这个人发现了，此人必须拿起手绢赶紧去追，追上了丢手绢的人之后，丢手绢的人就得站到圈中间为大家表演节目，表演完继续在外丢手绢。如果追不上，丢手绢的人跑到了这个人的位置上，这个人就得开始充当丢手绢的人，游戏重新开始。

弹弓 [t^{h}ɔ$^{22-55}$kuã^{31}]

也叫“橡皮弹弓”[tɕ^{h}iõ$^{22-55}$p^{h}ɿ^{33}t^{h}ɔ$^{22-55}$kuã^{31}]，游戏工具。一般用树木的枝丫制作，呈“Y”字形，两头系上皮筋，皮筋中段是包裹弹丸的皮块，用小石子等当子弹。

图6－26 弹弓

戏台 [sɿ$^{35-55}$t^{h}a^{33}]

进行戏剧表演的舞台。旧时绩溪民间庙会演戏酬神活动较多，大村一般都有戏台。台分万年台、祠堂台和临时台（草台、花台）。草台，村中常备柱、板、高凳，随时搭拆，装饰简陋。花台一般是仿古的，楼如亭阁，上下三层，青白布包扎，寸木不露，饰以彩壁画屏，雕栏花槛，富丽堂皇。

图6－27 戏台（1）

图6－28 戏台（2）

秋千台阁 [$ts^hi^{31-33}ts^h\tilde{e}i^{31}t^ha^{33}ko?^{3}$]

旧时湖村举办观音盛会时的一种游艺活动。“台阁”[$t^ha^{33}ko?^{3}$]为木制方箱，四周镂空，以荷花形柱、狮头柱为栅栏，朱漆描金。每架台阁由二三名幼童扮演戏文中人物，分上、中、下层次固定在阁上，不露痕迹，如吕布手持方戟，戟头尖站立貂蝉。一个台阁一出戏文，以三国戏、水浒戏、民间传说、神话剧为主。戏文装扮时由独掌绝技的老艺人闭门操作，不昭示于众。“秋千”[$ts^hi^{31-33}ts^h\tilde{e}i^{31}$]为风车形，转轮半径约为两米，架于花船上缓慢转动，船底装滑轮推行，或八人抬行。转轮内空，呈十字形，四端悬挂活动彩椅，四少儿扮彩旦，着红绿黄白古服，缚坐在椅子上。边走边转动十字架，四少儿便上下飞旋，花枝招展。随行丝竹乐器伴奏，少儿齐唱《采莲》《赏荷》等徽剧。

图6－29 台阁

图6－30 秋千台阁

图6－31 火篮

舞狏 [vu$^{213-31}$fa^{33}]

伏岭下村，世居邵姓，有 2000 多人口，按宗族支派划分为上中下三门。“狏”[fa^{33}]是伏岭的图腾，相传是一种猛兽，可以驱赶恶兽，镇恶除邪。“狏”走街串巷狂舞后，上“万年台”[vɔ$^{22-55}$ȵiẽi^{33}t^{h}a^{33}]作祭祀表演，谓之“请台”[tɕ^{h}iɑ̃$^{213-31}$t^{h}a^{33}]和“舞狏”(也称“跳狮”)。后来，祭祀表演慢慢地从单一的舞狏发展为演徽剧、昆曲、京剧等。舞狏活动的费用由时年 30 岁的邵姓男丁承担。

每年春节，伏岭村中 30 岁值年男丁筹资主持舞狏。整个舞狏过程分为“游灯”[iɵ^{33}tɑ̃^{31}]、“搭台”[tɔʔ$^{3-5}$t^{h}a^{33}]、“请台”[tɕ^{h}iɑ̃$^{213-31}$t^{h}a^{33}]、“打闹台”[tɔ$^{213-31}$nɤ$^{22-55}$t^{h}a^{33}]、“跳狮”[t^{h}ie$^{35-55}$sɿ^{31}]、“演戏”[iẽi$^{213-31}$sɿ^{35}](通常称为“做戏”[tsɵ$^{35-55}$sɿ^{35}]或“唱戏”[tɕ^{h}iõ$^{35-55}$sɿ^{35}])等部分，游灯是前奏，演戏是高潮。早年的舞狏，都在各门的宗祠内用桥板搭建临时戏台供演出。后来为了增强节日热烈气氛，三门集中在一个戏台演出。早年按三门“抽阄”[ts^{h}i$^{31-33}$ki^{31}]的顺序，逐一演出剧目，今游灯分门进行，但演戏基本不再分门。

图6－32 游灯

每年正月十四（今改为正月初四），下午五点钟左右游灯开始，各门分头出发，到规定地点汇合。每门各备两副锣鼓，两只“火篮”[xɵ$^{213-31}$nɔ^{33}]。火篮用铁打成，由木柄挑着，燃烧“松迷$^{=}$”[ts^{h}ɑ̃$^{31-33}$mʅ^{33}]（即松明），由人扛着照明。游行队伍以火篮、锣鼓、爆竹开道，演员穿戏服，擎各式花灯，在村中大街小巷游行，沿途鸣放“三门铳”[sɔ$^{31-33}$mɑ̃^{33}ts^{h}ɑ̃^{35}]及鞭炮，敲锣打鼓。到达万年台后，燃放鞭炮和焰火，敲响开台锣鼓，叫请台。

图6－33 舞狮

戏台正中搭起两层高台，安上桌围门帐，两边八把椅子都披上椅披。高台上巨烛高烧，香烟缥缈，摆各色供品。全体三十岁值年男丁，在戏台正中一字排开请台。向天地祈祝国泰民安，人寿年丰。

请台结束后是打闹台，由两个经过训练的年轻人“跳狮”，一个做狮头，一个做狮尾。套入狮身，要求动作一致、利落，狮身要平，人身不能露出狮身外。

接下来是正戏演出。演出结束还要称为“收台”[si$^{31-33}$t^{h}a^{33}]。

图6－34 做戏

褙飏灯 [pa$^{35-55}$iõ^{33}tã^{31}]

绩溪称孔明灯为“飏灯”[iõ^{33}tã^{31}]。褙飏灯，就是用纸糊孔明灯。飏灯的结构可分为主体与支架两部份，主体大都用宣纸糊成灯笼，底部支架（叫“飏灯络[iõ^{33}tã$^{31-33}$noʔ^{3}]”）则是铁丝串成的篦。

飏灯有单灯和多灯之分。多灯是“大灯”[t^{h}ɵ$^{22-55}$tã^{31}]带“小灯”[ɕie$^{213-31}$tã$^{31-33}$]，施放时需要多人一同操作，大灯升力大，燃料多，小灯底部多点蜡烛，大灯带着小灯徐徐上升，蔚为壮观。

图6－35 褙飏灯

图6－36 飏灯（大灯）

图6－37 飏灯（小灯）

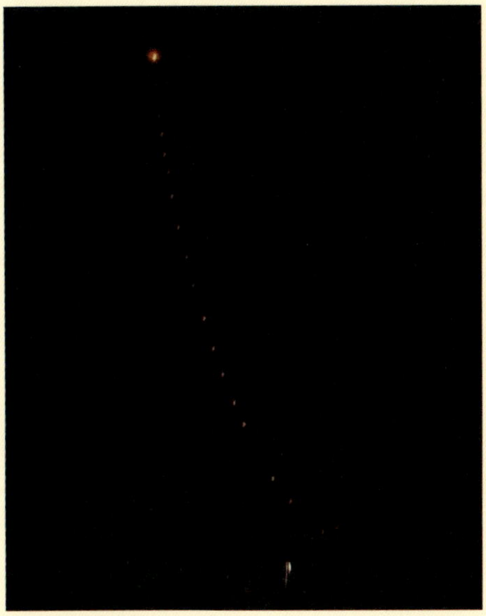

图6－38 放飏灯（1）

放飏灯 [xõ^35-55^iõ^33^tã^31^]

即燃放孔明灯。先将灯体撑开提到一定高度，人在灯下面操作，先在底部填装燃料，点火后，将进气口尽量压低，以减少热气流失。加热到灯体内的热气足够之后，慢慢松开，让灯体稳定上升。灯飘远之后，年轻人会跑到很远的地方将落下的灯追回来，叫“赶飏灯”[kɔ^213-31^iõ^33^tã^31^]。

图6－39 放飏灯（2）

三　信奉

土地 [t^{h}u$^{213-31}$ts^{h}ɿ^{22}]

土地神，保佑本乡本土家宅平安，添丁进口，六畜兴旺，并为百姓主持公道。

灶司老爷 [tsɤ$^{35-55}$sɿ$^{22-55}$nɤ$^{213-31}$iɔ^{33}]

灶神是传说中司饮食的神。灶神崇拜是民间诸多拜神活动的一项重要内容。老百姓普遍对“灶王爷”相当虔诚，每家每户在锅台的烟囱旁都建有灶王爷的神龛，两边贴有“上天奏善事，下界保平安”的楹联。

财神爷 [ts^{h}a^{33}ɕiã^{33}iɔ^{33}]

简称“财神”[ts^{h}a^{33}ɕiã^{33}]，民间供奉的主管财富的神明，能使人发财致富。旧时每逢新年，家家户户悬挂财神像，希冀财神保佑大吉大利。

图6－40 土地

图6－41 灶司老爷

图6－42 财神爷

图6－43 门神

门神 [mã^{33}ɕiã^{33}]

旧时农历新年贴于门上的一种画。将门神像贴在门上，用以驱邪辟鬼，卫家宅，保平安，助功利，降吉祥等，是民间最受人们欢迎的保护神之一。如今普通人家一般都不贴门神像，但结婚、祭祖时还是有拜门神的习俗，只是在门里对着大门祭拜。

庙 [mie^{22}]

徽州号称“东南邹鲁”，民间历来崇尚儒家伦理，宗教信仰多为敬神活动，僧、尼、道士多为外籍人，今存寺庙或“和尚寺”[xɵ^{33}ɕiõ$^{22-55}$tsʰɿ^{22}]）很少。其他宗教如基督教、天主教少见。

图6－44 庙

图6－45 菩萨座（1）

图6－46 菩萨座（2）

菩萨座 [pʰu^{33}sɔʔ$^{3-5}$tsʰɵ^{22}]

即神龛，供奉神像或神主的小阁子。

香桌 [ɕiõ$^{31-33}$tsoʔ^{3}]

香案，用来放香炉、烛台的长方形桌子，木制或石制。

图6－47 香桌

香炉 [ɕiõ$^{31-33}$nu^{33}]

焚香的器具。用木头、陶瓷或金属作成种种形状，拜天地神祇、祭祖先都要上香，祭拜完之后将香插在香炉里。一般人家都备有简单的香炉，比如小铁罐儿、小竹筒等，临时用的香炉也可以用萝卜墩。

绩溪的“香”[ɕiõ^{31}]多为线香，是祭祖、敬神时烧的用木屑掺上香料做成的细条。“烧香”[ɕie$^{31-33}$ɕiõ$^{31-33}$]也叫“装香”[tsõ$^{31-33}$ɕiõ$^{31-33}$]，是礼拜神佛祖先的一种仪式。

图6－48 香炉（1）

图6－49 香炉（2）

图6－50 香

图6－51 装香

图6－52 蜡烛台

图6－53 拜祖宗

蜡烛台 [nɔʔ^{3}tsɤʔ$^{3-5}$t^{h}a^{33}]

插蜡烛的器具，带有尖钉或空穴以托住蜡烛，多在婚丧嫁娶活动中敬神用。

拜祖宗 [pɔ$^{35-55}$tsu$^{213-31}$tsã^{31}]

过年时家家户户或以家族为单位祭祀祖先，感谢祖宗一年来保佑平安，并许下新年愿望。

祠堂 [ts^{h}ɿ^{33}t^{h}õ^{33}]

族人祭祀祖先、议事、庆典的场所。绩溪农村多聚族而居，一个村落往往就是一个家族或几个家族，各自建立自己的家庙祭祀祖先。祠堂建筑一般都比民宅规模大、质量好。一般宗祠的主体建筑为门楼、正厅、享堂。祠前有“祠堂坦”[ts^{h}ɿ^{33}t^{h}õ^{33}t^{h}ɔ^{22}]。祠屋分前、中、后三进，中进为正厅，是举行祭典的主场，一般占全祠面积三分之一。两个天井，强调中轴线左右对称的布局。后进是安奉祖先“牌位”[p^{h}ɔ^{33}vi^{22}]的神殿，两

图6－54 祠堂（1）

层楼房，地基较正厅高，为重檐建筑。一姓一祠，旧时族规甚严，别说是外姓，就是族内妇女或未成年儿童，平时也不许擅自入内，否则要受重罚。

祠堂多为砖木石结构，外围高墙封闭，民房不可筑靠。

族谱叫“纸角簿”[tsɿ$^{213-31}$koʔ$^{3-5}$p^{h}u^{213}]，以表谱形式记载一个以血缘关系为主体的家族世系繁衍和重要人物事迹。

“神位”[ɕiã^{33}vi^{22}]是宗庙、祠堂中或祭祀时设立的牌位。“神位纸”[ɕiã^{33}vi$^{22-55}$tsɿ^{213}]是写有祖先、神佛牌位的红纸。

图6－55 祠堂（2）

图6－56 牌位

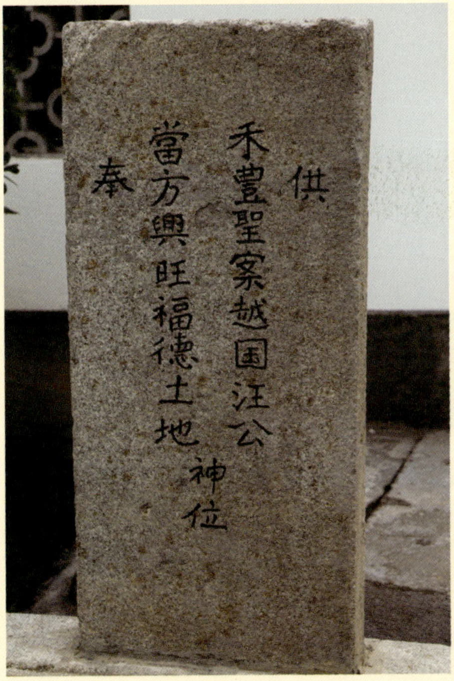

图6－57 神位

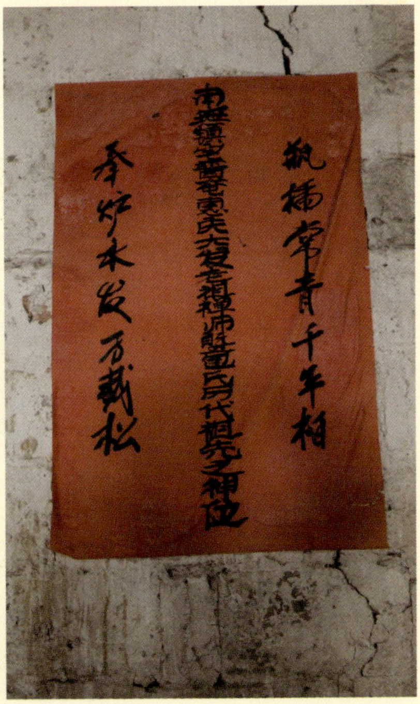

图6－58 神位纸

图6－59 祖容

祖容 [$tsu^{213-31}y\tilde{a}^{33}$]

即祖宗遗像，多为晚辈聘请画师为逝去的先人留容，以备纪念、祭祀等用。春节期间在祠堂正厅悬挂，供后辈人瞻仰祭拜。据《陶甓公牍》“绩溪风俗之习惯”（宣统元年调查）记载：“元旦吉时，启门燃爆竹……中堂供祖像，庭除设香案，礼神祇。男妇肃衣冠庆贺，长幼以次谒宗亲。元旦至初三日或至十八日，祖像前每夜焚香燃烛，谓之照容。”

算命先生 [$s\tilde{a}^{35-55}mi\tilde{a}^{22-55}s\tilde{e}i^{31-33}s\tilde{e}i^{31-33}$]

指通过生辰八字“预测”吉凶祸福的人，多数是盲人。

抽签 [$ts^{h}i^{31-33}ts^{h}\tilde{e}i^{31}$]

即求签，指迷信的人在神佛面前抽签以占卜吉凶。

图6－60 签

抽牌 [tsʰi$^{31-33}$pʰɔ^{33}]

“牌”[pʰɔ^{33}]即“命牌”，装在一个盒子里，每张牌上都画有图案，写有批语。

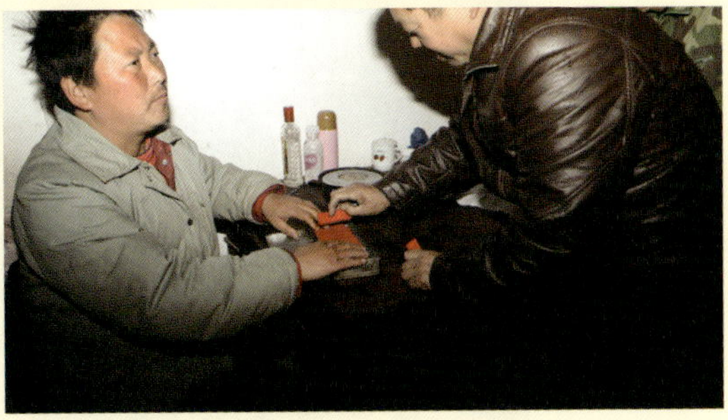

图6－61 抽牌

罗盘 [nɵ^{33}pʰã^{33}]

是“风水师”的操作工具，基本作用是定向，多用于盖房子、建坟墓。主要由位于盘中央的磁针和一系列同心圆圈组成，天上的星宿、地上以五行为代表的万事万物、天干地支等，全部都显示在罗盘上。“风水师”通过磁针的转动，寻找最适合特定人或特定事的方位或时间。

图6－62 牌

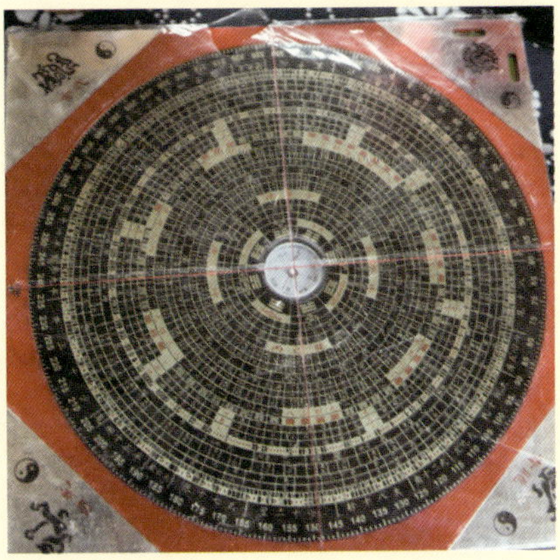

图6－63 罗盘

图6－64 收吓

收吓 [si$^{31-33}$xɔʔ^{3}]

是旧时民间“治疗”疾病的一种特殊仪式，主要针对小孩，偶尔也用于成年人。受了惊吓的小孩，常常夜睡不宁，精神不振，额头青筋显现。遇到这种情况，须请知晓“收吓”的巫师给孩子收回受惊的魂魄。具体做法是：先装一碗米，再用一块白布覆盖住，对着患者的脚心、手心、心口、眉心、头顶绕圈晃动，口念“脚板心弥勒心，手板心弥勒心，胸口心弥勒心，眉心弥勒心，头顶心弥勒心”，然后打开白布，根据碗中米的形状判断在什么地方被什么东西所惊吓，如此反复几次。然后从碗中倒出一些米混合以茶叶（称为“茶叶米”[tsʰo^{33}iaʔ$^{3-5}$mɿ^{213}]），从门口开始，边撒茶叶米边叫“某某哪块吓了来家做太婆/公了啊”，被吓的人（或其长辈）回答“来了啊”，一直叫回家，到房间里坐到床上为止。

辟邪 [pʰieʔ$^{3-5}$tɕʰiɔ^{33}]

绩溪民间日常生活中有很多避讳，有言语避讳，也有实物避讳。其中实物避讳尤以建筑方面为多。

绩溪民间建房有别具一格的传统习俗。讲究“风水”，建房前一般都要请“地理先生”看风水，对大门的位置和朝向尤其讲究。房屋大门禁对烟囱、远处的山头、别人家的屋角等。大门朝向不吉时，可以稍微调整方向（“改门向”[ka$^{213-31}$mã^{33}ɕiõ^{35}]），这样门跟墙就可能不在一个平

图6－65 石敢当

面上。大门对烟囱，就在大门楣上挂镜子、剪刀、戟、八卦图、神兽等；大门如果正对路的走向，则在墙根立“泰山石敢当”[tʰɔ$^{35-55}$sɔ^{31}ɕieʔ^{3}kɔ$^{213-31}$tõ^{31}]碑石，或用照墙（影墙）遮挡；大门如果朝着别人家的“墙角”[tɕʰiõ^{33}koʔ^{3}]，则墙角要做相应的处理，大多是将墙角弄成平的。

“石敢当”[ɕieʔ^{3}kɔ$^{213-31}$tõ^{31}]主要用于“挡煞”，如道路、河流直冲等。宋象之《舆地纪胜》:“石敢当，镇百鬼，压灾殃，官吏福，百姓康，风教盛，永乐康。”

图6－66 改门向

照墙 [$\text{tɕie}^{35\text{-}55}\text{tɕ}^{h}\text{iõ}^{33}$]

设在房子大门外的墙壁。在门的正对面，被认为能防止好运外流或“挡煞”。

图6－67 照墙

图6－68 辟邪（1）

图6－69 辟邪（2）

图6－70 辟邪（3）

图6－71 辟邪（4）

图6－72 老郎

老郎 [nɤ$^{213-31}$nõ^{33}]

建房子时要拜老郎。所谓“老郎”是用黄表纸卷三根香，腰封红纸制成。通常挂在中堂的右上角。建新房时，每天早晨都需要拜老郎。

接猪血 [tɕiaʔ$^{3-5}$ɕy$^{31-33}$ɕyaʔ^{3}]

过年杀猪时接一杯“猪血”[tɕy$^{31-33}$ɕyaʔ^{3}]泼在大门和猪圈门上祈求红火、兴旺，因为猪血是红色的。另外猪血凝固后形成的块状血叫作“血旺”[ɕyaʔ$^{3-5}$õ^{22}]。

图6－73 血旺

图7－1 婚育丧葬

绩溪旧时联姻多讲究门当户对，遵父母之命，听媒妁之言，童年、少年即行定亲。有同姓不通婚或因氏族矛盾与某姓不通婚的族规。姨表近亲婚配常见。凡婚姻，都是先经提亲，后完婚。新中国成立后，废除封建婚姻制度，婚姻自主，恋爱自由。但多经人介绍，双方同意，确立婚姻关系，或先征得父母同意再认识、恋爱。

过去还有“并亲”[piã$^{35-55}$tɕʰiã^{31}]（贫寒人家吃一碗鸡子面就算成亲。如棺材头并亲：男方父或母去世，缺人料理家务，丧事喜事同办或连办）、“抢亲”[tɕʰiõ$^{213-31}$tɕʰiã^{31}]（贫穷人家无财力行大礼，或女方蓄意拖延刁难，遂有抢亲之举）等特殊婚俗。还有冲婚、童婚、冥婚和订婚后男亡女抱灵牌结婚之俗。

封建婚姻制度男子可以休妻、续娶、纳妾，妇女则必须三从四德，从一而终。据清嘉庆《绩溪县志》记载，自元代起，有烈妇、节妇、节女 967 人。

绩溪民间向来崇尚孝义，迷信风水。境况较好人家的老年人，晚辈给操办或自办后事（即做寿衣、寿木、风水）。老人过世，一般停棺三日。子孙服孝三年或一年，不出远门，不行娱乐，在家守灵。“七七”内男人不理发。

一　婚事

传统婚姻大致有以下程序。

“做媒”[tsɵ$^{35-55}$ma^{33}]，通过“媒人”[ma^{33}iɑ̃^{33}]从中说合，使男女双方结秦晋之好。女性媒人又称“媒婆”[ma^{33}p^{h}ɵ^{33}]。

提亲由男方家长央媒人“合八字”[kɤʔ^{3}/xɤʔ^{3}pɔʔ$^{3-5}$ts^{h}ʅ^{22}]，媒人提亲获女方同意后，双方互换庚帖，根据双方出生年、月、日、时和属相推算，查看是否相生相克。

“看屋宇”[k^{h}ɔ$^{35-55}$vɤʔ$^{3-5}$y^{213}]：相亲。在议婚阶段换过庚帖后，由媒人联系安排，双方长辈见面议亲。

定亲时，由媒人领女婿携带聘礼（俗称“四色礼”[sʅ$^{35-55}$ɕiaʔ$^{3-5}$nʅ^{213}]）、“饭箩担”[fɔ$^{22-55}$nɵ^{33}tɔ^{35}]去女方互换“庚帖”[kẽi$^{31-33}$t^{h}iaʔ^{3}]，确立婚姻关系，谓“女婿上门”[ȵy$^{213-31}$ɕy^{35}ɕiõ$^{213-31}$mɑ̃^{33}]。

女子出嫁俗称“嫁老官”[ko$^{35-55}$nɤ$^{213-31}$kuɔ$^{31-33}$]，男方喜日前一天为女方正日。娶亲俗称“讨老妪”[t^{h}ɤ$^{213-31}$nɤ$^{213-31}$y^{22}]或“讨亲”[t^{h}ɤ$^{213-31}$tɕ^{h}iɑ̃^{31}]，下午或傍晚送花轿，灯笼火把，鼓手吹唢呐，燃放爆竹相送。媒人、“领亲伪”[ȵiɑ̃$^{213-31}$tɕ^{h}iɑ̃^{31}nɤʔ^{0}]陪女婿随花轿前往迎亲。到达岳家门前，岳家关门，将花轿拦在门外，待鼓手三吹三打，不停燃爆，数次送入“开门（纸）包”[k^{h}a$^{31-33}$mɑ̃^{33}（tsʅ$^{213-31}$）pɤ^{31}]后，才开门迎入。宴待女婿须单席单位。男方“接亲”[tɕiaʔ$^{3-5}$tɕ^{h}iɑ̃^{31}]人燃炮“催亲[ts^{h}a$^{31-33}$tɕ^{h}iɑ̃^{31}]”，女婿向岳父母请求从速“发亲”[fɔʔ$^{3-5}$tɕ^{h}iɑ̃^{31}]。催亲三次，姑娘兄弟或利市人背姑娘上花轿，意在“催发”[ts^{h}a$^{31-33}$fɔʔ^{3}]。花轿一路吹吹打打来到男方家，女利市人立在门旁，手执麻秸火把在轿底下绕一圈除邪，谓之“淡厌”[t^{h}ɔ$^{213-31}$iẽi^{35}]。花轿停放在堂前大盛筐上，女利市人开轿门，男利市人诵颂词，领童男童女搀扶新娘踩着向前传递的长袋（俗称“传袋”[tɕ^{h}yẽi^{33}t^{h}a^{22}]）进新房。

男方“待新人”[t^ha^{22-55} $çiã^{31-33}$ $ȵiã^{33}$]，新娘单席单位。晚上宴请众宾客，主人和新郎到席敬酒，宴毕送房、撒帐。接着“吵新人”[$ts^hɤ^{213-31}$ $çiã^{31-33}$ $ȵiã^{33}$]，亲戚好友聚集新娘房里，用各种方式逗新娘发笑或是出一些难题来捉弄新郎新娘，不拘礼仪，逗趣取乐，意在“吵发”[$ts^hɤ^{213-31}$ $fɔʔ^3$]。第二天，岳家派小辈青年接新人、新郎“回门”[fa^{33} $mã^{33}$]。第三天接会亲[$tçiaʔ^3$ fa^{22-55} $tç^hiã^{31}$]，宴请岳父母、妻舅和至亲长辈，邀客作陪。

一般在回门以后，办宴席款待媒人和其他帮忙的人叫“谢媒”[$tç^hiɔ^{22-55}$ ma^{33}]、“请人情酒”[$tç^hiã^{213-31}$ $iã^{33}$ $tç^hiã^{33}$ tsi^{213}]。

饭箩担 [$fɔ^{22-55}$ $nɵ^{33}$ $tɔ^{35}$]

图7－2 挑四色礼担

接亲时要挑饭箩担（有的地方叫“四色礼担”[$sɿ^{35-55}$ $çiaʔ^{3-5}$ $nɿ^{213-31}$ $tɔ^{35}$]），竹篓里面装送四色礼，即“猪肉”[$tçy^{31-33}$ $ȵyeʔ^3$]（一般是“肉条”[$ȵyeʔ^3$ t^hie^{213}]，即猪肋条肉）、面（多为“筒面”[$t^hã^{33}$ $mẽi^{22}$]）、“糕”[$kɤ^{31}$]（糕是接亲时必不可少的。之所以放糕，意在“糕（高）来糕（高）去”[$kɤ^{31-33}$ na^{33} $kɤ^{31-33}$ k^hi^{35}]）、“麻酥”[mo^{33} su^{31}]等，还有装钱的“四色礼包”[$sɿ^{35-55}$ $çiaʔ^{3-5}$ $nɿ^{213-31}$ $pɤ^{31}$]、“开门包”[k^ha^{31-33} $mã^{31-33}$ $pɤ^{31}$]和“浴水包”[$yoʔ^3$ $çy^{213-31}$ $pɤ^{31}$]。

饭箩担是装四色礼的担子，接亲时由同族中有福气的长辈或媒人挑着，送到女方家。

图7－3 五谷袋

三袋 [$sɔ^{31-33}$ t^ha^{22}]

女方回礼中的“五谷袋”[vu^{213-31} $kuɤʔ^{3-5}$ t^ha^{22}]和“线袋”[$sẽi^{35-55}$ t^ha^{22}]，包括四色礼担中的“长袋”[$tç^hiõ^{33}$ t^ha^{22}]，合称“三袋”。

图7－4 嫁资（1）

图7－5 嫁资（2）

嫁资 [ko$^{35-55}$tsɿ^{31}]

即嫁妆，是女子出嫁时，从娘家带到丈夫家的衣被、家具及其他用品。喜日前一天新郎带人去女方家“搬嫁资”[pɔ$^{31-33}$ko$^{35-55}$tsɿ^{31}]（也叫“挑嫁资”[tʰie$^{31-33}$ko$^{35-55}$tsɿ^{31}]或“抬嫁资”[tʰa^{33}ko$^{35-55}$tsɿ^{31}]）。过去普通人家嫁资，只有“一身暖”[ieʔ$^{3-5}$ɕiã$^{31-33}$nã^{213}]和“五样红”[vu$^{213-31}$iõ$^{35-55}$fã^{33}]，即棉衣、棉裤、几套衣裳，“子孙桶”[tsɿ$^{213-31}$sã$^{31-33}$tʰã^{213}]（红漆马桶。寓意开枝散叶，儿孙满堂），脸盆，脚盆，灯盏盆和梳头盒（“镜箱”[tɕiã$^{35-55}$ɕiõ^{31}]）五样。殷实人家嫁资多用“抬杠”[tʰa^{33}kõ^{35}]，有4、8、12、16“杠”[kõ^{35}]之多。嫁妆里装利市果子（百子糕、花生、瓜子、枣、栗、鸡蛋等），进门后，众人哄抢，叫“发利市”[fɔʔ^{3}ni$^{22-55}$sɿ^{22}]。

图7－6 利市果子

图7－7 新人火通⁼

新人火通⁼ [ɕiɑ̃$^{31-33}$ȵiɑ̃^{33}xɵ$^{213-31}$t^{h}ɑ̃^{31}]

作为嫁妆之一的火篮。

图7－8 挑嫁资

接亲 [tɕiaʔ$^{3-5}$tɕ^{h}iɑ̃^{31}]

男方派人迎娶新娘，搬运嫁妆。男方接亲的人到女方家，进门时不能踩到门槛。有的在门槛上放一长条红纸以示提醒。

图7－9 接亲

图7－10 抬轿

抬轿 [t^{h}a^{33}tɕ^{h}ie^{22}]

新娘由花轿抬到新郎家。旧时，由于交通不发达，婚姻嫁娶，均以轿代步，表示热闹喜庆。抬花轿者一般为4人，也有8人的，轿前轿后各半，并配有对彩旗、对唢呐、对铜锣、对高灯等随轿而行。“新人轿”[ɕiã$^{31\text{-}33}$ȵiã^{33}tɕ^{h}ie^{22}]也叫“花轿”[xo$^{31\text{-}33}$tɕ^{h}ie^{22}]，以红色绸缎做成轿衣，在四周用彩线绣出“百年好合”“龙凤呈祥”“花好月圆”等喜庆图案。随着社会的进步，现在花轿逐渐由汽车代替了。娶亲正日，男方抬花轿，张高灯，敲锣鼓，吹喇叭，组成迎亲队到女方迎亲，新郎随行。花轿至女方后，交给女方抬进屋门，接新娘上轿，迎亲乐队则立于门外高奏乐曲，频放鞭炮，谓之“催轿”[ts^{h}a^{33}tɕ^{h}ie^{22}]。

新人进门 [ɕiã$^{31\text{-}33}$ȵiã^{33} tɕiã$^{35\text{-}55}$mã^{33}]

新娘子下轿后，在男方家大门口要举行一系列仪式，然后新郎“背新人”[pa$^{35\text{-}55}$ ɕiã$^{31\text{-}33}$ȵiã^{33}]或“驮新人”[t^{h}ɵ^{33}ɕiã$^{31\text{-}33}$ȵiã^{33}]进门。

新人新郎 [ɕiã$^{31\text{-}33}$ȵiã^{33}ɕiã$^{31\text{-}33}$nõ^{33}]

结婚仪式中的男方叫“新郎”[ɕiã$^{31\text{-}33}$nõ^{33}]，又叫“新郎官”[ɕiã$^{31\text{-}33}$nõ^{33}kuɔ^{31}]。女方被称为“新人”[ɕiã$^{31\text{-}33}$ȵiã^{33}]。

图7－11 新人和新郎

图7－12 新人

图7－13 清吉牧夏

清吉牧夏 [tɕʰiɑ̃$^{31-33}$tɕieʔ^{3}moʔ^{3}xo^{22}]

新娘到达之前，男方在大门口放一个大的圆形簸箕，里面放各种供品，一对点着的红烛、线香、千层糕、清茶等，大门一边放一包黄表纸卷起来的纸钱，另一边放黄表纸托着的纸钱（搁在干松针上）。新娘到达后，司仪念一段祝词，然后新娘下轿，司仪敬香、烧纸钱（包括供品中的生肉片、生豆腐片），用供品敬天地，放鞭炮，新郎背或抱新娘进门。

拜天地 [pɔ$^{35-55}$tʰẽi$^{31-33}$tsʰʅ^{22}]

婚礼仪式之一。举行婚礼时，新郎新娘参拜天地后，再“拜祖宗”[pɔ$^{35-55}$tsu$^{213-31}$tsɑ̃^{31}]、“拜门神”[pɔ$^{35-55}$mɑ̃^{33}ɕiɑ̃^{33}]、“拜灶司老爷”[pɔ$^{35-55}$tsɤ$^{35-55}$sʅ$^{22-55}$nɤ$^{213-31}$iɔ^{33}]。拜天地时要燃放“洋鞭爆竹”[iõ^{33}pẽi^{31}pʰɤ$^{35-55}$tsɤʔ^{3}]。通常男方父母和新郎新娘也一同祭拜。

图7－14 拜天地

图7－15 面

待新人 [tʰa$^{22-55}$ɕiã$^{31-33}$ȵiã^{33}]

新娘进门后，先“吃三道茶”[tɕʰieʔ$^{3-5}$sɔ$^{31-33}$tʰɤ$^{22-55}$tsʰo^{33}]。即“清茶”[tɕʰiã$^{31-33}$tsʰo^{33}]、“甜茶”[tʰẽi^{33}tsʰo^{33}]、“鸡子茶”[tsɿ$^{31-33}$tsɿ$^{213-31}$tsʰo^{33}]。清茶就是用茶叶泡的茶，甜茶多用莲子、蜜枣或桂圆、荔枝煮成，或用糯米甜酒和银耳、枣、栗煮成。鸡子茶就是五香蛋或茶叶蛋。吃完三道茶后“吃面”[tɕʰieʔ$^{3-5}$mẽi^{22}]。

请帖 [tɕʰiã$^{213-31}$tʰiaʔ^{3}]

也称“酒帖”[tsi$^{213-31}$tʰiaʔ^{3}]或“帖”[tʰiaʔ^{3}]，是婚嫁时请客用的一种简易邀请信。多用红纸制成，上书被邀请人姓名、时间、地点、事由、邀请人姓名等。

图7－16 请帖

新人糖 [ɕiã$^{31-33}$ȵiã^{33}tʰõ^{33}]

也叫“新人果子”[ɕiã$^{31-33}$ȵiã^{33}kɵ$^{213-31}$tsɿ^{213}]，办喜事时发的糖果等，主要有块糖、瓜子、花生、枣子、板栗和桂圆等。新娘在去男方家的路上，沿路“俵新人糖”[pʰie$^{35-55}$ɕiã$^{31-33}$ ȵiã^{33}tʰõ^{33}]，有些好事者特别是小孩会“讨新人糖”[tʰɤ$^{213-31}$ɕiã$^{31-33}$ȵiã^{33}tʰõ^{33}]。

吃酒 [tɕʰieʔ$^{3-5}$tsi$^{213-31}$]

“酒席”[tsi$^{213-31}$tɕʰieʔ^{3}]是婚丧喜庆时办的宴席，绩溪县城一带以七碗四点四（七个大菜、四盘点心、四盘热炒）居多，岭南农村多为九碗六（九盘热菜、六个冷盘）或十碗八（十盘热菜、八个冷盘）。岭北农村冬季酒席为“一品锅”（见图4－63）。如今虽然酒席的品种和质量都有变化，但“上台鸡”[ɕiõ$^{213-31}$tʰa^{33}tsɿ^{31}]、“下台鱼”[xo$^{213-31}$tʰa^{33}ȵy^{33}]的上菜次序不变，发酵包和焖粉二道主食一定上席的习俗也没变。

赴宴叫吃酒。酒席多男女同宴、混合入座，但首席座和次席座分男女宾。结婚，“娘舅”[ȵiõ^{33}kʰi^{213}]首席首位，“娘舅母”[ȵiõ^{33}kʰi$^{213-31}$m^{213}]次席首位，姑、姨次之。寿庆，做寿者首席单座。丧事，抬棺材的坐首席，娘舅或娘门宾客次之。荆州乡情况略有不同：丧事外甥坐次席首位。建房起屋，木、砖、石工匠师傅坐首席和次席，朋友次之，亲戚又次之。席间主人逐桌敬酒、烟。开宴（俗称“开席”[k^{h}a$^{31-33}$tɕ^{h}ieʔ^{3}]）前半小时，放3次爆竹，叫“催席”[ts^{h}a$^{31-33}$tɕ^{h}ieʔ^{3}]，通知客人入席；宴罢，放3个爆竹，叫“散席”[sɔ$^{35-55}$tɕ^{h}ieʔ^{3}]。

敬酒 [tɕiã$^{35-55}$tsi^{213}]

宴席上过第三道菜之后，或者在某个特定的菜（如“水着饼”[ɕy$^{213-31}$tɕyoʔ$^{3-5}$piã^{213}]）上桌之后，男主人带着新娘新郎逐桌向来宾敬酒，同时新娘发喜糖，新郎发“喜烟”[sɿ$^{213-31}$iẽi^{31}]。男主人向新娘介绍主要的长辈亲戚，新娘按照规矩分别称呼一声，被叫的人要掏红包（俗称“□红纸包”[mo$^{31-33}$fã^{33}tsɿ$^{213-31}$pɤ^{31}]）以示祝贺。

图7－17 酒席

图7－18 新人房

图7－19 新人床

新人房 [ɕiã$^{31-33}$ȵiã^{33}xõ^{33}]

洞房，新婚夫妇的卧室，是新娘在婚礼当天的主要活动场所。新娘进门仪式完成之后，由伴娘等陪着待在洞房内，给来“看嫁资”[kʰɔ$^{35-55}$ko$^{35-55}$tsɿ^{31}]的人发喜糖。

新人床 [ɕiã$^{31-33}$ȵiã^{33}sõ^{33}]

新婚夫妇的床，只在结婚前后几天这样称。以红色为主色调，上铺龙凤被、龙凤枕，以及若干床叠成条状的被子，摞在一起。

龙凤烛 [nã^{33}fã$^{22-55}$tsɤʔ^{3}]

结婚时在正厅或灶神位置点的龙凤对烛，寓意吉祥喜庆。

图7－20 龙凤烛

驮儿粽 [$t^{h}ɵ^{33}n^{33}tsã^{35}$]

回门时女方送男方的一种粽子，通常三个或五个小粽子捆在一起，寓意早生贵子，人丁兴旺。

图7－21 驮儿粽

挂幛 [$ko^{35\text{-}55}tɕiõ^{35}$]

“幛”[$tɕiõ^{35}$]就是被面，办婚事时在中堂位置悬挂亲友送来的被单，多为红色，印有吉祥喜庆图案，上书送幛之事由及奉送人名字。通常新郎舅舅的幛挂在最中间，其他的依次挂在两侧。

图7－22 挂幛

总管 [$tsã^{213\text{-}31}kuɔ^{213}$]

也叫“理事”[$nɿ^{213\text{-}31}sɿ^{22}$]，婚丧嫁娶时安排各种事务（包括收礼、登记礼单、安排人手、主持仪式等）的人。

图7－23 总管（1）

图7－24 总管（2）

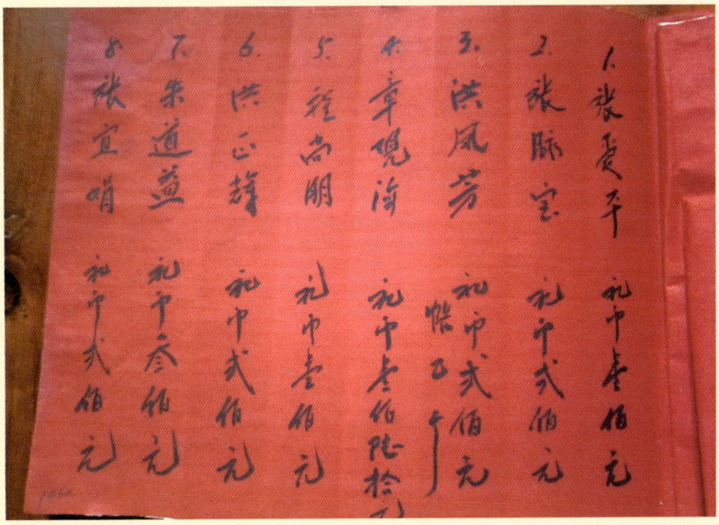

图7－25 礼单

礼单 [nɿ$^{213-31}$tɔ^{31}]

也叫“礼簿”[nɿ$^{213-31}$p^{h}u^{213}]，记录收礼名单和钱款数目的小本子。一般用红纸装订而成。

执事单 [tɕieʔ$^{3-5}$sɿ$^{22-55}$tɔ^{31}]

也叫“安排单”[ŋɔ$^{31-33}$p^{h}ɔ^{33}tɔ^{31}]，婚丧嫁娶时安排各项杂务的单子。婚事时主要安排“账房”[tɕiõ$^{35-55}$xõ^{33}]、接亲、“发帖”[fɔʔ$^{3-5}$t^{h}iaʔ^{3}]、“接客”[tɕiaʔ$^{3-5}$k^{h}ɔʔ^{3}]、“泡茶”[p^{h}ɤ$^{35-55}$ts^{h}o^{33}]、“煮面”[tɕy$^{213-31}$mẽi^{22}]、“帮厨”[põ$^{31-33}$tɕ^{h}y^{33}]、借桌凳、“捧菜”[p^{h}ɑ̃$^{213-31}$ts^{h}a^{35}]等事宜，丧事时主要安排账房、报丧、抬重（抬棺材）、帮厨、借桌凳、捧菜等事宜。

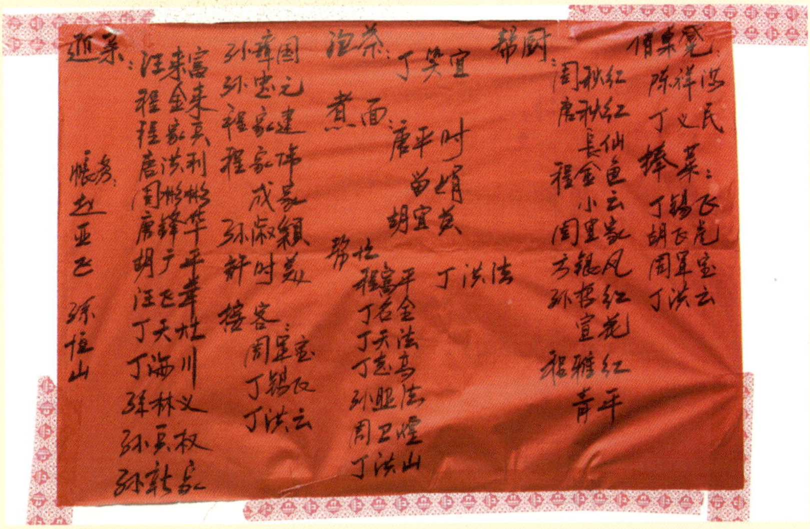

图7－26 执事单

二　生育

妇女怀孕（俗称“担肚”[tɔ$^{31-33}$tʰu^{213}]）后，择日回娘家小住，帮母亲缝制婴儿衣物（俗称“催生”[tsʰa$^{31-33}$sẽi^{31}]），叫“做催生”[tsɵ$^{35-55}$tsʰa$^{31-33}$sẽi^{31}]。头胎临月，娘家送来“鸡子糕”[tsʅ$^{31-33}$tsʅ$^{213-31}$kɤ^{31}]，放在孕妇床上。婆家则做“天狗馃”[tʰẽi$^{31-33}$ki$^{213-31}$kɵ^{213}]、“天狗棍”[tʰẽi$^{31-33}$ki$^{213-31}$kuɑ̃^{35}]，请“社公老爷”[so$^{213-31}$kuɑ̃$^{31-33}$nɤ$^{213-31}$iɔ^{33}]，并分送亲友，也叫“催生”。临产前，娘家准备好新生婴儿软帽（俗称“被窠帽”[pʰʅ$^{213-31}$kʰɵ$^{31-33}$mɤ^{22}]）、和尚衣（也叫“套帽衫”[tʰɤ$^{35-55}$mɤ$^{22-55}$sɔ^{31}]，一种无领、无纽扣、用绳带连系的小孩儿衣服）、包裙、口涎围、鞋子、袜子、尿布（俗称“尿片”[ɕy$^{31-33}$pʰẽi^{35}]），红枣、红糖、鸡蛋（俗称“鸡子”[tsʅ$^{31-33}$tsʅ^{213}]）等物，挑着送到女儿家，称为“催生担”[tsʰa$^{31-33}$sẽi$^{31-33}$tɔ^{35}]。

婴儿出生的第二天，丈夫送“喜酒”[sʅ$^{213-31}$tsi^{213}]去给岳家、亲戚报喜。“喜酒”用油煎鸡蛋、红糖、糯米酒煮成，俗称“沙糖酒”[so$^{31-33}$tʰõ^{33}tsi^{213}]。生男孩用锡茶壶盛沙糖酒，壶嘴插柏树枝和天竺叶；生女孩壶嘴插红纸卷，一望便知。岳家回送鸡蛋、红糖、香油和婴儿衣物等。

婴儿出生第三天，设供仪，并焚香请“白虎”[pʰɔʔ^{3}fu^{213}]，剃“胎毛”[tʰa$^{31-33}$mɤ^{33}]，用艾草、花椒刺等熬水洗身，黄连、甘草熬水喂婴儿，叫“洗三朝”[si$^{213-31}$sɔ$^{31-33}$tɕie^{31}]。洗好之后，抱婴儿拜天地、祖宗，邻里亲戚前来贺喜，为“做三朝”[tsɵ$^{35-55}$sɔ$^{31-33}$tɕie^{31}]，有的主人家还要请“三朝酒”[sɔ$^{31-33}$tɕie$^{31-33}$tsi^{213}]。亲友单独上门送喜礼（俗称“担产妇借$^{=}$”[tɔ$^{31-33}$sɔ$^{213-31}$fu$^{213-31}$tɕiɔ^{35}]）的则请吃“鸡子烧酒”[tsʅ$^{31-33}$tsʅ$^{213-31}$ɕie$^{31-33}$tsi^{213}]。

“满月”[mɑ̃$^{213-31}$yaʔ^{3}]，婴儿满一个月，家中要请“满月酒”[mɑ̃$^{213-31}$yaʔ$^{3-5}$tsi^{213}]，产妇抱婴儿出房拜见宾客。

庆寿俗称“做寿”[tsɵ$^{35-55}$si^{22}]或“做生”[tsɵ$^{35-55}$sẽi^{31}]，成年男子“做九不做十”。

旧时皆为富人、官绅之举。逢阴历虚龄“十”岁举办，忌二十、四十做生。但北村程姓四十岁男丁有祭社发包庆寿的风俗。送寿庆礼，岭南岭北略有不同，岭北多配送对联，其中女婿还配送中堂及条幅端挂厅堂正中；岭南寿礼为双数，多为鸡蛋、面条、猪肉等。老人做生，儿子媳妇主办，出嫁女儿襄助，事前做寿包或寿粽分送亲友，亲友回赠寿联、寿幛、寿面等礼物。生日前夕，布置寿堂、点寿烛，家人团聚陪老人进餐，叫“暖生”[nã$^{213-31}$sẽi^{31}]。第二天亲友来贺，请吃鸡子面。中午或晚上设宴席，老人夫妇坐上位。上世纪五十年代之后，拜寿之风不兴，代之以子女给老人添新衣、买补品等，家人聚餐等形式祝寿。改革开放以来，寿庆酒席风复起。寿翁焚香拜告天地祖先后端坐上座，受子孙辈叩拜礼，俗称“拜寿”[pɔ$^{35-55}$si^{22}]。

社猪 [so$^{213-31}$tɕy^{31}]

北村、上胡家等地一直沿袭“做四十岁”[tsɵ$^{35-55}$sɿ$^{35-55}$ɕieʔ^{3}ɕy^{35}]的习俗，伏岭则是“做三十岁”[tsɵ$^{35-55}$sɔ$^{31-33}$ɕieʔ^{3}ɕy^{35}]。这里以北村程姓男丁四十大寿庆典（俗称“抬社猪”[tʰa^{33}so$^{213-31}$tɕy^{31}]、“做寿”[tsɵ$^{35-55}$si^{22}]）为例加以说明。

伏岭镇北村每年大年三十至正月初三都要举行“祭社”[tsɿ$^{35-55}$so^{213}]活动，祈求丰收，活动由村中当年四十岁的程姓男丁主持。“祭社”过程十分隆重，春分节气前一天，众人就悬挂神像，张灯结彩，吹奏鼓乐，迎接“社神”进祠堂，在神像前点起大红烛，摆设“三牲”及各式各样的供品，祭祀神灵。“祭社”仪式先由程姓长者宣读祭文，祝愿风调雨顺，人寿年丰。接着本年度“值年”[tɕʰieʔ^{3}ȵiẽi^{33}]的程姓男丁，按出生顺序依次抬社猪进入祠堂，一路上敲锣打鼓，唢呐齐鸣，爆竹连天。

四十岁男丁的庆典，提前一年就开始准备了。每月买一张红纸扎在长竹竿上成为长长的“寿钱”[si$^{22-55}$tsʰẽi^{33}]；每家养一头“社猪”，年初就要选择饲养，有的人家怕不保险，还要备养一头；自己饲养大公鸡和金色鲤鱼，用来做祭品中的“整鸡”[tɕiã$^{213-31}$tsɿ^{31}]和“整鱼”[tɕiã$^{213-31}$ȵy^{33}]；还要准备大量的“社包”[so$^{213-31}$pɤ^{31}]（大馒头，一斤面粉三个）、“寿板”[si$^{22-55}$pɔ^{213}]（类似于年糕）及各种“糕点”[kɤ$^{31-33}$tẽi^{213}]。

抬社猪是北村男丁一生的大事，完全按照办喜事的模式进行，亲戚朋友都会来帮忙，有总管分工安排各人工作，用红纸写好贴在墙上，分工到人，各司其职。

社猪是几百斤的大肥猪，宰杀后保持完整，去除内脏，将猪固定在搭好的木架子上，猪头戴“花球”[xo$^{31-33}$kʰi^{33}]，插“金花”[tɕiã$^{31-33}$xo^{31}]，贴“寿贴”[si$^{22-55}$tʰiaʔ^{3}]，嘴含“大明珠”[tʰɵ$^{22-55}$miã^{33}tɕy^{31}]（染色的寿包），猪身上“披红”[pʰɿ$^{31-33}$fã^{33}]。社猪由四个壮汉抬行，长者手持寿钱开道。社猪在锣鼓鞭炮声中出发，后面跟着长长的亲友队伍，有的

图7－27 社庙

捧“寿鸡”[si$^{22-55}$tsɿ^{31}]，有的捧“寿鱼”[si$^{22-55}$ȵy^{33}]，有的脖子上吊着寿板，有的抬社包、“寿粽”[si$^{22-55}$tsɑ̃^{35}]，还有很多捧各式供品的，队伍沿村中小道向程家祠堂进发。

各家的社猪陆续抬到祠堂，一字排开；各家的供品摆满了各自的八仙桌。祠堂里面张灯结彩，正中挂起祖容。

上午九时左右，典礼开始，由族中长者主持，宣布北村程氏男丁四旬寿诞祭祖典礼开始。鼓乐齐鸣，鞭炮喧天。司仪大声念道：四十不惑，业成家乐；源远流长，承前启后；饮水思源，感恩戴德——

一叩首，皇天后土固金瓯；

二叩首，祖宗遗泽长荫后；

三叩首，子孙代代富贵有。

值年的几个男丁随着口令向天地祖宗叩首跪拜，然后致词，赠送寿礼，全村二十岁以上程姓男丁每人一只寿包，一块寿板。

典礼结束后，当年四十岁的男丁分别置办酒席招待亲朋好友。

社庙 [so$^{213-31}$mie^{22}]

祭祀土地神的庙。土地神是保佑一方五谷丰登的神。

图7－28 社猪（1）

图7－29 社猪（2）

图7－30 抬社猪

图7－31 贡献（1）

图7－32 贡献（2）

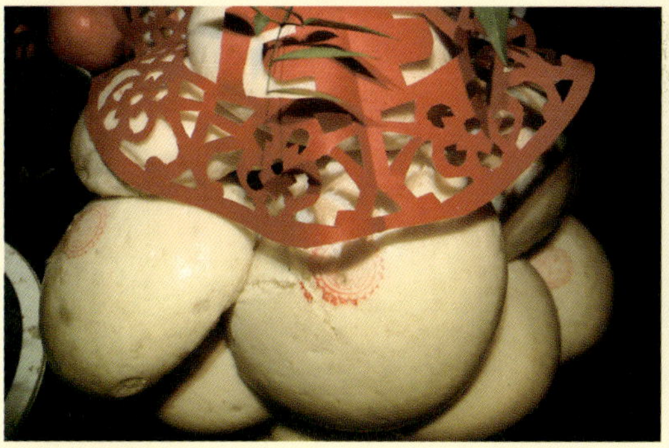

图7－33 社包

图7－34 社馃

三　丧葬

绩溪男人一生有三件大事：一是娶老婆，二是盖房子，三是砌生宫即建坟墓（俗称“做风水”[tsɵ$^{35-55}$fɑ̃$^{31-33}$ɕy^{213}]）。

绩溪人的传统观念中，选择墓葬，需要向土地神购买土地所有权，这种风水地契与民间土地田产转让中的契约文书很相似。绩溪人对丧葬的重视，从婚嫁时以棺木作嫁妆到五六十岁即“办前程”[pʰɔ$^{22-55}$tsʰẽi^{33}tɕʰiɑ̃^{33}]（即办后事）可见一斑。俗语有“六十不办前程，死倒要怪儿孙”的说法。一般人到五六十岁，便开始为自己准备“前程”[tsʰẽi^{33}tɕʰiɑ̃^{33}]，置备“棺材”（婉称“寿木”[si$^{22-55}$mɤʔ^{3}]），请“地理先生”[tsʰɿ$^{22-55}$nɿ^{213}sẽi$^{31-33}$sẽi$^{31-33}$]（风水先生）选取风水宝地，作为葬身之所。绩溪人选择墓地非常讲究，要有“来龙”[na^{33}nɑ̃^{33}]、“下手”[xo$^{213-31}$si^{213}]，为朝山秀丽、望水来临的“牛眠大地”[ŋi^{33}mẽi^{33}tʰɔ$^{22-55}$tsʰɿ^{22}]，墓地选好后便建生坟（即“生宫”[sɑ̃$^{31-33}$kuɑ̃^{31}]），俗称“做风水”。

丧葬礼俗烦琐，大致可分为送终、报丧、入殓、做七、出丧、安葬等。

“送终”[sɑ̃$^{35-55}$tsɑ̃^{31}]：老人病危，家人站立床前，听候交代后事，老人神情有变，即将咽气，儿孙高声呼唤，直到咽气，全家人跪在床前号啕大哭，为“送终”。

“报死”[pɤ$^{35-55}$sɿ^{213}]（又叫“报讣”[pɤ$^{35-55}$fu^{35}]或“报丧”[pɤ$^{35-55}$sõ^{31}]）：完成送终前后的种种程序后，放三个爆竹，便向亲友报告死讯。

自丧亡之日起，每七天为一“七”，逢“七”，儿孙们备香烛供品，在灵前或坟上祭奠，俗称“做七”[tsɵ$^{35-55}$tɕʰieʔ^{3}]。“七七”为最后一个“七”，称“断七”[tʰɑ̃$^{213-31}$tɕʰieʔ^{3}]。其中“五七”[vu$^{213-31}$tɕʰieʔ^{3}]最热闹，有的会请道士来“做道场”[tsɵ$^{35-55}$tʰɤ$^{22-55}$tɕʰiõ^{33}]。

图7－35 棺材

图7－36 寿衣

棺材 [kuɔ$^{31-33}$tsʰa^{33}]

也叫“寿材”[si$^{22-55}$tsʰa^{33}]，简作“材”[tsʰa^{33}]，是盛殓死者的木匣子。棺材一般都用杉木制成，普通棺材是“十二斗”[ɕieʔ^{3}n$^{22-55}$ti^{35}]（由十二块板做成），上等棺材为“十斗”[ɕieʔ^{3}ti^{35}]，最差的“十八斗”[ɕieʔ^{3}pɔʔ^{3}ti^{35}]。外涂油漆，小头面雕姓名牌位，大头面雕吉祥图案，均描金。

寿衣 [si$^{22-55}$ʅ^{31}]

死者穿戴的衣物统称寿衣，包括裤子、鞋子和帽子。内白外青，表示“青来白去”。衾多为红绫、白布，四角贴青、黄或黑色吉祥图案，中为太极图。衣裤下等“上五下三”（衣五件裤三条），中等“上七下八”，上等“上九下十”。贫家穿生前衣服入殓，谓“随身打倮”[si^{33}ɕiã^{31}tɔ$^{213-31}$kɵ^{213}]。“寿鞋”[si$^{22-55}$xɔ^{33}]是人死后穿着入殓的鞋子。“寿帽”[si$^{22-55}$mɤ^{22}]是人死后戴着入殓的帽子。

灵堂 [ȵiã^{33}tʰõ^{33}]

丧家供奉灵柩或死者灵位以供吊唁祭拜的厅堂。灵堂上方悬挂死者“遗像”[ʅ^{33}ɕiõ^{22}]，下书斗大的“奠”[tʰẽi^{22}]字，四周挂“挽联”[vɔ$^{213-31}$nẽi^{33}]、挽幛（简称“幛”[tɕiõ^{35}]），灵堂正中摆放灵柩，棺材前摆祭桌，设牌位、香案、蜡烛、“三牲”[sɔ$^{31-33}$ sẽi^{31}]及供品等。入殓（俗称“下棺”[xo$^{213-31}$kuɔ^{31}]）时鼓手（俗称“吹唱仂”[tɕʰy$^{31-33}$ tɕʰiõ^{35}nɤʔ^{0}]）吹奏。祭奠者按长幼顺序敬香、跪拜。两人一组，一人端酒杯，一人捧果盒，分别从祭桌前两边走向棺材头，跪地向遗体敬酒、敬果。出殡前夕“做大夜”[tsɵ$^{35-55}$ tʰɵ$^{22-55}$iɔ^{22}]，亲人敬香，鼓手伴奏。

图7－37 灵堂（许晓骏摄）

出殡之前，“停丧”[tʰiã^{33}sõ^{31}]期间，子女等晚辈“守丧”[si$^{213-31}$sõ^{31}]（也称“守夜”[si$^{213-31}$iɔ^{22}]或“守灵”[si$^{213-31}$ȵiã^{33}]），即守在灵柩或灵位旁。

图7－38 下棺

下棺 [xo$^{213-31}$kuɔ^{31}]

按时辰将死者穿戴整齐后移入棺木。晚辈直系亲属披麻戴孝绕棺材三周后，钉上“棺材盖”[kuɔ$^{31-33}$tsʰa^{33}ka^{35}]，叫“闭殓”[pɿ$^{35-55}$nẽi^{22}]。

图7－39 出丧

出丧 [tsʰɤʔ$^{3-5}$sõ^{31}]

“出殡”当天清晨先出丧，将灵柩移至村中平坦或大门口，亲人随送。

出殡 [tsʰɤʔ^{3}piã^{35}]

有的地方叫“出家”[tsʰɤʔ$^{3-5}$ko^{31}]），把灵柩运到墓地。多在人死后三天出殡安葬。出殡前做“坐家祭”[tsʰɵ$^{213-31}$ko$^{31-33}$tsɿ^{35}]，亲友做“上路祭”[ɕiõ$^{213-31}$nu$^{22-55}$tsɿ^{35}]。灵柩八人抬行，抬棺材叫“抬重”[tʰa^{33}tsʰɑ̃^{213}]。一人挎小竹篓引路，篓上插纸蟠，撒“买路钱”[mɔ$^{213-31}$nu$^{22-55}$tsʰẽi^{33}]。长钱、长蟠高举，女婿或孙子捧牌位或遗像，儿子扶灵

图7－40 出殡（许晓骏摄）

图7－41 抬重（许晓骏摄）

图7－42 幡、伞、长钱（许晓骏摄）

柩，族中长者持火把，儿媳举麻秸火把，出嫁女儿提灯笼，亲友撑素幛花圈，一路放爆竹、吹鼓手吹打送至墓地。灵柩入墓穴，亲属揖拜后拿着香原路返回。

出殡队伍中，除了花圈之外，还有“幡”[fɔ^{31}]、“伞”[sɔ^{213}]、“长钱”[tɕ^{h}iõ^{33}ts^{h}ẽi^{33}]等，都用纸扎成捆在长竹竿上。幡是一种垂直悬挂的旗子，用一根长长的竹竿撑起，一般由“长孙”[tɕiõ$^{213\text{-}31}$sã^{31}]举着走在出殡队伍的前列，用来接引亡魂。在死者被埋入坟墓后，引魂幡被插在墓上，直到随风飘去。伞，顶端有一个圆盖，作用也是引导亡魂。长钱即“摇钱树”[ie^{33}ts^{h}ẽi^{33}ɕy^{22}]，引导死者灵魂进入仙界，也寓意祈求财富，还有庇护死者家庭子孙的作用。

火把[xɵ$^{213\text{-}31}$po^{213}]

出殡时，家族中辈分较高、老成持重、行动方便的人手持火把在前引路。火把是一根风干的木棒，前端分成四瓣，点上火，用来接引亡魂，给亡魂带路、照明。途中火把不能熄灭。

图7－43 火把（许晓骏摄）

图7－44 做祭（许晓骏摄）

图7－45 送葬（许晓骏摄）

做祭 [tsə$^{35-55}$tsɿ^{35}]

死者的亲友晚辈在入殓后、出殡前或在出殡路上对着死者的灵位拜祭叫做祭。送葬队伍特别是棺材经过某个亲友家门口时，人家通常会做“拦路祭”[nɔ^{33}nu$^{22-55}$tsɿ^{35}]。

送葬 [sɑ̃$^{35-55}$tsõ^{35}]

亲友披麻戴孝将死者遗体送到埋葬的地点。

下葬[xo$^{213-31}$tsõ^{35}]

出殡前，开启“生宫”门。将盛殓死者的棺材抬到埋葬地后，搁在两条长凳上，子孙等晚辈拈香绕棺材一周，拍一下棺材头，称呼一句死者“去家替我看家啊”，然后回家将香扔在烧饭的炉灶中。墓穴内先烧一些豆萁麻秸等，然后陈棺摆正。有的

图7－46 下葬（1）

图7－47 下葬（2）（许晓骏摄）

图7－48 下葬（3）（许晓骏摄）

还要宰杀公鸡淋血于棺材盖，放爆竹，烧纸钱，焚香跪拜。安葬完毕，祭山神、土地。敲锣打鼓放爆竹，沿来龙山脉插三角彩纸小旗（称“安山旗”[ŋɔ31-33sɔ31-33tsʰʅ33]），叫“安山”[ŋɔ31-33sɔ31]。

花圈 [xo31-33tɕʰyẽi31]

用纸花或鲜花扎成的丧礼专用祭奠物品。参加葬礼时，人们敬送花圈作为对逝者的追悼和纪念。

图7－49 花圈

图7－50 戴孝

戴孝 [tɔ$^{35-55}$xɤ^{35}]

长辈去世，子孙身披麻布服叫戴孝，头上戴白帽（男的戴“孝帽”[xɤ$^{35-55}$mɤ^{22}]，女的戴“孝罩”[xɤ$^{35-55}$tsɤ^{35}]），表示哀悼。也有“蒙鞋”[mã^{33}xɔ^{33}]（在鞋帮的前半部分蒙上一块白布）或在鞋上“钉飞飞蝶”[tiã$^{35-55}$fi$^{31-33}$fi$^{31-33}$tʰiaʔ^{3}]（寸许见方的白布）的。

纸扎 [tsʅ$^{213-31}$tsɔʔ^{3}]

是以竹篾作框架，用纸扎制的纸人纸马、摇钱树、金山银山、牌坊、门楼、房子（俗称“灵屋”[ȵiã^{33}vɤʔ^{3}]）、日常器物等丧俗用品。主要用于祭祀及丧俗活动中，焚烧给死者。

图7－51 纸扎

图7－52 灵屋（许晓骏摄）

回呼 [fa^{33}fu^{31}]

死者亡魂回家看望家人叫回呼。回呼的日期是根据死者去世的时辰推算出来的，回呼的头一天叫“偷呼”[ȶʰi$^{31\text{-}33}$fu^{31}]，指亡魂偷偷地回家，家里摆出“回呼锦”[fa^{33}fu$^{31\text{-}33}$ tɕiã^{213}]（纸扎的各种生活用品，回呼仪式结束后，带到坟上烧给死者）。回呼这一天，为了让亡魂在家里多待些时间，家人除给亡魂准备回呼锦外，还摆一个贡桌、一个椅子（椅背上放衣服帽子，椅面上放裤子），地上放一双一顺边的鞋子，桌上放一根筷子，一个碗，碗里放一个鸡蛋。亡魂回家要穿衣戴帽，穿一顺边的鞋子，用一根筷子夹鸡蛋，都很困难，很费时间。押解或陪同亡魂回家的是一个叫“来四”[na^{33}sɿ^{35}]的小神，家人也为来四准备了一个捶衣服的棒槌，并在周围板壁上贴许多不同方向的“佛”字（写在裁成小方块的黄裱纸上。叫“贴佛”[ȶʰiaʔ$^{3\text{-}5}$fɤʔ^{3}]）。来四见“佛”就拜，但个子很矮，只能站在很不稳当的棒槌上对着不同方向的“佛”跪拜，也很费时间。

图7－53 回呼锦

图7－54 贴佛

图7－55 金银

金银 [tɕiã$^{31-33}$ȵiã^{33}]

是用锡箔折成元宝形的纸钱。春节祭祖、上坟拜祭时烧给死者。

挂钱纸 [ko$^{35-55}$tsʰẽi^{33}tsɿ^{213}]

清明节上坟叫“挂钱”[ko$^{35-55}$ tsʰẽi^{33}]，插在坟上的纸钱叫挂钱纸。俗有“新坟不过社”[ɕiã$^{31-33}$fã^{33}pɤʔ$^{3-5}$kɵ$^{35-55}$ so^{213}]之说，是指给新坟（前一年或当看新亡故的人）扫墓要在“春社”日（大致在春分）之前。

风水 [fã$^{31-33}$ɕy^{213}]

坟墓，绩溪叫“风水”，是埋葬死人的穴，青砖砌拱形墓室，炭沟排水，石灰盖上堆土包。一座坟叫“一关风水”[ieʔ$^{3-5}$kuɔ$^{31-33}$fã$^{31-33}$ɕy^{213}]，通常夫妻合葬，两穴紧挨着。有些生前关系较近的人也将墓穴建在一起，挨着排成一横排，希望在地下“有伴”

图7－56 挂钱纸

图7－57 风水（1）

图7－58 风水（2）

[ie$^{213-31}$ p^{h}ã^{213}]。坟后多不立碑，死者信息直接刻在坟门（“坟面”[fã^{33}mẽi^{22}]）上，坟前有平地，叫“坟明堂”[fã^{33}miã^{33}t^{h}õ^{33}]，是清明节扫墓或其他时节上坟时祭拜的地方。稍微讲究一点的坟墓两边有“坝手”[po$^{35-55}$si^{213}]，像椅子的扶手。坟面、坟明堂、坝手大都是雕花石料。棺材入穴后青砖卷拱，砌砖封穴，外加石板坟面。

明棺 [miã^{33}kuɔ^{31}]

绩溪旧时有所谓“明厝暗葬”，这样的葬式叫“明棺”，靠棺包砖，上搭栓盖瓦，高约 2 米，书亡人姓名。

图7－59 明棺

捌·岁时节令

图8-1 岁时节令

春节从农历十二月二十三谢灶开始，到正月十八结束。十二月二十四过小年，正月初一过新年。过小年前后，一般人家忙于做麻糖、豆腐、磨米粉做油馃、酿米酒（俗称“做酒”[tsɵ$^{35-55}$tsi^{213}]）、“蒸发糕”[tɕiã$^{31-33}$fɔʔ$^{3-5}$kɤ^{31}]、“杀年猪”[sɔʔ$^{3-5}$ȵiẽi^{33}tɕy^{31}]、“办年货”[pʰɔ$^{22-55}$ȵiẽi^{33}xɵ^{35}]。

农历十二月二十四过小年，俗称“烧年”[ɕie$^{31-33}$ȵiẽi^{33}]。有的村各姓氏不同，在二十三、二十六、二十七或二十八、三十夜烧年。这一天，中堂“挂容”[ko$^{35-55}$yã^{33}]（祖宗像），供桌上摆供仪，祭拜祖宗，烧纸钱、燃爆竹谢神。合家吃年饭。菜肴丰盛，必有青菜、豆腐、肉圆，兆全家清吉，团圆和睦。

一　春节

对联 [ta$^{35\text{-}55}$nẽi^{33}]

过年时，无论城市还是农村，家家户户都要在门上贴大红对联，为春节增加喜庆气氛，表达对生活的良好愿望。春联一般就叫对联，是写在纸、布上或刻在竹子、木头、柱子上的对偶语句。有春联、喜联（如结婚、建房时贴的）、寿联、挽联等。过年时贴的对联大多是用红纸写的。

图8－2 贴对联

图8－3 对联

封岁 [fɑ̃$^{31-33}$ɕy^{35}]

图8－4 三角

大年三十下午封岁，墙上贴“年画”[ȵiẽi^{33}vo^{22}]，大门上贴春联，谷仓门上、禽畜栏前以及水缸边都要贴上红纸条等。年画是新年时张贴在中堂或墙上的含有祝福新年吉祥喜庆之意的图画，也用来装饰环境。红纸条也叫“三角”[sɔ$^{31-33}$koʔ^{3}]，即字幅，将红纸裁成三角形贴在大门门柱、房门、灶上或禽畜栏门上。里面有的插“柏枝”[pɔʔ$^{3-5}$tsɿ^{31}]和“天竺叶”[t^{h}ẽi$^{31-33}$tsɤʔ$^{3-5}$iaʔ^{3}]。

农历岁末日，俗称“三十夜”[sɔ$^{31-33}$ɕieʔ^{3}iɔ^{22}]或“三十日夜下”[sɔ$^{31-33}$ɕieʔ^{3}ȵieʔ^{3}iɔ$^{22-55}$xo^{213}]，白天上坟（一般在傍晚时。也有大年初一上坟的，叫“拜坟年”[pɔ$^{35-55}$fɑ̃^{33}ȵiẽi^{33}]），打扫庭院，贴春联，贴红纸。

封岁即辞岁。封岁的内容除了贴春联、贴年画和红纸条外，还有祭祖和“吃封岁饭”[tɕ^{h}ieʔ$^{3-5}$fɑ̃$^{31-33}$ɕy^{35}fɔ^{22}]（也叫“吃年饭”[tɕ^{h}ieʔ$^{3-5}$ȵiẽi^{33}fɔ^{22}]）。在堂前陈设供桌，布置香案，摆上供仪如肉、米饭、豆腐、果品等，敬奉祖先。合家吃封岁饭，长辈给孩童“压岁钱”[ŋɔʔ^{3}ɕy$^{35-55}$ts^{h}ẽi^{33}]（有的地方叫“安岁钱”[ŋɔ$^{31-33}$ɕy$^{35-55}$ts^{h}ẽi^{33}]）。饭后“坐岁”[ts^{h} ɵ$^{213-31}$ɕy^{35}]，又称“守岁”[si$^{213-31}$ɕy^{35}]，熬夜迎接新一年的到来。妇女炒瓜子、花生等，忙着准备各种食物。午夜封门，过子时开门放爆竹、烧香“接天地”[tɕiaʔ$^{3-5}$t^{h}ẽi$^{31-33}$ts^{h}ɿ^{22}]。

图8－5 拜坟年

图8－6 供仪

祭祖 [tsɿ$^{35-55}$tsu^{213}]

大年三十的一项隆重的民俗活动是祭祖。除夕到来之前，家家户户都要把家谱、祖先像、牌位等供于家中上厅，安放供桌，摆好香炉、供品。祭祖的同时，有的地方也祭祀天神、土地神。由家长主祭，烧三炷香，叩拜后，祈求丰收，最后烧纸。有的还拜“客祖宗”[kʰɔʔ$^{3-5}$tsu$^{213-31}$tsã^{31}]和“门神”[mã^{33}ɕiã^{33}]。人们在春节期间祭祀祖先、叩拜神灵，其实就是给祖先、诸神拜年。

祭祀时用的供品叫“供仪”[kuã$^{35-55}$ɳ^{33}]。通常有“刀头”[tɤ$^{31-33}$tʰi^{33}]（一块切得方方正正的猪肉）、米饭、豆腐、水果、酒等。

农历十二月二十三夜“谢灶”[tɕʰiɔ$^{22-55}$tsɤ^{35}]。俗传这一天灶王爷回天宫奏本，晚上家家在灶头点红烛、供粉馃、油煎豆腐和净水（或茶水）一杯、烧香纸谢灶神，求其上天奏好事。有的村庄或家族除夕夜或二十九谢灶。晚餐吃“灶馃”[tsɤ$^{35-55}$kɵ^{213}]。正月十五日，接灶王爷下界保平安，仪式相同。谢灶、“接灶”[tɕiaʔ^{3}tsɤ^{35}]用的供品都是素的。

“年饭”[ȵiẽi^{33}fɔ^{22}]，也叫“封岁饭”[fɑ̃$^{31-33}$ɕy$^{35-55}$fɔ^{22}]，是农历最后一天的合家团圆饭，一家相聚，共进晚餐。一般都是家宴，外人不参加，也不宜参加家族以外人家的年夜饭。年饭的主食是米饭，菜品丰盛。

纸角 [tsɿ$^{213-31}$koʔ^{3}]

焚化以敬鬼神的纸钱。金银（见图7-55）外包黄表纸做成。

图8－7 纸角

初一朝 [tsʰu^31-33^ieʔ^3-5^tɕie^31^]

大年初一。早晨，男人漱洗完后，开门放鞭炮，拜祖宗，向长辈拜年。早餐“三道茶”[sɔ^31-33^tʰɤ^22-55^tsʰo^33^]，吃“长寿面”[tɕʰiõ^33^si^22-55^mẽi^22^]。这一天，男人不干活，女人不做针凿，不扫地，即使扫地也只能往家里扫，不能往外扫。有“清闲初一朝”[tɕʰiɑ̃^31-33^xɔ^33^tsʰu^31-33^ieʔ^3-5^tɕie^31^]之说。邻里熟人相见，相互“作揖”[tsoʔ^3-5^ ieʔ^3^]恭喜。

“拜年”[pɔ^35-55^ȵiẽi^33^]是人们辞旧迎新、相互表达美好祝愿的一种方式。正月初二日至十八朝，亲戚间互相拜年，待以三道茶、碗头面和糖果糕点。长辈给儿童红纸包。“拜年拜年，果子向前”，拜年没有空手的。正月初二，嫁出去的女儿带着丈夫、儿女回娘家拜年。正月初五，俗称“破五”[pʰɵ^35-55^vu^213^]，是商户的财神日，店家要接财神，吃开张宴，开张营业。俗谚“拜年拜到十八朝”，正月十八之后走亲串友，就不叫拜年了。

果子 [kɵ^213-31^tsɿ^213^]

春节期间，摆在桌上招待客人的瓜子、花生、青豆、糖果等叫果子。平时有客人进门时，也会待以果子。

图8－8 谢灶

图8－9 三道茶

图8－10 果子

二 其他节日

正月半 [tɕiã$^{31-33}$yaʔ^{3}pã^{35}]

即元宵节，各家各户晚上吃“灶馃”，用“灶馃”和供品接灶神。吃过晚饭，乡民们开始闹花灯。元宵期间舞龙舞狮，一般两健男合舞，还有一个扮演狮小鬼的，持彩球逗耍。台上舞全堂狮，大狮一二只，少儿扮幼狮。颜色有青、彩之分，表演有文、武之别。

清明（节） [tɕ^{h}yã$^{31-33}$miã^{33}（tɕiaʔ^{3}）]

清明上坟扫墓俗称“挂钱”[ko$^{35-55}$ts^{h}ẽi^{33}]，先整理一下坟墓，然后在坟前摆上供品，燃香揖拜，放鞭炮，“烧纸角”[ɕie$^{31-33}$sɿ$^{213-31}$koʔ^{3}]（纸角也叫“纸角袋”[tsɿ$^{213-31}$koʔ^{3}t^{h}a^{22}]，上写亡人及奉祀子孙姓名，内装锡箔折成的元宝），在坟面挂彩纸剪成的各种花形的剪纸，俗称挂钱纸。农家做包、馃，山区农家取甜藤、牛蒡绵掺入米粉做甜馃（俗称“清明馃”[tɕ^{h}yã$^{31-33}$miã^{33}kɵ^{213}]），呈绿色，香软不裂。

图8－11 挂钱（1）

图8－12 挂钱（2）（许晓骏摄）

图8－13 挂钱（3）

图8－14 戳艾草

端午（节）[tã$^{31-33}$vu^{213}（tɕiaʔ^{3}）]

农历五月初五是端午节，每家大门“戳艾草”[tsʰoʔ^{3}ŋɔ$^{22-55}$tsʰɤ^{213}]、蒲剑，泡艾草水洗脚。用艾草蘸“雄黄酒”[ɕyã^{33}xõ^{33}tsi^{213}]洒门窗墙角，以驱五毒、妖气。午餐家宴，吃苋菜烧豆腐、腌大蒜、腌鸭蛋（俗称“腌鸭子”[iẽi$^{31-33}$ŋɔʔ$^{3-5}$tsɿ^{213}]）等，没有腌鸭蛋的就用鸡蛋（“鸡子”[tsɿ$^{31-33}$tsɿ^{213}]）代替。节前，晚辈特别是女婿向长辈亲友、岳父母送“绿豆糕”[nɤʔ^{3}tʰi$^{22-55}$kɤ^{31}]、腌鸭蛋等礼品（俗称“担端午节”[tɔ$^{31-33}$tã$^{31-33}$vu^{213}tɕiaʔ^{3}]）。绩溪习俗，端午节不吃粽子。不过，现在有些人家也会在端午这一天“裹裹粽”[kɵ$^{213-31}$kɵ$^{213-31}$tsã^{35}]（包粽子），吃“裹粽”[kɵ$^{213-31}$tsã^{35}]。

中秋（节）[tsã$^{31-33}$tsʰi$^{31-33}$（tɕiaʔ^{3}）]

又叫“八月半”[pɔʔ$^{3-5}$yaʔ^{3}pã^{35}]，合家晚宴，餐后赏月、吃“月饼”[yaʔ^{3}piã^{213}]。过去青年、小孩有夜间“摸秋”[moʔ$^{3-5}$tsʰi^{31}]之俗，农家瓜果被摘，概不追究。节前，亲友互赠月饼，晚辈送节礼（叫“担中秋节”[tɔ$^{31-33}$tsã$^{31-33}$tsʰi$^{31-33}$tɕiaʔ^{3}]）。

为了庆祝丰收，祈祷来年风调雨顺，湖村过去在中秋节这一天有“舞草龙”[vu$^{213-31}$tsʰɤ$^{213-31}$nã^{33}]的习俗。草龙用稻草编织而成，龙身上插木棍作为龙脚，还要做一个龙头，草龙摆放在祠堂里，并在草龙身上插满香火。夜色降临，村民聚集在祠堂里，拿着火把，点燃草龙身上的香火。龙身插满点着的香，整条龙才能“活”起来。村里青年男女高举香火草龙，狂奔飞舞，穿梭在村庄小道、稻田旷野中。舞完草龙，将它投到村外的溪水中。

图8－15 绿豆糕

二月二 [n$^{22-55}$yaʔ$^{3-5}$n^{22}]

俗传农历二月初二是土地老爷生日。乡民呼为“龙抬头”[nã^{33}tʰa^{33}tʰi^{33}]。节前家家包粽子，初二凌晨以粽子和猪头三牲在堂前天井接土地神。农家早餐吃米粉馃糊（俗称“糊汤”[vu$^{22-55}$tʰõ^{31}]），寓意塞田塍窟窿，田不漏水。妇女停针线一日，恐伤龙目。中午吃粽子。这天首次登门的男人被认为是土地公公，会受到家主的欢迎。

图8－16 糊汤

绩溪人二月二日吃粽子习俗还有一段趣闻。咸丰十年（1860 年）二月初一，太平军由旌德县经徽岭攻打绩溪县城，清军副将余永椿和知府苏式敬领兵六百在徽岭和新岭一带堵截，不想竟被太平军击溃。太平军一举占领绩溪县城，清军向徽州府逃窜。令人疑惑的是，太平军巳时进城，当夜五更便急速退回旌德。后来才得知，太平军仓促撤退的原因竟是“见家家户户均煮粽子于锅中，疑有预谋”。待被告知这是绩溪习俗后，太平军便于二月初四辰时复攻县城。

交夏 [kɤ$^{31-33}$xo^{22}]

即立夏，这一天，县城家家做韭菜笋丁粉馃，农家做包、馃（俗称“交夏馃”[kɤ$^{31-33}$xo$^{22-55}$kɵ^{213}]）当午餐。餐后给小孩称体重。民间有“吃了交夏馃，天晴雨落没得坐”的说法。意思是说，过了立夏，进入农忙，就没时间在家闲坐了。

图8－17 裹裹粽

图8－18 裹粽

七月半 [tɕʰieʔ$^{3-5}$yaʔ$^{3-5}$pã^{35}]

农历七月十五日，俗称“鬼节”[kui$^{213-31}$tɕiaʔ^{3}]，农家做包、馃当餐。

重阳（节） [tsʰɑ̃^{33}iõ^{33}（tɕiaʔ^{3}）]

农历九月初九是重阳节，荆州、逍遥、扬溪等地这一天“打麻糍”[tɔ$^{213-31}$mo^{33}tsʰɿ^{33}]作食。“麻糍”[mo^{33}tsʰɿ^{33}]是用糯米蒸熟捣烂，外面再蘸上芝麻粉或白糖的一种食品。

十月半 [ɕieʔ^{3}yaʔ^{3}pã^{35}]

农历十月十五日，农家做包、馃祭祖酬神。

腊八 [nɔʔ^{3}pɔʔ^{3}]

农历十二月初八，家家清早食菜粥，称“腊八粥”[nɔʔ^{3}pɔʔ$^{3-5}$tsɤʔ^{3}]。腊八粥用多种豆米、干菜、腊肉、芋头、山芋、南瓜等煮成。腊八含岁末之意，民间谓儿童“吃了腊八粥长一岁”。

图8－19 腊八粥

玖·说唱表演

图9－1 说唱表演

绩溪人逢年过节、婚丧嫁娶等，禁忌颇多，委婉语或口彩是人们趋吉避凶以及期望美好生活的惯用语言形式。

境内流行剧种，除徽剧外，还有越剧、目连戏、黄梅戏等。清代以前，绩溪人虽然好看戏，却视戏子为下流，如有族中人入戏班，革出宗祠。境内戏剧班社，均来自外籍。光绪元年（1875年）伏岭上、中、下三门各成立少儿舞狮班，又称童子班，延师教习徽剧。清末民初，境内徽班演出以徽调为主，夹杂京剧成分。民国十六年前后，巡演境内的徽班，有庆春和、柯长春等十余个。曲调除徽昆外，主要是乱弹，夹杂皮簧。自晚清京剧崛起之后，徽戏独在绩溪继续繁荣，延续至上世纪50年代。

新中国成立前，大姓宗族多置吹奏班，岭北称“祝活[$ts\gamma ʔ^{3-5}vɔʔ^{3}$]”，岭南称“吹鼓手[$tɕhy^{31-44}ku^{213-31}si^{213}$]”或“吹唱仂[$tɕhy^{31-33}tɕhiõ^{35}n\gamma ʔ^{0}$]”，专事宗祠祭典及族内婚丧寿庆等吹奏。

境内民歌民谣世代口传，多为妇女劳作间隙或结伴做女红时自唱自娱。

一　口彩禁忌

1. 吉祥口彩

正月初一吃青豆，寓意“清清吉吉”[tɕ^{h}iɑ̃$^{31-33}$tɕ^{h}iɑ̃^{31}tɕieʔ$^{3-5}$tɕieʔ^{3}]。

民居建筑的柱子，正屋四柱有的用柏、梓、桐、椿树料，寓意“百子同春”[pɔʔ$^{3-5}$ tsɿ^{213}t^{h}ɑ̃^{33}tɕ^{h}yɑ̃^{31}]。

2. 财富口彩

“争发”[tsẽi$^{31-33}$fɔʔ^{3}]：结婚时，姑娘上轿，众人争赏，新郎要赏补“红纸包”多次，叫“争发争发，越争越发”。

“催发”[ts^{h}a$^{31-33}$fɔʔ^{3}]：结婚时，男方接亲的人到女方家后，燃放爆竹催亲，女婿向岳父母请求从速发亲。催亲三次，姑娘兄弟或利市人背姑娘上花轿，叫催发。

“号发”[xɤ^{33}fɔʔ^{3}]：结婚时，新娘上轿前，母、女相抱大哭，既有分离的伤感，也寓意越号越发。

“吵发”[ts^{h}ɤ$^{213-31}$fɔʔ^{3}]：闹洞房时，亲戚好友用各种不同的方式逗新娘发笑或是出一些难题来捉弄新郎新娘，以此取乐。不拘礼仪，逗趣取乐，意在越吵越发。

3. 长寿口彩

“长寿线”[tɕ^{h}iõ^{33}si$^{22-55}$sẽi^{35}]：给第一次上门的婴儿或小孩在胸前挂的两支棉纱线。

“长寿面”[tɕ^{h}iõ^{33}si$^{22-55}$mẽi^{22}]：大年初一早上或祝寿时吃的面条。

4. 避凶求吉

“老脱了”[nɤ^{213}t^{h}ɔʔ^{0}nie^{0}]、“过身了”[kɵ$^{35-55}$ɕiɑ̃^{31}nie^{0}]、“过辈了”[kɵ$^{35-55}$pa^{35}nie^{0}]：死了。

"糟脱了"[tsɤ^{31}tʰɔʔ^{0}nie^{0}]：小孩夭折。

"个肚跌/落脱了"[kɵ$^{35-55}$tʰu^{213}tiaʔ^{3}/noʔ^{3}tʰɔʔ^{0}nie^{0}]：流产。

"煎茶"[tɕiẽi$^{31-33}$tsʰo^{33}]：煎中药。

"吃水茶"[tɕʰieʔ$^{3-5}$ɕy$^{213-31}$tsʰo^{33}]：吃中药。

5. 避俗求雅

"夜盆"[iɔ$^{22-55}$pʰɑ̃^{33}]：马桶。

"下身"[xo$^{213-31}$ɕiɑ̃^{31}]：阴部。

"来身上"[na^{33}ɕiɑ̃^{31}ɕiɔ̃^{0}]：来月经。

"领妹"[ȵiɑ̃$^{213-31}$ma^{35}]：生孩子；带孩子。

"附$^{=}$"[fu^{35}]：牛交配。

"踏雄"[tʰɔʔ^{3}ɕyɑ̃^{33}]：鸡交配。

"叫花"[tɕie$^{35-55}$xo^{31}]：母猪发情。

"起栏"[tsʰɿ$^{213-31}$nɔ^{33}]：母牛发情。

二　詈辞

口头禅式的詈辞

“妈的个屄”[mɔ^{22}nie^{0}kɵ^{0}pɿ^{31}]：他妈的。

有一定实义的常用詈辞

“插尔家祖”[tsʰɔʔ$^{3-5}$n^{213}ko^{0}tsu^{213}]：肏你祖宗、肏你妈。

“狗入”[ki$^{213-31}$ieʔ^{3}]：狗日的。

“倒灶儿”[tɤ$^{213-31}$tsɤ$^{35-55}$n^{33}]：龟儿子。

“短命鬼”[tã$^{213-31}$miã$^{22-55}$kui^{213}]：短命的。

三　俗语谚语

（一）农业谚语

1. 吃了交夏馃　tɕʰieʔ$^{3-5}$nie^{0}kɤ$^{31-33}$xo$^{22-55}$kɵ^{213}，
   天晴落雨没的坐　tʰẽi$^{31-33}$tɕʰiɑ̃^{33}noʔ^{3}y^{213}mi^{31}tieʔ$^{3-5}$tsʰɵ^{213}；
   吃了交夏粽　tɕʰieʔ$^{3-5}$nie^{0}kɤ$^{31-33}$xo$^{22-55}$tsɑ̃^{35}，
   一时一刻没得空　ieʔ$^{3-5}$sɿ^{33}ieʔ$^{3-5}$kʰɤʔ^{3}mi^{31}tieʔ^{0}kʰuɑ̃^{35}。
2. 四月天，实艰难　sɿ$^{35-55}$yaʔ^{3}tʰẽi^{31}，ɕieʔ^{3}kɔ$^{31-33}$nɔ^{33}，
   秧要暖，麦要寒　iõ^{31}ie$^{35-55}$nɑ̃^{213}，mɔʔ^{3}ie$^{35-55}$xɔ^{33}。
   种田哥哥要落雨　tsɑ̃$^{35-55}$tʰẽi^{33}kɵ$^{31-33}$kɵ^{31}ie$^{35-55}$noʔ^{3}y^{213}，
   采桑娘子要天干　tsʰa$^{213-31}$sõ^{31}ȵiõ^{33}tsɿ^{213}ie$^{35-55}$tʰẽi$^{31-33}$kɔ^{31}。
   顾得秧来茶要老　ku$^{35-55}$nieʔ^{3}iõ^{31}na^{0}tsʰo^{33}ie$^{35-55}$nɤ^{213}，
   顾得蚕来麦要残　ku$^{35-55}$nieʔ^{3}tsʰɑ̃^{33}na^{0}mɔʔ^{3}ie$^{35-55}$tsʰɔ^{33}。
3. 有粪无灰，一季白栽　ie$^{213-31}$fɑ̃^{35}m^{33}fa^{31}，ieʔ$^{3-5}$tsɿ^{35}pʰɔʔ^{3}tsa^{31}；
4. 有灰无粪，等于无种　ie$^{213-31}$fa^{31}m^{33}fɑ̃^{35}，tɑ̃$^{213-31}$y^{33}m^{33}tsɑ̃^{35}。
5. 干煞萝稷，饿煞皇帝　kɔ$^{31-33}$sɔʔ$^{3-5}$nɵ^{33}tsɿ^{35}，ŋɵ$^{22-55}$sɔʔ$^{3-5}$xõ^{33}tsɿ^{35}。
6. 霜降霜降，麦籽出瓮　sõ$^{31-33}$kõ^{35}sõ$^{31-33}$kõ^{35}，mɔʔ^{3}tsɿ^{213}tsʰɤʔ^{3}õ^{35}。

（二）气象谚语

1. 大旱不过七月半　tʰɵ$^{22-55}$xɔ^{213}pɤʔ$^{3-5}$kɵ$^{35-55}$tɕʰieʔ$^{3-5}$yaʔ$^{3-5}$pɑ̃^{35}。
2. 春霜三日白，晴到割大麦
   tɕʰyɑ̃$^{31-33}$sõ^{31}sɔ$^{31-33}$ȵieʔ$^{3-5}$pʰɔʔ^{3}，tɕʰiɑ̃^{33}tɤ$^{35-55}$kɔʔ$^{3-5}$tʰɵ$^{22-55}$mɔʔ^{3}。

3. 清明难得晴，谷雨难得雨。

tɕʰyã$^{31-33}$miã^{33}nɔ^{33}tieʔ$^{3-5}$tɕʰiã^{33}，kuɤʔ^{3}y^{213}nɔ^{33}tieʔ$^{3-5}$y^{213}。

4. 春雾一朝晴，夏雾雨淋淋，秋雾晒煞人，冬雾雪封门。

tɕʰyã$^{31-33}$vu^{22}ieʔ$^{3-5}$tɕie$^{31-33}$tɕʰiã^{33}，xo$^{22-55}$vu^{22}y$^{213-31}$ȵiã^{33}ȵiã^{33}。

tsʰi$^{31-33}$vu^{22}so$^{35-55}$sɔʔ$^{3-5}$iã^{33}，tã$^{31-33}$vu^{22}ɕiaʔ$^{3-5}$fã$^{31-33}$mã^{33}。

5. 东扇日头西扇雨，南扇火门开，北扇雨就来。

tã$^{31-33}$ɕyẽi$^{35-55}$ȵieʔ^{3}tʰi^{33}sɿ$^{31-33}$ɕyẽi$^{35-55}$y^{213}，

nɔ^{33}ɕyẽi^{35}xɵ$^{213-31}$mã^{33}kʰa^{31}，pɤʔ$^{3-5}$ɕyẽi^{35}y^{213}tsʰi$^{22-55}$na^{33}。

6. 冬至月头，卖被买牛　tã$^{31-33}$tsɿ^{35}yaʔ^{3}tʰi^{33}，mɔ$^{22-55}$pʰɿ^{213}mɔ$^{213-31}$ŋi^{33}，

冬至月中，被窠暖烘烘　tã$^{31-33}$tsɿ^{35}yaʔ^{3}tsã^{31}，pʰɿ$^{213-31}$kʰɵ^{31}nã$^{213-31}$fã$^{31-33}$fã^{31}，

冬至月尾，冻煞老鬼　tã$^{31-33}$tsɿ^{35}yaʔ^{3}vi^{213}，tã$^{35-55}$sɔʔ$^{3-5}$nɤ$^{213-31}$kui^{213}。

（三）生活谚语

1. 越嬉越懒，越吃咸盐越泊淡

yaʔ^{3}sɿ^{31}yaʔ^{3}nɔ^{213}，yaʔ^{3}tɕʰieʔ$^{3-5}$xɔ^{33}iẽi^{33}yaʔ^{3}pʰɔʔ$^{3-5}$tʰɔ^{213}。

2. 乌龟[不要]笑鳖，共个洞子歇

vu$^{31-33}$kui^{31}pie$^{35-55}$ɕie$^{35-55}$piaʔ^{3}，kʰuã$^{22-55}$kɵ$^{35-55}$tʰã^{22}tsɿ^{0}ɕiaʔ^{3}。

3. 种不着粮食一季　tsã$^{35-55}$pɤʔ$^{3-5}$tɕʰyoʔ$^{3-5}$ȵiõ^{33}ɕieʔ^{3}ieʔ$^{3-5}$tsɿ^{35}，

讨不着老妪一世　tʰɤ$^{213-31}$pɤʔ$^{3-5}$tɕʰyoʔ$^{3-5}$nɤ$^{213-31}$y^{22}ieʔ$^{3-5}$sɿ^{35}。

4. [没有]个冬瓜奈何　mi^{31}kɵ$^{35-55}$tã$^{31-33}$ko^{31}nɔ$^{22-55}$xɵ^{33}，

做个葫芦出气　tsɵ$^{35-55}$kɵ$^{35-55}$vɤʔ^{3}nu^{33}tsʰɤʔ^{3}tsʰɿ^{35}。

5 .卖朝箣不知来历　mɔ$^{22-55}$tɕʰie^{33}fɤʔ^{3}pɤʔ$^{3-5}$tsɿ^{31}na^{33}ȵieʔ^{3}。

（四）谜语

1. 一只猪，不吃糠，朝屁股，打一枪。——锁。

ieʔ^{3}tɕieʔ$^{3-5}$tɕy^{31}，pɤʔ^{3}tɕʰieʔ$^{3-5}$kʰõ^{31}，

tɕʰie^{33}pʰɿ$^{35-55}$ku^{213}，tɔ$^{213-31}$ieʔ$^{3-5}$tɕʰiõ^{31}。—— sɵ^{213}。

2. 半山培子一块篾，十个九个踩不折。——山路。

pã$^{35-55}$sɔ$^{31-33}$pʰa^{33}tsɿ^{0}ieʔ$^{3-5}$kʰua$^{35-55}$miaʔ^{3}，

ɕieʔ^{3}kɵ^{35}tɕiɵ$^{213-31}$kɵ^{35}tsʰa$^{213-31}$pɤʔ$^{3-5}$ɕyaʔ^{3}。—— sɔ$^{31-33}$nu^{22}。

3. 半山培子一只红板凳，十个九个不敢困。——棺材。

pã$^{35-55}$sɔ$^{31-33}$p^{h}a^{33}tsɿ^{0}ieʔ$^{3-5}$tɕieʔ$^{3-5}$fã^{33}pɔ$^{213-31}$tiã^{35}，

ɕieʔ^{3}kɵ^{35}tɕiɵ$^{213-31}$kɵ^{35}pɤʔ$^{3-5}$kɔ$^{213-31}$k^{h}uã^{35}。—— kuɔ$^{31-33}$ts^{h}a^{33}。

4. 两个女家样的长，一样打扮，两样肚肠。——对联。

ȵiõ$^{213-31}$kɵ$^{35-55}$ȵy^{33}ko^{0}iõ$^{22-55}$tieʔ^{3}tɕ^{h}iõ^{33}，

ieʔ$^{3-5}$iõ$^{22-55}$tɔ$^{213-31}$pɔ^{35}，ȵiõ$^{213-31}$iõ$^{22-55}$t^{h}u$^{213-31}$tɕ^{h}iõ^{33}。—— ta$^{35-55}$nẽi^{33}。

5. 兄弟六七个，日日夜夜□头□脑地做。——水碓。

ɕyã$^{31-33}$ts^{h}ɿ^{213}nɤʔ^{3}tɕ^{h}ieʔ^{3}kɵ^{35}，

ȵieʔ^{3}ȵieʔ^{3}iɔ$^{22-55}$iɔ^{22}ŋɤʔ^{3}t^{h}i^{33}ŋɤʔ^{3}nɤ^{213}nie^{0}tsɵ^{35}。—— ɕy$^{213-31}$ta^{35}。

6. 四角方方一块砖，只打中间不打边。——算盘。

sɿ$^{35-55}$koʔ^{3}xõ$^{31-33}$xõ^{31}ieʔ$^{3-5}$k^{h}ua$^{35-55}$tɕyẽi^{31}，

tieʔ$^{-31}$tɔ$^{213-31}$tsã$^{31-33}$kɔ^{31}pɤʔ$^{3-5}$tɔ$^{213-31}$pẽi^{31}。—— sã$^{35-55}$p^{h}ã^{33}。

7. 初一动身，初十到京，一把捏着衫鬃，问你多少贵庚？——杆秤。

ts^{h}u$^{31-33}$ieʔ^{3}t^{h}ã$^{213-31}$ɕiã^{31}，ts^{h}u$^{31-33}$ɕieʔ^{3}tɤ$^{35-55}$tɕiã^{31}，

ieʔ^{3}po^{213}ȵiaʔ$^{3-5}$tɕ^{h}yoʔ$^{3-5}$sɔ$^{31-33}$tsã^{31}，

vã$^{22-55}$n^{213}tɵ$^{31-33}$ɕie^{213}kui$^{35-55}$kã^{31}/kẽi^{31}？—— kɔ$^{213-31}$tɕ^{h}iã^{35}。

8. 出门滚叮胖，来家瘦筋筋，徛□板壁下，眼泪挂淋淋。——雨伞。

ts^{h}ɤʔ$^{3-5}$mã^{33}kuã$^{213-31}$tiã$^{31-33}$p^{h}õ^{35}，na^{33}ko^{31}si$^{35-55}$tɕiã$^{31-33}$tɕiã$^{31-33}$，

k^{h}a$^{213-31}$tɤ^{0}pɔ$^{213-31}$pieʔ$^{3-5}$xo^{213}，ŋɔ$^{213-31}$nɿ^{22}ko$^{35-55}$ȵiã^{33}ȵiã^{33}。—— y$^{213-31}$sɔ^{213}。

四　歌谣

1. 推车磨车，磨到外婆家

tha^{22}ts^{h}o^{33}mɵ$^{22-55}$ts^{h}o^{33}，mɵ$^{22-55}$tɤ$^{35-0}$ŋɔ$^{22-55}$p^{h}ɵ^{33}ko^{0}。

外婆不是家，后门头打老鸦

ŋɔ$^{22-55}$p^{h}ɵ^{33}pɤʔ$^{3-5}$ts^{h}ɿ^{213}ko^{31}，xi$^{213-31}$mã^{33}t^{h}i^{33}tɔ$^{213-31}$nɤ$^{213-31}$ŋo^{31}。

打一只，爆爆吃　tɔ$^{213-31}$ieʔ$^{3-5}$tɕieʔ^{3}，pɤ$^{35-55}$pɤ$^{35-55}$tɕ^{h}ieʔ^{3}；

打一双，烧碗汤　tɔ$^{213-31}$ieʔ$^{3-5}$sõ^{31}，ɕie$^{31-33}$vɔ$^{213-31}$t^{h}õ^{31}；

打一对，烧碗菜　tɔ$^{213-31}$ieʔ$^{3-5}$ta^{35}，ɕie$^{31-33}$vɔ$^{213-31}$ts^{h}a^{35}；

打一萝，讨老婆　tɔ$^{213-31}$ieʔ$^{3-5}$nɵ^{33}，thɤ$^{213-31}$nɤ$^{213-31}$p^{h}ɵ^{33}；

打一担，大家都来看　tɔ$^{213-31}$ieʔ$^{3-5}$tɔ^{35}，thɔ$^{22-55}$ko^{31}tɵ$^{31-33}$na^{33}k^{h}ɔ^{35}。

2. 点指帮帮，葫芦装香　tẽi$^{213-31}$tsɿ$^{213-31}$põ$^{31-33}$põ^{31}，vɤʔ^{3}nu^{33}tsõ$^{31-33}$ɕiõ^{31}，

捉着哪个，夹肚一枪　tsoʔ$^{3-5}$tɕ^{h}yoʔ$^{3-5}$na$^{213-31}$kɵ^{35}，kɔʔ$^{3-5}$t^{h}u^{213}ieʔ$^{3-5}$tɕ^{h}iõ^{31}。

3. □□毛狗尾巴草，□蟹蟹　nɵ$^{35-55}$nɵ$^{35-55}$mɤ^{33}，iẽi$^{213-31}$xɔ$^{213-31}$xɔ^{213}，

□到家，一顿打　iẽi$^{213-31}$tɤ$^{35-55}$ko^{31}，ieʔ$^{3-5}$tã$^{35-55}$tɔ^{213}。

[不要]打[不要]抽拐榄　pie$^{35-55}$tɔ^{213}pie$^{35-55}$ts^{h}i$^{31-33}$kuɔ$^{213-31}$nɔ^{213}，

[不要]抽[不要]抽　pie$^{35-55}$ts^{h}i^{31}pie$^{35-55}$ts^{h}i^{31}，

不捉蟹蟹捉鱼鳅　pɤʔ$^{3-5}$tsoʔ$^{3-5}$xɔ$^{213-31}$xɔ^{213}tsoʔ$^{3-5}$ȵy$^{33-55}$ts^{h}i^{31}。

4. 蜓蜓飞得低，下来搭妹做伙嬉

t^{h}iã^{33}t^{h}iã^{33}fi$^{31-33}$nieʔ^{3}tsɿ^{31}，xo$^{213-31}$na^{33}tɤʔ^{3}ma^{35}tsɵ$^{35-55}$xɵ$^{213-31}$sɿ^{31}；

蜓蜓飞得矮，下来搭妹做伙野

t^{h}iã^{33}t^{h}iã^{33}fi$^{31-33}$nieʔ^{3}ŋɔ^{213}，xo$^{213-31}$na^{33}tɤʔ^{3}ma^{35}tsɵ$^{35-55}$xɵ$^{213-31}$iɔ^{213}。

5. 马兰头，吃了会梳头，蟢蟢菜，吃了会佗妹。

mo$^{213-31}$nɔ^{33}tʰi^{33}，tɕʰieʔ^{3}nieʔ^{0}va$^{22-55}$su$^{31-33}$tʰi^{33}，

sɿ$^{213-31}$sɿ$^{213-31}$tsʰa^{35}，tɕʰieʔ^{3}nieʔ^{0}va$^{22-55}$tʰɵ^{33}ma^{35}。

6. 葫芦蜂，抖本本　vɤʔ^{3}nu^{33}fɑ̃^{31}，ti$^{213-31}$pɑ̃$^{213-31}$pɑ̃^{213}，

抖过山，抖过岭　ti$^{213-31}$kɵ$^{35-55}$sɔ^{31}，ti$^{213-31}$kɵ$^{35-55}$ȵiɑ̃^{213}，

问尔家姑娘肯不肯　vɑ̃$^{22-55}$n^{213}ko^{0}ku$^{31-33}$ȵiõ^{33}kʰɑ̃$^{213-31}$pɤʔ^{3}kʰɑ̃^{213}?

肯肯肯　kʰɑ̃^{213}kʰɑ̃^{213}kʰɑ̃^{213}，

三担包，两担饼　sɔ$^{31-33}$tɔ$^{35-55}$pɤ^{31}，ȵiõ$^{213-31}$tɔ$^{35-55}$piɑ̃^{213}，

花花轿，问口等　xo$^{31-33}$xo$^{31-33}$tɕʰie^{22}，mɑ̃^{33}kʰi$^{213-31}$tɑ̃^{213}，

蟢蟢菜花盖轿顶　sɿ$^{213-31}$sɿ$^{213-31}$tsʰa$^{35-55}$xo^{31}ka$^{35-55}$tɕʰie$^{22-55}$tiɑ̃^{213}。

7. 风炉笑，外公来　fɑ̃$^{31-33}$nu^{33}ɕie^{35}，ŋɔ$^{22-55}$kuɑ̃$^{31-33}$na^{33}；

喜鹊叫，外婆来　sɿ$^{213-31}$tɕʰyoʔ^{3}tɕie^{35}，ŋɔ$^{22-55}$pʰɵ^{33}na^{33}。

来做么仂　na^{33}tsɵ$^{35-55}$mɤʔ^{3}nɤ^{22}?

□我家外甥女做个媒　pɤʔ^{3}ɔ^{213}ko^{0}ŋɔ$^{22-55}$sẽi$^{31-33}$ȵy$^{213-33}$tsɵ$^{35-55}$kɵ$^{35-55}$ma^{33}。

做到哪块　tsɵ$^{35-55}$tɤʔ^{3}na$^{213-31}$xa^{35}?

深山老竹培　ɕiɑ̃$^{31-33}$sɔ^{31}nɤ$^{213-31}$tsɤʔ$^{3-5}$pʰa^{33}。

挑水十五里　thie$^{31-33}$ɕy^{213}ɕieʔ^{3}vu$^{213-31}$nɿ$^{213-35}$，

种菜半山培　tsɑ̃$^{35-55}$tsʰa^{35}pɑ̃$^{35-55}$sɔ$^{31-33}$pʰa^{33}，

听不着家鸡叫　tʰiɑ̃$^{35-55}$pɤʔ$^{3-5}$tɕʰyoʔ$^{3-5}$ko$^{31-33}$tsɿ^{31}tɕie^{35}，

看不着野鸡来　kʰɔ$^{35-55}$pɤʔ$^{3-5}$tɕʰyoʔ$^{3-5}$iɔ$^{213-31}$tsɿ^{31}na^{33}，

老虎叫一声　nɤ$^{213-31}$fu^{213}tɕie$^{35-55}$ieʔ$^{3-5}$ɕiɑ̃^{31}，

老官老妪进灶囱　nɤ$^{213-31}$kuɔ$^{31-33}$nɤ$^{213-31}$y^{22}tɕiɑ̃$^{35-55}$tsɤ$^{35-55}$tsʰɑ̃^{31}。

8. 柏枝树，柏枝丫　pɔʔ$^{3-5}$tsɿ$^{31-33}$ɕy^{22}，pɔʔ$^{3-5}$tsɿ$^{31-33}$ŋo^{31}，

柏枝树下一个好人家　pɔʔ$^{3-5}$tsɿ$^{31-33}$ɕy$^{22-55}$xo^{213}ieʔ$^{3-5}$kɵ$^{35-55}$xɤ$^{213-31}$iɑ̃^{33}ko^{31}。

生个男，会管家　sẽi$^{31-33}$kɵ$^{35-55}$nɔ^{33}，va$^{22-55}$kuɔ$^{213-31}$ko^{31}，

生个女，会挑花　sẽi$^{31-33}$kɵ$^{35-55}$ȵy$^{213-33}$，va$^{22-55}$tʰie$^{31-33}$xo^{31}。

一挑挑到三十日夜下　ieʔ$^{3-5}$tʰie^{31}tʰie$^{31-33}$tɤ^{0}sɔ$^{31-33}$ɕieʔ$^{3-5}$ȵieʔ^{3}iɔ$^{22-55}$xo^{213}，

称称半斤四两花　tɕʰiɑ̃^{31}tɕʰiɑ̃^{0}pɑ̃$^{35-55}$tɕiɑ̃^{31}sɿ$^{35-55}$ȵiõ$^{213-31}$xo^{31}。

9. 火焰虫　xɵ$^{213-31}$iẽi$^{22-55}$tsʰɑ̃^{33}，

下来吃北瓜藤　xo$^{213-31}$na^{33}tɕʰieʔ$^{3-5}$pɤʔ$^{3-5}$ko$^{31-33}$tʰiɑ̃^{33}；

北瓜藤，不曾种　pɤʔ$^{3-5}$ko$^{31-33}$tʰiɑ̃^{33}，pɤʔ$^{3-5}$sɑ̃$^{31-33}$tsɑ̃^{35}，

下来吃裹粽　xo$^{213-31}$na^{33}tɕʰieʔ$^{3-5}$kɵ$^{213-31}$tsɑ̃^{35}；

裹粽不曾裹　kɵ$^{213-31}$tsɑ̃^{35}pɤʔ$^{3-5}$sɑ̃^{33}kɵ^{213}，

下来吃油粿　xo$^{213-31}$na^{33}tɕʰieʔ$^{3-5}$iɵ^{33}kɵ^{213}；

油粿不曾□　iɵ^{33}kɵ^{213}pɤʔ$^{3-5}$sɑ̃^{33}fɔ^{35}，

下来吃乌炭　xo$^{213-31}$na^{33}tɕʰieʔ$^{3-5}$vu$^{31-33}$tʰɔ^{35}；

乌炭不曾乌　vu$^{31-33}$tʰɔ^{35}pɤʔ$^{3-5}$sɑ̃^{33}vu^{31}，

下来嫁小姑　xo$^{213-31}$na^{33}ko$^{35-55}$ɕie$^{213-31}$ku^{31}；

小姑不曾嫁　ɕie$^{213-31}$ku^{31}pɤʔ$^{3-5}$sɑ̃^{33}ko^{35}，

下来打吊架　xo$^{213-31}$na^{33}tɔ$^{213-31}$tie$^{35-55}$ko^{35}。

10. 妹乖乖宝　ma^{35}kuɔ$^{31-33}$kuɔ$^{31-33}$pɤ^{213}，

姆去摘茶草　m^{35}kʰi$^{35-55}$tsɔʔ$^{3-5}$tsʰo^{33}tsʰɤ^{213}。

妹乖乖人　ma^{35}kuɔ$^{31-33}$kuɔ$^{31-33}$iɑ̃^{33}，

娘去赚茶银　m^{35}kʰi$^{35-55}$tsʰɔ$^{213-31}$tsʰo^{33}ȵiɑ̃^{33}。

摘茶草赚茶银　tsɔʔ^{3}tsʰo^{33}tsʰɤ^{213}tsʰɔ$^{213-31}$tsʰo^{33}ȵiɑ̃^{33}，

担来供大供细供成人　tɔ$^{31-33}$na^{33}kuɑ̃$^{31-33}$tʰɵ$^{22-55}$kuɑ̃$^{31-33}$sɿ^{35}kuɑ̃$^{31-33}$tɕʰiɑ̃^{33}ȵiɑ̃^{33}。

11. 喜鹊哥哥尾巴长　sɿ$^{213-31}$tɕʰyoʔ$^{3-5}$kɵ$^{31-33}$kɵ^{31}vi$^{213-31}$po$^{31-33}$tɕʰiõ^{33}。

十八岁大姐三岁郎　ɕieʔ^{3}pɔʔ^{3}ɕy^{35}tʰɵ$^{22-55}$tɕiɔ^{213}sɔ$^{31-33}$ɕy$^{35-55}$nõ^{33}。

半夜三更要吃奶　pɑ̃$^{35-55}$iɔ$^{22-55}$sɔ$^{31-33}$kẽi^{31}ie$^{35-55}$tɕʰieʔ$^{3-5}$nɔ$^{213-35}$。

我是尔家老姬不是尔家娘　ɔ^{213}tsʰɿ^{22}n^{213}ko^{0}nɤ$^{213-31}$y^{31}pɤʔ$^{3-5}$tsʰɿ^{22}n^{213}ko^{0}ȵiõ^{33}！

不看公婆待我好　pɤʔ^{3}kʰɔ$^{35-55}$kuɑ̃$^{31-33}$pʰɵ^{33}tʰa$^{22-55}$ɔ^{213}xɤ^{213}。

一脚踢尔见阎王　ieʔ$^{3-5}$tɕyoʔ^{3}tʰieʔ$^{3-5}$n^{213}tɕiẽi$^{35-55}$yẽi^{33}õ^{33}！

12. 喜鹊哥哥尾巴长　sɿ$^{213-31}$tɕʰyoʔ^{3}kɵ$^{31-33}$kɵ^{31}vi$^{213-31}$po$^{31-33}$tɕʰiõ^{33}，

讨了新妇忘了娘　thɤ$^{213-31}$nie^{0}ɕiɑ̃$^{31-33}$fu^{213}mõ$^{22-55}$nie^{0}ȵiõ^{33}，

日朝夜下挑老官　ȵieʔ^{3}tɕie^{31}iɔ^{22}xo^{0}tʰie$^{31-33}$nɤ$^{213-31}$kuɔ$^{31-33}$，

挑得老官狠心肠　thie$^{31-33}$nie^{0}nɤ$^{213-31}$kuɔ$^{31-33}$xɑ̃$^{213-31}$ɕiɑ̃$^{31-33}$tɕʰiõ^{33}。

日打爷，夜骂娘　nieʔ^{3}tɔ$^{213-31}$iɔ^{33}，iɔ$^{22-55}$mo$^{22-55}$ȵiõ^{33}。

不曾讨亲真孝子　pɤʔ^{3}sɑ̃^{33}tʰɤ$^{213-31}$tɕʰiɑ̃^{31}tɕiɑ̃$^{31-33}$ɕie$^{35-55}$tsɿ^{213}，

讨了亲，实该死　tʰɤ$^{213-31}$nie^{0}tɕʰiɑ̃^{31}，ɕieʔ^{3}ka$^{31-33}$sɿ^{213}。

13. 世上事来颠倒颠　sɿ$^{35-55}$ɕiõ$^{22-55}$sɿ^{22}na^{0}tẽi$^{31-33}$tɤ$^{35-55}$tẽi^{31}，

新妇坐马公来牵　ɕiɑ̃$^{31-33}$fu^{213}tsʰo$^{213-31}$mo^{213}kuɑ̃^{31}na^{33}tsʰẽi^{31}，

叔叔伯伯撑雨伞　sɤʔ^{3}sɤʔ^{3}pɔʔ^{3}pɔʔ^{3}tsʰẽi$^{31-33}$y$^{213-31}$sɔ^{213}，

无用老官捏马鞭　m^{33}yɑ̃^{22}nɤ$^{213-31}$kuɔ$^{31-33}$ȵiaʔ^{3}mo$^{213-31}$pẽi^{31}，

捏得好，打三鞭　ȵiaʔ^{3}nie^{0}xɤ^{213}，tɔ$^{213-31}$sɔ$^{31-33}$pẽi^{31}，

捏不好，三脚颠　ȵiaʔ^{3}pɤʔ^{3}xɤ^{213}，sɔ$^{31-33}$tɕyoʔ$^{3-5}$tẽi^{31}。

14. 姐在房子头梳手　tɕiɔ^{213}tsʰa$^{22-55}$xõ^{33}tsɿ^{0}tʰi^{33}su$^{31-33}$si^{213}，

听着门外人咬狗　tʰiɑ̃$^{35-55}$tɕʰyoʔ^{3}mɑ̃^{33}ŋɔ^{22}iɑ̃^{33}ŋɤ$^{213-31}$ki^{213}，

担起狗来□石头　tɔ$^{31-33}$tsʰɿ$^{213-31}$ki^{213}na^{0}tsɑ̃$^{31-33}$ɕieʔ^{3}tʰi^{33}，

又怕石头咬了手　i$^{22-55}$pʰo$^{35-55}$ɕieʔ^{3}tʰi^{33}ŋɤ$^{213-31}$nie^{0}si^{213}。

15. 乌天黑地满天星　vu$^{31-33}$tʰẽi^{31}xɤʔ$^{3-5}$tsʰɿ^{22}mɑ̃$^{213-31}$tʰẽi$^{31-33}$ɕiɑ̃^{31}，

大旱三年满山青　tʰɵ$^{22-55}$xɔ^{213}sɔ$^{31-33}$ȵiẽi^{33}mɑ̃$^{213-31}$sɔ$^{31-33}$tɕʰiɑ̃^{31}，

一只老鼠行进庙去做点心

ieʔ$^{3-5}$tɕieʔ$^{3-5}$nɤ$^{213-31}$tɕʰy^{213}xẽi^{33}tɕiɑ̃$^{35-55}$mie^{31}kʰi^{0}tsɵ$^{35-55}$tẽi$^{213-31}$ɕiɑ̃^{31}，

做了斤百六十两　tsɵ$^{35-55}$nie^{0}tɕiɑ̃$^{31-33}$pɔʔ$^{3-5}$nɤʔ^{3}ɕieʔ^{3}ȵiõ^{213}，

两百六十斤　ȵiõ$^{213-31}$pɔʔ$^{3-5}$nɤʔ^{3}ɕieʔ^{3}tɕiɑ̃^{31}。

16. 月亮光光　yaʔ^{3}ȵiõ^{22}kõ$^{31-33}$kõ^{31}，

贼来偷酱缸　tsʰɤʔ^{3}na^{33}tʰi$^{31-33}$tɕiõ$^{35-55}$kõ^{31}，

聋子听着响　nɑ̃^{33}tsɿ^{0}tʰiɑ̃$^{35-55}$tɕʰyoʔ^{3}ɕiõ^{213}，

瞎子看着亮　xɔʔ^{3}tsɿ^{0}kʰɔ$^{35-55}$tɕʰyoʔ^{3}ȵiõ^{22}，

跳子赶上去　tʰie^{33}tsɿ^{0}kɔ$^{213-31}$ɕiõ$^{213-31}$kʰi^{35}，

伸手一把捉　tɕʰyɑ̃$^{31-33}$si^{213}ieʔ$^{3-5}$po$^{213-31}$tsoʔ^{3}，

一把扯着条辫　ieʔ$^{3-5}$po^{213}tɕʰiɔ$^{213-31}$tɕʰyoʔ^{3}tʰie^{33}pʰẽi^{213}，

看看是个和尚　kʰɔ^{35}kʰɔ^{0}tsʰɿ$^{213-31}$kɵ$^{35-55}$xɵ^{33}ɕiõ^{22}。

17. 手捏苞萝馃　si^{213}ȵiaʔ$^{3-5}$pɤʔ^{3}nɵ^{33}kɵ^{213}，

脚踏树桩火　tɕyoʔ$^{3-5}$tʰɔʔ^{3}ɕy$^{22-55}$tsõ$^{31-33}$xɵ^{213}，

无忧又无虑　vu^{33}iɵ^{31}i$^{22-55}$vu^{33}ȵy^{31}，

皇帝不如我　xõ^{33}tsɿ^{35}pɤʔ^{3}y^{33}ŋɵ^{213}。

18. 城子有官府　tɕʰiɑ̃^{33}tsɿ^{0}ie$^{213-31}$kuɔ$^{31-33}$fu^{213}，

乡下有山坞　ɕiõ^{31}xo^{0}ie$^{213-31}$sɔ$^{31-33}$vu^{213}，

城子有铁索狞狞　tɕʰiɑ̃^{33}tsɿ^{0}ie$^{213-31}$tʰiaʔ$^{3-5}$soʔ^{3}ȵiɑ̃^{33}ȵiɑ̃^{33}，

山子有红藤葛藤　sɔ^{31}tsɿ^{0}ie$^{213-31}$fɑ̃^{33}tʰiɑ̃^{33}kɔʔ$^{3-5}$tʰiɑ̃^{33}。

19. 聋子偏怪炮不响　nɑ̃^{33}tsɿ^{0}pʰẽi$^{31-33}$kuɔ^{35}pʰɤ^{35}pɤʔ^{3}ɕiõ^{213}，

瞎子偏怪火不明　xɔʔ^{3}tsɿ^{0}pʰẽi$^{31-33}$kuɔ^{35}xɵ^{213}pɤʔ^{3}miɑ̃^{33}，

跳子一听火都来　thie^{33}tsɿ^{0}ieʔ^{3}tʰiã^{35}xɵ^{213}tɵ$^{31-33}$na^{33}，

炮也响，火也明　pʰɤ^{35}ia$^{213-31}$ɕiõ^{213}，xɵ^{213}ia$^{213-31}$miã^{33}，

只恨世上路不平　tie^{-31}xã$^{22-55}$sɿ$^{35-55}$ɕiõ^{22}nu^{22}pɤʔ$^{3-5}$pʰiã^{33}！

20. 蛛蛛吊水过难关　tɕy$^{31-33}$tɕy^{31}tie$^{35-55}$ɕy^{213}kɵ$^{35-55}$nɔ^{33}kuɔ^{31}，

暴做新妇实艰难　pʰɤ$^{22-55}$tsɵ$^{35-55}$ɕiã$^{31-33}$fu^{213}ɕieʔ^{3}kɔ$^{31-33}$nɔ^{33}，

灯盏量米大锅饭　tã$^{31-33}$tsɔ^{213}ȵiõ^{33}mɿ^{213}tʰɵ$^{22-55}$kɵ$^{31-33}$fɔ^{31}，

指甲畚盐当三餐　tsɿ$^{213-31}$kɔʔ^{3}pã$^{31-33}$iẽi^{33}tõ$^{35-55}$sɔ$^{31-33}$tsʰɔ^{31}，

堂前来□公婆问　tʰõ^{33}tsʰẽi^{33}na^{33}pɤʔ$^{3-5}$kuã$^{31-33}$pʰɵ^{33}vã^{31}，

行到堂前开口难　xẽi^{33}tɤʔ$^{3-5}$tʰõ^{33}tsʰẽi^{33}kʰa$^{31-33}$kʰi^{213}nɔ^{33}，

今朝有米何消问　kã$^{31-33}$tɕie^{31}ie$^{213-31}$mɿ^{213}xɵ^{33}ɕie^{31}vã^{22}，

明朝[没有]米靠何人　mã^{33}tɕie^{0}mi^{31}mɿ^{213}kʰɤ$^{35-55}$xɵ^{33}iã^{33}？

锣靠鼓，鼓靠锣　nɵ^{33}kʰɤ$^{35-55}$ku^{213}，ku^{213}kʰɤ$^{35-55}$nɵ^{33}，

山上树木靠石□　sɔ^{31}ɕiõ^{0}ɕy$^{22-55}$mɤʔ^{3}kʰɤ$^{35-55}$ɕieʔ$^{3-5}$tʰɔʔ^{3}，

年轻新妇靠公婆　ȵiẽi^{33}tɕʰiã^{31}ɕiã$^{31-33}$fu^{213}kʰɤ$^{35-55}$kuã$^{31-33}$pʰɵ^{33}。

21. 一只鸟，吱啊吱　ieʔ$^{3-5}$tɕieʔ$^{3-5}$ȵie^{213}，tsɿ$^{31-33}$ɔ^{0}tsɿ$^{31-33}$，

吱到娘家去看戏　tsɿ$^{31-33}$tɤ$^{35-55}$ȵiõ^{33}ko^{0}kʰi$^{35-55}$kʰɔ$^{35-55}$sɿ^{35}，

看了么仂戏　kʰɔ$^{35-55}$nie^{0}mɤʔ^{3}nɤ^{22}sɿ^{35}？

看了沿路祭　kʰɔ$^{35-55}$nie^{0}iẽi^{33}nu$^{22-55}$tsɿ^{35}，

么仂陪戏果子　mɤʔ^{3}nɤ^{22}pʰa^{33}sɿ$^{35-55}$kɵ$^{213-31}$tsɿ^{213}？

苞萝炒萝稷　pɤʔ^{3}nɵ^{33}tsʰɤ$^{213-31}$nɵ^{33}tsɿ^{35}。

做么仂不看看添　tsɵ$^{35-55}$mɤʔ^{3}nɤ^{22}pɤʔ$^{3-5}$kʰɔ$^{35-55}$kʰɔ$^{35-55}$tʰẽi^{31}，

我要去家领大细　ɔ^{213}ie$^{35-55}$kʰi$^{35-55}$ko^{31}ȵiã$^{213-31}$tʰɵ$^{22-55}$sɿ^{35}，

做么仂不带来　tsɵ$^{35-55}$mɤʔ^{3}nɤ^{22}pɤʔ$^{3-5}$tɔ^{35}na^{0}，

尿屎不滴至　ɕy$^{31-33}$sɿ^{213}pɤʔ$^{3-5}$nɿ$^{33-55}$tsɿ^{35}！

22. 写封信，上徽州　ɕiɔ$^{213-31}$fã$^{31-33}$ɕiã^{35}，ɕiõ$^{213-31}$fi$^{31-33}$tsi^{31}。

我在杭州做伙头　ɔ^{213}tsʰa$^{22-55}$xõ^{33}tsi^{31}tsɵ$^{35-55}$xɵ$^{213-31}$tʰi^{33}。

一日三顿锅焦饭　ieʔ$^{3-5}$ȵieʔ^{3}sɔ$^{31-33}$tã^{35}kɵ$^{31-33}$tɕie$^{31-33}$fɔ^{31}。

一餐两个咸菜头　ieʔ$^{3-5}$tsʰɔ^{31}ȵiõ$^{213-31}$kɵ$^{35-55}$xɔ^{33}tsʰa$^{35-55}$tʰi^{33}。

手□乌鸡脚　si^{213}va^{0}vu$^{31-33}$tsɿ$^{31-33}$tɕyoʔ^{3}。

脚□炭柴头　tɕyoʔ^{3}va^{0}tʰɔ$^{35-55}$ɕiɔ^{33}tʰi^{33}。

两只眼睛乌溜溜　ȵiõ$^{213-31}$tɕieʔ$^{3-5}$ŋɔ$^{213-31}$tɕiã^{55}vu$^{31-33}$ni$^{31-33}$ni^{31}。

23. 前世不修，生在徽州，十三四岁，望外一丢。

tsʰẽi^{33}sɿ^{35}pɤʔ$^{3-5}$si^{31}，sẽi$^{31-33}$tsʰa$^{22-55}$fi$^{31-33}$tsi^{31}，

ɕieʔ^{3}sɔ$^{31-33}$sɿ$^{35-55}$ɕy^{35}，mõ$^{22-55}$ŋɔ^{31}ieʔ$^{3-5}$ti^{31}。

24. 嫂在房子绣花巾　sɤ^{213}tsʰa$^{22-55}$xõ^{33}tsɿ^{0}si$^{35-55}$xo$^{31-33}$tɕiɑ̃^{31}，

听着门外叮当声　tʰiɑ̃$^{35-55}$tɕʰyoʔ$^{3-5}$mɑ̃^{33}ŋɔ^{31}tiɑ̃$^{31-33}$tõ$^{31-33}$ɕiɑ̃^{31}，

开开门来请先生　kʰa$^{31-33}$kʰa$^{31-33}$mɑ̃^{33}na^{0}tɕʰiɑ̃$^{213-31}$sẽi$^{31-33}$sɑ̃^{31}，

报个八字□尔听　pɤ$^{35-55}$kɵ$^{35-55}$pɔʔ$^{3-5}$tsʰɔ^{31}xɑ̃$^{35-55}$n$^{213-31}$tʰiɑ̃^{35}，

先生掐指算一算　sẽi$^{31-33}$sɑ̃^{55}kʰɔʔ$^{3-5}$tsɿ^{213}sɑ̃$^{35-55}$ieʔ$^{3-5}$sɑ̃^{35}，

还有三年再动婚　vɔʔ^{3}ie$^{213-31}$sɔ$^{31-33}$ȵiẽi^{33}tsa$^{35-55}$tʰɑ̃$^{213-31}$fɑ̃^{31}，

嫂嫂一听开口笑　sɤ$^{213-31}$sɤ$^{213-33}$ieʔ^{3}tʰiɑ̃^{35}kʰa$^{31-33}$kʰi$^{213-31}$ɕie^{35}，

骂声瞎子滚出门　mo$^{22-55}$ɕiɑ̃$^{31-0}$xɔʔ^{3}tsɿ^{0}kuɑ̃$^{213-31}$tsʰɤʔ$^{3-5}$mɑ̃^{33}，

头胎生过了　tʰi^{33}tʰa^{31}sẽi$^{31-33}$kɵ$^{35-55}$ȵie^{213}，

二胎要临盆　n$^{22-55}$tʰa^{31}ie$^{35-55}$ȵiɑ̃^{33}pʰɑ̃^{33}。

25. 十脶指纹歌

一脶穷，二脶富　ieʔ$^{3-5}$nɵ^{33}tɕʰyɑ̃^{33}，n$^{22-55}$nɵ^{33}fu^{35}，

三脶开当铺　sɔ$^{31-33}$nɵ^{33}kʰa$^{31-33}$tõ$^{35-55}$pʰu^{35}，

四脶做草鞋　sɿ$^{35-55}$nɵ^{33}tsɵ$^{35-55}$tsʰɤ$^{213-31}$xɔ^{33}，

五脶骑白马　vu$^{213-31}$nɵ^{33}tsʰɿ^{33}pʰɔʔ^{3}mo^{213}，

六脶做高官　nɤʔ^{3}nɵ^{33}tsɵ$^{35-55}$kɤ$^{31-33}$kuɔ^{31}，

七脶做贼　tɕʰieʔ$^{3-5}$nɵ^{33}tsɵ$^{35-55}$tsʰɤʔ^{3}，

八脶挑合　pɔʔ$^{3-5}$nɵ^{33}tʰie$^{31-33}$xɤʔ^{3}，

九脶打煞人　tɕiɵ$^{213-31}$nɵ^{33}tɔ$^{213-31}$sɔʔ$^{3-5}$iɑ̃^{33}，

十脶无奈何　ɕieʔ^{3}nɵ^{33}m^{33}nɔ$^{22-55}$xɵ^{33}。

五　故事（笑话[ɕie$^{35-55}$ɵ^{22}]）

ŋi^{33} nõ^{33} tɤʔ^{3} tɕieʔ^{3} ȵy^{213}

牛　郎　搭　织　女

nɤ$^{213-31}$tsɤ^{213} nɤʔ^{0} sɿ$^{33-31}$ xi^{31} ， ie$^{213-31}$ kɵ$^{35-55}$ xi$^{213-31}$ sẽi^{31} ko^{0} ， nɤ$^{213-31}$
老 早 仂 时 候 ， 有 个 后 生 家 ， 老

tsɿ$^{213-33}$ȵiõ^{33} tɵ$^{31-33}$ kɵ$^{35-55}$ ɕiɑ̃^{31} nie^{0} ， tie^{31} ki^{33} ieʔ^{3} kɵ$^{35-55}$ iɑ̃^{33} kɵ$^{35-55}$ ȵieʔ^{3}
子 娘 都 过 身 了 ，[只有] 渠 一 个 人 过 日

tsɿ^{213} ， ko^{31} tsɿ^{0} kʰu$^{213-31}$ sɔʔ$^{3-5}$ kʰu$^{213-31}$ sɿ^{213} ， tie^{31} ieʔ$^{3-5}$ tɕieʔ$^{3-5}$ nɤ$^{213-31}$tɑ̃$^{31-33}$
子 ， 家 子 苦 煞 苦 死 ，[只有] 一 只 老 驐

ŋi^{33} ， sɵ$^{213-31}$ ɿ^{213} ɕiõ^{0} tʰɔ$^{22-55}$ ko^{31} tɵ$^{31-33}$ tɕie$^{35-55}$ ki^{33} ŋi^{33} nõ^{33} 。
牛 ， 所 以 上 大 家 都 叫 渠 牛 郎 。

ŋi^{33} nõ^{33} kʰɤ$^{35-55}$tɕʰyoʔ^{0}nɤ$^{213-31}$tɑ̃$^{31-33}$ ŋi^{33} kẽi$^{31-33}$ tʰẽi^{33} kẽi$^{31-33}$tsʰɿ^{22} kɵ$^{35-55}$ ȵieʔ^{3}
牛 郎 靠 着 老 驐 牛 耕 田 耕 地 过 日

tsɿ^{213} ， tɤʔ$^{3-5}$ nɤ$^{213-31}$tɑ̃$^{31-33}$ ŋi^{33} xɤ$^{213-31}$ tẽi$^{213-31}$ie$^{213-31}$ kɔ$^{213-31}$ tɕʰiɑ̃^{33} 。 ɕieʔ^{3} tsɿ^{35}
子 ， 搭 老 驐 牛 好 点 有 感 情 。 实 际

ɕiõ^{0} nẽi^{0} ， nɤ$^{213-31}$ tɑ̃$^{31-33}$ ŋi^{33} tsʰɿ^{31} tʰẽi^{31} ɕiõ^{0} nɤʔ^{0} tɕiɑ̃$^{31-33}$ ŋi^{33} ɕiɑ̃^{31} pẽi^{35}
上 呢 ， 老 驐 牛 是 天 上 仂 金 牛 星 变

nɤʔ^{0} ， ki^{33} sɿ$^{213-31}$ fɔ^{31} ŋi^{33} nõ^{33} tɕʰiɑ̃^{33} tɕiɑ̃^{213} ie$^{213-31}$ kɔ^{35} ， tha$^{22-55}$ iɑ̃^{33}
仂 ， 渠 喜 欢 牛 郎 勤 谨 有 干 ， 待 人

i$^{22-55}$ xɤ^{213} ， sɵ$^{213-31}$ ʅ^{213} ɕiõ^{0} nẽi^{0}ɕiõ$^{213-31}$ tɕ^{h}yoʔ^{0} põ$^{31-33}$ ts^{h}ɑ̃$^{35-55}$ ki$^{33-0}$ t^{h}ɤ$^{213-31}$ kɵ$^{35-55}$
又 好 ， 所 以 上 呢 想 着 帮 衬 渠 讨 个

nɤ$^{213-31}$ y^{22} ， tɕ^{h}iɑ̃^{33} kɵ$^{35-55}$ ko^{31} 。
老 妪 ， 成 个 家 。

ie$^{213-31}$ ieʔ$^{3-5}$ ȵieʔ^{3} ， tɕiɑ̃$^{31-33}$ ŋi^{33} ɕiɑ̃^{55}t^{h}iɑ̃$^{35-55}$tɕ^{h}yoʔ^{3}kõ^{213} ， kõ$^{213-31}$ ts^{h}ʅ^{31}
有 一 日 ， 金 牛 星 听 着 讲 ， 讲 是

t^{h}ẽi^{31} ɕiõ^{0} nɤʔ^{0} ieʔ$^{3-5}$ pɔ$^{31-33}$sẽi$^{31-33}$ ȵy^{213} ie$^{35-55}$ tɤ$^{35-55}$ ts^{h}ɑ̃$^{31-33}$ ɕiõ^{31} tɑ̃^{31} pẽi^{0} sɔ$^{31-33}$
天 上 仂 一 班 仙 女 要 到 村 乡 东 边 山

tɕyoʔ^{3} xo^{213} nɤ^{0} fu^{33} tsʅ^{0} na^{33} si$^{213-31}$ yoʔ^{3} 。 ki^{33} ts^{h}i^{22} t^{h}oʔ^{3} mɑ̃^{22} xɑ̃$^{35-55}$
脚 下 仂 湖 子 来 洗 浴 。 渠 就 托 梦 □

ŋi^{33} nõ^{33} ， tɕie$^{35-55}$ ki^{33} ts^{h}ʅ$^{22-55}$ n^{22} tɕie^{0} tsɤ$^{213-31}$ ɕiõ$^{22-55}$ t^{h}i^{33} tɤ$^{35-55}$ fu^{33} pẽi^{31}
牛 郎 ， 叫 渠 第 二 朝 早 上 头 到 湖 边

k^{h}i^{0} ， tɑ̃$^{213-31}$ sẽi$^{31-33}$ ȵy^{213} si$^{213-31}$ yoʔ^{3} nɤʔ^{0} sʅ^{0} xi^{0} ， pɤʔ^{3} sẽi$^{31-33}$ ȵy^{213}
去 ， 等 仙 女 洗 浴 仂 时 候 ， 把 仙 女

ko$^{35-55}$ts^{h}a$^{22-55}$ɕy^{22} ɕiõ^{0} nɤʔ^{0} ʅ$^{31-33}$ ɕiõ^{33} ɕieʔ^{3} t^{h}ɔʔ^{0} ieʔ^{3} tɕ^{h}iẽi^{0} ， tɔ$^{31-33}$ k^{h}i$^{35-55}$
挂 在 树 上 仂 衣 裳 拾 脱 一 件 ， 担 去

ko^{31} ， n^{31} tieʔ^{0} ieʔ^{3} na^{33} nẽi^{0} ， ie$^{213-31}$ ieʔ^{3} kɵ$^{35-55}$ pie$^{31-33}$ tsʅ^{35} sẽi$^{31-33}$
家 ， 尔 的 一 来 呢 ， 有 一 个 标 致 仙

ȵy^{213} ts^{h}i$^{22-55}$ va$^{22-55}$ tieʔ$^{3-5}$ xɑ̃$^{35-55}$ ki^{33} tsɵ$^{35-55}$ nɤ$^{213-31}$y^{22} 。 ŋi^{33} nõ^{33} ɕiɑ̃^{31} tsʅ^{0}
女 就 会 的 □ 渠 做 老 妪 。 牛 郎 心 子

pɤʔ^{3} nɤʔ$^{22-55}$ ɕiõ$^{31-33}$ ɕiɑ̃^{35} ， pɤʔ^{3} kɵ^{35} i$^{213-31}$ ie$^{213-31}$ tẽi^{0} ɕiõ$^{213-31}$ tɕ^{h}yoʔ^{0}k^{h}i$^{35-55}$ xa^{35}
不 闹$^{=}$ 相 信 ， 不 过 又 有 点 想 着 去 □

xo^{0} k^{h}ɔ^{0} 。
下 看 。

ie$^{35-55}$ n^{22} tiəʔ^{0} nẽi^{0} , n^{22} ieʔ$^{3-5}$ ȵieʔ^{3} tsɤ$^{213-31}$ ɕiõ$^{22-55}$ tʰi^{33} , ŋi^{33}
要 尔 的 呢 ， 尔 一 日 早 上 头 ， 牛

nõ^{33} nɤ$^{213-31}$ mɔ^{33} tsɤ^{213} tsʰi$^{22-55}$ tɤ$^{35-55}$ nie^{0} sɿ$^{31-33}$ tɕyoʔ$^{3-5}$ xo^{213} nɤʔ^{0} fu^{33} pẽi^{31} ,
郎 老 蛮 早 就 到 了 山 脚 下 仂 湖 边 ，

tɕiaʔ^{3} tsɿ^{35} kʰɔ$^{35-55}$ tɕʰyoʔ$^{3-5}$ ie$^{213-31}$ tɕʰieʔ^{3} kɵ$^{35-55}$ pie$^{31-33}$ tsɿ^{35} sẽi$^{31-33}$ ȵy^{213} tsʰa$^{22-55}$ fu^{33} tsɿ^{0}
真 系 看 着 有 七 个 标 致 仙 女 在 湖 子

nɑ̃$^{22-55}$ ɕy^{213} nɑ̃$^{22-55}$ na^{33} sɿ^{31} , ki^{33} kɔ$^{213-31}$ tɕʰiɑ̃^{35} tɤʔ^{3} ɕy^{22} ɕiõ^{0} tɕʰiɔ$^{213-31}$ nie^{0}
弄 水 弄 来 嬉 ， 渠 赶 趁 搭 树 上 扯 了

ieʔ$^{3-5}$ tɕʰiẽi$^{22-55}$ fɑ̃$^{213-31}$ fɑ̃^{33} ɕiaʔ^{3} nɤʔ^{0} ɿ$^{31-33}$ ɕiõ^{33} xo^{0} na^{0} , ieʔ$^{3-5}$ nu$^{22-55}$ tʰie$^{35-55}$
一 件 粉 红 色 仂 衣 裳 下 来 ， 一 路 跳

kʰi$^{35-55}$ ko^{31} 。
去 家 。

n^{22} kɵ^{0} ɿ$^{31-33}$ ɕiõ^{33} mi^{31} tʰɔʔ^{3} nɤʔ^{0} sẽi$^{31-33}$ ȵy^{213} tsʰi$^{22-55}$ tsʰɿ^{31} tɕieʔ$^{3-5}$
尔 个 衣 裳 [没有] 脱 仂 仙 女 就 是 织

ȵy^{213} 。 tõ$^{35-55}$ ȵieʔ^{3} iɔ^{22} xo^{0} , ki^{33} moʔ$^{3-5}$ tɤ$^{35-55}$ ŋi^{33} nõ^{33} ko^{0} na^{33} ,
女 。 当 日 夜 下 ， 渠 摸 到 牛 郎 家 来 ，

ȵiẽi^{-31} ȵiẽi^{33} nie^{0} kʰa$^{31-33}$ mɑ̃^{33} tɕiɑ̃$^{35-55}$ kʰi^{35} , ȵiõ$^{213-31}$ kɵ$^{35-55}$ iɑ̃^{33} tsʰi^{22} n^{22} tieʔ^{0}
□ □ 地 开 门 进 去 ， 两 个 人 就 尔 的

tsɵ$^{35-55}$ nie^{0} nɤ$^{213-31}$ kuɔ$^{31-33}$ nɤ$^{213-31}$ y^{22} 。
做 了 老 官 老 妪 。

ŋɔ$^{213-31}$ tɕiɑ̃^{31} ieʔ$^{3-5}$ kɔʔ^{3} sɔ$^{31-33}$ ȵiẽi^{33} kɵ$^{35-55}$ kʰi^{35} nie^{0} , ŋi^{33} nõ^{33} tɤʔ$^{3-5}$
眼 睛 一 眨 三 年 过 去 了 ， 牛 郎 搭

tɕieʔ$^{3-5}$ ȵy^{213} sẽi$^{31-33}$ nie^{0} ȵiõ$^{213-31}$ kɵ^{0} sɿ$^{35-55}$ kui$^{213-33}$, ieʔ$^{3-5}$ nɔ^{33} ieʔ$^{3-5}$ ȵy^{213} ,
织 女 生 了 两 个 细 鬼 ， 一 男 一 女 ，

ieʔ$^{3-5}$ ko$^{31-33}$ iɑ̃^{33} kɵ$^{35-55}$ nie^{0} xɤ$^{213-31}$ tẽi^{0} kʰa$^{31-33}$ ɕiɑ̃^{31} 。
一 家 人 过 得 好 点 开 心 。

pɤʔ^{3} kɵ^{35} nẽi^{0} ， tɕieʔ$^{3-5}$ ȵy^{213} tʰi$^{31-33}$ tʰi$^{31-33}$ moʔ^{3} moʔ^{3} xo$^{213-31}$ fɔ^{33} nɤʔ^{0}
不 过 呢 ， 织 女 偷 偷 摸 摸 下 凡 仂

sɿ^{22} tsɑ̃$^{31-33}$ kui^{31} vɔʔ^{3} tsʰɿ^{31} xɑ̃^{35} y$^{22-55}$ xõ^{33} tʰɔ$^{22-55}$ tsɿ^{35} ɕie^{213} tieʔ^{0} nie^{0} 。
事 终 归 还 是 □ 玉 皇 大 帝 晓 得 了 。

ie$^{213-31}$ ieʔ$^{3-5}$ ȵieʔ^{3} ， thẽi^{31} ɕiõ^{0} tʰẽi$^{31-33}$ na^{33} yaʔ^{3} ɕyẽi^{35} nie^{0} kʰi^{35} ， i^{213}
有 一 日 ， 天 上 天 雷 月 扇 的 去 ， 又

tsʰɔ^{31} fɔʔ^{3} tʰɵ$^{22-55}$ fɑ̃^{31} ， i^{213} tsʰɿ^{31} noʔ^{3} tʰɵ$^{22-55}$ y^{213} ， tɕieʔ$^{3-5}$ ȵy^{213} ieʔ$^{3-5}$
是 发 大 风 ， 又 是 落 大 雨 ， 织 女 一

xo^{22} tsʰi^{22} pʰieʔ^{3} na$^{213-31}$ xa^{35} kʰi$^{35-0}$ nie^{0} ， ȵiõ$^{213-31}$ kɵ^{0} sɿ^{35} iɑ̃^{0} ko^{0}
下 就 [不晓得] 哪 块 去 了 ， 两 个 细 人 家

xɤ^{33} sɔʔ^{3} nie^{0} ， ie$^{35-55}$ tɕʰiɑ̃^{33} ki^{33} iɑ̃^{0} ko^{0} ȵiõ^{33} ， ŋi^{33} nõ^{33} tɕieʔ$^{3-5}$
嚎 煞 了 ， 要 寻 渠 人 家 娘 ， 牛 郎 急

nie^{0} pɤʔ^{3} tɤʔ$^{3-5}$ ȵie^{213} ， ia$^{213-31}$ pʰieʔ$^{3-5}$ tieʔ$^{3-5}$ fa^{33} mɤʔ^{3} nɤ^{22} sɿ^{22} ，
得 不 得 了 ， 也 [不晓] 得 回 么 仂 事 ，

phieʔ$^{3-5}$ tieʔ$^{3-5}$ tsʰa$^{213-31}$ tieʔ^{3} kɤ^{213} xɤ^{213} 。
[不晓] 得 采 的 搞 好 。

n^{22} ko^{0} sɿ^{0} xi^{0} ， nɔ^{22} tɕieʔ$^{3-5}$ nɤ$^{213-31}$ tɑ̃$^{31-33}$ ŋi^{33} kʰa$^{31-33}$ kʰi^{213} nie^{0}，
尔 个 时 候 ， 那 只 老 𤛐 牛 开 口 了，

ki^{33} kõ$^{213-31}$ ： n^{213} pie$^{35-55}$ nɔ^{33} kɵ^{35} ， pie$^{35-55}$ tɕieʔ^{3} ， n^{213} pɤʔ$^{3-5}$ ɔ^{213}
渠 讲 ：“尔 [不要] 难 过 ，[不要] 急 ， 尔 把 我

nɤʔ^{0} ȵiõ$^{213-31}$ tɕieʔ$^{3-5}$ koʔ^{3} tsʰɤ^{31} xo^{0} na^{0} ， pẽi$^{35-5}$ tsʰɤʔ$^{3-5}$ ȵiõ$^{213-31}$ tɕieʔ^{3} nɵ^{33} ，
仂 两 只 角 操 下 来 ， 变 出 两 只 箩 ，

ieʔ$^{3-5}$ tʰi^{33} tʰie$^{31-33}$ ieʔ^{3} kɵ^{0} sɿ^{35} iɑ̃^{0} ko^{0} ， tsʰi^{22} xɤ$^{213-31}$ ɕiõ$^{213-31}$ tʰẽi^{31} kʰi$^{35-55}$
一 头 挑 一 个 细 人 家 ， 就 好 上 天 去

tɕʰiɑ̃^{33} tɕieʔ$^{3-5}$ ȵy^{213} nie^{0} 。 ŋi^{33} nõ^{33} vɔʔ^{3} pʰieʔ$^{3-5}$ tieʔ$^{3-5}$ fa^{33} mɤʔ^{3} nɤ^{22}
寻 织 女 了 。” 牛 郎 还 [不晓] 得 回 么 仂

sɿ^{22} ， ɕiɑ̃^{31} tsɿ^{0} ia$^{213-31}$ pʰieʔ^{3} tieʔ$^{3-5}$ tsʰa$^{213-31}$tieʔ$^{3-5}$ nɤ^{22} ， ȵiõ$^{213-31}$tɕieʔ$^{3-5}$ ŋi^{33}
事 ， 心 子 也 [不晓] 得 采 的 仂 ， 两 只 牛

koʔ^{3} tsʰi^{22} tiaʔ$^{3-5}$ xo$^{213-31}$ tsʰɿ^{22} nie^{0} ， tɕiaʔ^{3} tsɿ^{35} pẽi$^{35-55}$ tsʰɤʔ$^{3-5}$ ȵiõ$^{213-31}$ tɕieʔ$^{3-5}$
角 就 跌 下 地 了 ， 真 系 变 出 两 只

nɵ^{33} 。 ŋi^{33} nõ^{33} pɤʔ$^{3-5}$ ȵiõ$^{213-31}$tɕieʔ$^{3-5}$sɿ$^{35-55}$ kui$^{213-33}$xõ$^{35-55}$ tɤʔ$^{3-5}$ nɵ^{33} tsɿ^{0} ，
箩 。 牛 郎 把 两 只 细 鬼 放 到 箩 子 ，

yɑ̃$^{22-55}$ pẽi$^{213-31}$tɔ^{31} tʰie^{31} tsʰa^{0} tsʰi$^{22-55}$xẽi^{33} ， ieʔ$^{3-5}$ tɕʰiɔ$^{22-55}$ fɑ̃^{31} tɕʰy$^{31-33}$ kɵ$^{35-55}$
用 扁 担 挑 [起来] 就 行 ， 一 阵 风 吹 过

na^{33} ， nɔ^{22} ȵiõ$^{213-31}$ tɕieʔ$^{3-5}$nɵ^{33} tɤʔ$^{3-5}$ sẽi$^{31-33}$ nie^{0} iaʔ^{3} sɵ^{31} n^{22} tie^{0} ，
来 ， 那 两 只 箩 搭 生 了 翼 梭 尔 的 ，

ieʔ$^{3-5}$ xo^{22} tsʰi^{22} fi^{31} tsʰa^{0} nie ， mõ$^{22-55}$ tʰẽi^{31} ɕiõ^{0} fi$^{31-33}$ nie^{0} kʰi^{35} 。
一 下 就 飞 [起来] 了 ， 往 天 上 飞 得 去 。

fi^{31} ɔ^{0} fi^{31} ɔ^{0} ， kʰɔ$^{35-55}$tɕʰyoʔ$^{3-5}$ieʔ$^{3-5}$ xo^{22} tsʰi^{22} ie$^{35-55}$ kɔ$^{213-31}$tɕʰyoʔ^{3}tɕieʔ$^{3-5}$
飞 啊 飞 啊 ， 看 着 一 下 就 要 赶 着 织

ȵy^{213} nie^{0} ， pɤʔ$^{3-5}$ sɑ̃^{33} ɕiõ$^{213-31}$tɕʰyoʔ^{0} n^{22} kɵ^{0} sɿ^{22} xɑ̃$^{35-55}$ õ^{33} m$^{213-31}$ ȵiõ^{33}
女 了 ， 不 曾 想 着 尔 个 事 □ 王 母 娘

ȵiõ^{33} ɕie^{213} tie^{0} nie^{0} ， ki^{33} tsʰi^{22} tɤ$^{35-55}$ tʰi^{33} ɕiõ^{0} pʰɔʔ$^{3-5}$ nie^{0} ieʔ$^{3-5}$ kɑ̃$^{31-33}$
娘 晓 得 了 ， 渠 就 到 头 上 拔 了 一 根

tɕiɑ̃$^{31-33}$tsʰo^{31} xo^{0} na^{0} ，tsʰa$^{22-55}$ ŋi^{33} nõ^{33} tɕieʔ$^{3-5}$ ȵy^{213} tsɑ̃$^{31-33}$ kɔ^{31} ieʔ$^{3-5}$ vo^{22} ，
金 钗 下 来 ，在 牛 郎 织 女 中 间 一 画 ，

ieʔ$^{3-5}$ xo^{22} tsʰi^{22} pẽi$^{35-55}$tsʰɤʔ$^{3-5}$ ieʔ$^{3-5}$ tʰie^{33} tʰɵ$^{22-55}$ xɵ^{33} na^{0} ， kʰuɔʔ^{3} nie^{0} pɤʔ^{3}
一 下 就 变 出 一 条 大 河 来 ， 阔 得 不

tɤʔ^{3} ȵie^{213} ， kɑ̃$^{31-33}$ pɑ̃^{213} kʰɔ$^{35-55}$ pɤʔ$^{3-5}$tɕʰyoʔ$^{3-5}$xɵ^{33} ta$^{35-55}$ kɵ^{35} ， ɱ^{213} tʰi^{0}
得 了 ， 根 本 看 不 着 河 对 过 ， 里 头

nɤʔ^{0} ɕy^{213} ia$^{213-31}$ xɤ$^{213-31}$ tẽi$^{213-31}$tɕieʔ^{3} ， pɤʔ$^{3-5}$ ŋi^{33} nõ^{33} tɕieʔ$^{3-5}$ ȵy^{213} ȵiõ$^{213-31}$kɵ$^{35-55}$
仂 水 也 好 点 急 ， 把 牛 郎 织 女 两 个

iɑ̃^{33} kɔʔ^{3} kʰa^{0} na^{0} nie^{0} 。
人隔开来了。

sɿ$^{213-31}$tɕʰyoʔ^{3}xɤ$^{213-31}$tẽi$^{213-31}$sɿ$^{31-33}$ȵiõ^{33} ŋi^{33} nõ^{33} tɤʔ$^{3-5}$ tɔieʔ$^{3-5}$ ȵy^{213}， ma$^{213-31}$
喜鹊好点思量牛郎搭织女，每

ieʔ$^{3-5}$ ȵiẽi^{33} nɤʔ^{0} iɑ̃^{31} ȵieʔ^{3} tɕʰieʔ$^{3-5}$yaʔ$^{3-5}$tsʰu$^{31-33}$tɕʰieʔ^{3}， ɕiõ$^{213-31}$ tsʰẽi^{31}ɕiõ$^{213-31}$ vɔ^{22}
一年仂阴历七月初七，上千上万

tɕieʔ$^{3-5}$sɿ$^{213-31}$tɕʰyoʔ^{3}tɵ$^{31-33}$ fi$^{31-33}$ tɤ$^{35-55}$ tʰẽi$^{31-33}$ xɵ^{33} ɕiõ^{0}， ieʔ$^{3-5}$ tɕieʔ^{3} xɔ^{33} tɕʰyoʔ^{3}
只喜鹊都飞到天河上，一只衔着

ieʔ$^{3-5}$ tɕieʔ^{3} nɤʔ^{0} vi$^{213-31}$ po^{31}， tɔʔ$^{3-5}$ tsʰɤʔ$^{3-5}$ieʔ$^{3-5}$ nu$^{22-55}$ tʰɵ$^{22-55}$tɕʰie^{33} na^{0}，
一只仂尾巴，搭出一路大桥来，

ȵiõ$^{22-55}$ŋi^{33} nõ^{33} tɤʔ$^{3-5}$ tɕieʔ$^{3-5}$ȵy^{213} ieʔ$^{3-5}$ ȵiẽi^{33} tɕiẽi$^{35-55}$ieʔ$^{3-5}$ fa^{33} mẽi^{22} 。
让牛郎搭织女一年见一回面。

pɤʔ^{3} fɑ̃^{31} tɤʔ^{3} ȵieʔ^{3} tʰi^{33}

北风搭日头

ie^{213} ieʔ^{3} fa^{33}， pɤʔ^{3} fɑ̃^{31} tɤʔ^{3} ȵieʔ^{3} tʰi^{33} tsʰa$^{22-55}$ nɔ^{22} nɔʔ^{0} ɕiõ$^{31-33}$
有一回，北风搭日头在那搭相

tsẽi^{31}， ki^{33} iɑ̃^{0} tsẽi$^{31-33}$mɤʔ^{3} nɤ^{22} nẽi^{0} ？ yẽi^{33} na^{33} ȵiõ$^{213-31}$kɵ$^{35-55}$ iɑ̃^{33}
争，渠人争么仂呢？原来两个人

tsẽi$^{31-33}$na$^{213-31}$kɵ^{35} nɤʔ^{0} pɑ̃$^{213-31}$ sɿ^{22} tʰɵ^{22} ɕiɑ^{0} 。 pɤʔ^{3} fɑ̃^{31} kõ$^{213-31}$ ki^{33} tsa$^{213-31}$
争哪个仂本事大些。北风讲渠采$^{=}$

tieʔ^{3}tsʰa$^{213-31}$tieʔ^{3} nɿ$^{22-55}$ xa^{22}， ȵieʔ^{3} tʰi^{33} ia$^{213-31}$ kõ$^{213-31}$ ki^{33} tsʰa$^{213-31}$tieʔ^{3} tsʰa$^{213-31}$
的采$^{=}$的厉害，日头也讲渠采$^{=}$的采$^{=}$

tieʔ^{3} ie$^{213-31}$ pɑ̃$^{213-31}$ sɿ^{22} 。 tsẽi$^{31-33}$ na^{33} tsẽi$^{31-33}$ kʰi^{35}， tsẽi$^{31-33}$ nie^{0} pɑ̃$^{35-55}$ ɕieʔ^{3}
的有本事。争来争去，争了半实

nɔ$^{22-55}$ ȵieʔ^{3} , ia$^{213-31}$ pɤʔ^{3} sã^{33} tsẽi$^{31-33}$ tsʰɤʔ^{3} kɵ$^{35-55}$ kɤ$^{31-33}$ tsɿ^{31} na^{0} 。 n^{22}
□日，也不曾争出个高低来。尔

kɵ^{0} sɿ$^{33-31}$ xi^{22} nẽi^{0} , tɕiõ$^{31-33}$ xɤ^{213} na^{33} nie^{0} ieʔ^{3} kɵ$^{35-55}$ kɵ$^{35-55}$ nu^{22} nɤʔ^{0},
个时候呢，刚好来了一个过路伖，

nɔ^{22} kɵ^{0} iã^{0} ɕiã^{31} ɕiõ^{0} tɕyoʔ^{3}tɕʰyoʔ^{0} ieʔ^{3} tɕʰiẽi$^{22-55}$tʰɵ$^{22-55}$ɕy$^{35-55}$ ŋɤ^{213} 。 pɤʔ$^{3-5}$
那个人身上着着一件大絮袄。北

fã^{31} tɤʔ^{3} ȵieʔ^{3} tʰi^{33} tsʰi$^{22-55}$ kõ$^{213-31}$ xɤ^{213} , kʰɔ$^{35-55}$ kʰɔ$^{35-55}$na$^{213-31}$ kɵ^{35} sẽi$^{31-33}$ tɕie$^{35-55}$
风搭日头就讲好，看看哪个先叫

nɔ^{22} kɵ^{0} xẽi^{33} nu^{22} nɤʔ^{0} pɤʔ^{3} ɕy$^{35-55}$ ŋɤ^{213} tʰɤʔ^{3} tʰɔʔ^{3} , tsʰi$^{22-55}$ sã$^{35-55}$na$^{213-31}$
那个行路伖□絮袄脱脱，就算哪

kɵ^{35} nɤʔ^{0} pã$^{213-31}$ sɿ^{22} tʰɵ^{22} 。 ȵiõ$^{213-31}$ kɵ$^{35-55}$ iã^{33} ɕiõ$^{31-33}$ ȵiõ^{33} xɤ^{213} nie^{0} ,
个伖本事大。两个人商量好了，

pɤʔ^{3} fã^{31} tsʰi^{22} tʰã$^{213-31}$ si$^{213-31}$ xã$^{213-31}$tɕiã$^{35-55}$tɕʰy^{31} , pɤʔ^{3} kɵ^{35} nẽi^{0} , ki^{33}
北风就动手狠劲吹，不过呢，渠

yaʔ^{3} tsʰɿ^{31} tɕʰy$^{31-33}$ nie^{0} tsʰɿ$^{213-31}$tɕiã^{35} , nɔ^{22} kɵ^{0} kɵ$^{35-55}$ nu^{22} nɤʔ^{0} tsʰi$^{22-55}$ pɤʔ^{3}
越是吹得起劲，那个过路伖就把

ki^{33} nɤʔ^{0} ɕy$^{35-55}$ ŋɤ^{213} kɵ$^{213-31}$ nie^{0} yaʔ^{3} tɕiã^{213} , tsi$^{35-55}$ xi^{22} , pɤʔ^{3} fã^{31}
渠伖絮袄裹得越紧，最后，北风

tɕʰy$^{31-33}$na^{0} tsʰɿ^{35} tɵ$^{31-33}$ mi^{31} nie^{0} , mi^{31} tieʔ$^{3-5}$ tʰã^{213} nie^{0} , tie^{31}
吹来气都[无有]了，[无有]得动了，[只有]

sã^{35} nie^{0} 。 kɵ^{35} nie^{0} ieʔ^{3} ɕiaʔ^{3} , ȵieʔ^{3} tʰi^{33} tsʰɤʔ^{3} na$^{33-0}$ nie^{0} 。
算了。过了一歇，日头出来了。

tʰɵ$^{22-55}$mɔ^{33} ȵieʔ^{3} tʰi^{33} ieʔ^{3} so^{35} , nɔ^{22} kɵ^{0} kɵ$^{35-55}$ nu^{22} nɤʔ^{0} ȵiaʔ^{3} sɔʔ^{3}
大蛮日头一晒，那个过路伖热煞

nie^{0} , tsʰi$^{22-55}$ pɤʔ^{3} ɕy$^{35-55}$ ŋɤ^{213} ieʔ^{3} tʰɤʔ^{3} nie^{0} 。 pɤʔ^{3} fã^{31} tie^{31} ȵiã$^{22-55}$
了，就□絮袄一脱了。北风[只有]认

ɕy^{31} ， tɕʰiɑ̃^{33} ȵiɑ̃^{22} vɔʔ^{3} tsʰɿ$^{213-31}$ȵieʔ^{3} tʰi^{33} nɤʔ^{0} pɑ̃$^{213-31}$ sɿ^{22} tʰɵ^{22} ɕiɑ̃^{0} 。
输 ， 承 认 还 是 日 头 仂 本 事 大 些 。

tɕʰie$^{22-55}$ nɤ$^{213-31}$ sɿ^{35} ta$^{35-55}$ ta^{35}
邵 老 四 对 对

nɤ$^{213-31}$tsɤ^{213} nɤʔ^{0} sɿ$^{33-31}$ xi^{22} ， fɤʔ^{3} ȵiɑ̃$^{213-31}$xo^{213} ie$^{213-31}$ kɵ$^{35-55}$ iɑ̃^{33} tɕie$^{35-55}$
老 早 仂 时 候 ， 伏 岭 下 有 个 人 叫

tɕʰie$^{22-55}$tsʰɿ^{33}yẽi^{33} ， ki^{33} tsʰa$^{22-55}$ko^{31} tsɿ^{0} pʰɔ^{33} xõ^{33} tsʰɿ$^{22-55}$ sɿ^{35} ， tʰɔ$^{22-55}$
邵 绮 园 ， 渠 在 家 子 排 行 第 四 ， 大

ko^{31} tɕie$^{35-55}$ ki^{33} tɕʰie$^{22-55}$nɤ$^{213-31}$sɿ^{35} 。 ki^{33} ko^{0} ko^{31} tsɿ^{0} xɤ$^{213-31}$ tẽi$^{213-31}$kʰu^{213}，
家 叫 渠 邵 老 四 。 渠 家 家 子 好 点 苦 ，

pʰɿ$^{-31}$ pʰɿ^{35} tɵ$^{31-33}$ soʔ^{3} pɤʔ$^{3-5}$ ɕiõ$^{213-31}$tɕy^{213} ， tɕʰieʔ^{3} nie^{0} ɕiõ$^{22-55}$ tsʰɔ^{31} mi^{31} xo$^{213-31}$
鼻 □ 都 嗍 不 上 嘴 ， 吃 了 上 餐 没 下

tɑ̃^{35} 。 ki^{33} nɔ$^{22-55}$ sɿ$^{35-55}$ pɤʔ^{3} sɑ̃^{33} ȵiẽi$^{22-55}$tɵ$^{31-33}$ ɕie^{213} ɕy^{31} ， sẽi$^{31-33}$ tɕʰiɑ̃^{33}
顿 。 渠 滥 细 不 曾 念 多 少 书 ， 生 成

kuɑ̃^{31} xɤ$^{213-31}$ tẽi$^{213-31}$ie$^{213-31}$ kɔ^{35} 。
功 好 点 有 干 。

nɔ^{22} ɕiaʔ^{3} kɵ$^{35-55}$ ȵiẽi^{33} kɵ$^{35-55}$ tɕiaʔ^{3} tsoʔ^{3} ɕiɑ̃^{31} tsɵ$^{35-55}$ fa^{22} 。 tɕʰie$^{22-55}$nɤ$^{213-31}$
那 歇 过 年 过 节 作 兴 做 会 。 邵 老

sɿ^{35} tɕʰieʔ^{3} ɕy^{35} nɔ^{22} ȵiẽi^{0} ， ɕieʔ^{3} kʰuɔ^{22} tsɿ^{0} tsɵ$^{35-55}$ fa^{22} 。 ki^{33} kɑ̃$^{31-33}$
四 七 岁 那 年 ， 石 □ 子 做 会 。 渠 跟

tɕyoʔ^{3} ki^{33} ko^{0} ȵiõ^{33} tɤ$^{35-55}$ fa^{22} ɕiõ^{0} kʰi$^{35-55}$mɔ$^{22-55}$tsʰa$^{35-55}$ nɔ^{33} 。 ȵiõ^{33} n^{33}
着 渠 家 娘 到 会 上 去 卖 菜 篮 。 娘 儿

ȵiõ$^{213-31}$kɵ^{35} iɑ̃^{33} ɿ$^{31-33}$ tʰɵ$^{22-55}$ sɿ^{35} pɤʔ$^{3-5}$ tsʰa$^{35-55}$nɔ^{33} ieʔ^{3} pʰɔ^{33} nɔ^{33} pɔ$^{213-31}$ tɤʔ^{0}
两 个 人 依 大 细 □ 菜 篮 一 排 □ 摆 到

fa$^{22-55}$ tʰɔ^{33} pẽi$^{31-33}$ ɕiẽi^{33} ， tã$^{213-31}$ tɕʰyoʔ^{3}kɔ$^{213-31}$fa^{22} nɤʔ^{3} iã^{33} na^{33} mɔ^{213} 。
会坛边舷，等着赶会伪人来买。

ko^{35} ȵie^{0} pɤʔ$^{3-5}$ sã^{33} tɵ$^{31-33}$ ɕie$^{213-31}$ieʔ$^{3-5}$ xo^{22} ， na^{33} nie^{0} ieʔ^{3} kɵ$^{35-55}$ si$^{35-55}$
过了不曾多少一下，来了一个秀

tsʰa^{33} ， ki^{33} kʰɔ$^{35-55}$ tɕʰyoʔ^{3}n^{22} tɕieʔ^{3} sɿ$^{35-55}$ kui$^{213-33}$xɤ$^{213-31}$tẽi$^{213-31}$vɔʔ^{3} tʰi^{33} ，
才，渠看着尔只细鬼好点活头，

ɕiõ$^{213-31}$tɕʰyoʔ^{3}kʰɔ$^{35-55}$kʰɔ$^{35-55}$ki^{33} tʰu^{213} tsɿ^{0} ɕy$^{31-33}$ tsʰɿ^{22} tɕio$^{35-55}$pɤʔ^{3} tɕio^{35} ， tsʰi^{22}
想着看看渠肚子书字稼=不稼=，就

tsʰɤʔ^{3} nie^{0} kɵ^{0} ta^{35} ： tʰɵ$^{22-55}$nɔ^{33} ia$^{213-31}$ tsʰɿ$^{213-31}$nɔ^{33} ， ɕie$^{213-31}$ nɔ^{33} ia$^{213-31}$
出了个对："大篮也是篮，小篮也

tsʰɿ$^{213-31}$nɔ^{33} ， tʰɵ$^{22-55}$ nɔ^{33} tʰɤ$^{35-55}$ ɕie$^{213-31}$nɔ^{33} ， ȵiõ$^{213-31}$nɔ^{33} xɤʔ^{3} ieʔ^{3} nɔ^{33} 。
是篮，大篮套小篮，两篮合一篮。"

ki^{33} kʰɔ$^{35-55}$ sɔʔ^{3} nɤ$^{213-31}$sɿ^{35} ta$^{35-55}$ pɤʔ^{3} tsʰɤʔ^{3} na^{33} ， ɕiõ$^{213-31}$sẽi$^{22-55}$pɑ̃$^{213-31}$ sɿ^{22} ，
渠看煞老四对不出来，想现本事，

tsʰi$^{22-55}$kõ$^{213-31}$ ： n^{213} ie$^{35-55}$ ta$^{35-55}$ nie^{0} tsʰɤʔ^{3} na^{33} ， ɔ^{213} tsʰi$^{22-55}$pɤʔ^{3} n^{213}
就讲："尔要对得出来，我就□尔

sɵ$^{213-31}$ ie^{213} nɤʔ^{0} nɔ^{33} ieʔ^{3} tsʰɿ$^{213-31}$mɔ$^{213-31}$tʰɔʔ^{3} 。
所有伪篮一起买脱。"

tɕʰie$^{22-55}$nɤ$^{213-31}$sɿ^{35} pɤʔ^{3} sã^{33} tɵ$^{31-33}$ ɕie$^{213-31}$ ieʔ^{3} sɿ^{22} tsʰi$^{22-55}$ɕiõ$^{213-31}$tsʰɤʔ^{3} na^{33}
邵老四不曾多少一记就想出来

nie^{0} ， ki^{33} kõ$^{213-31}$ ： kuɔ$^{31-33}$tsʰa^{33} ia$^{213-31}$ tsʰɿ$^{213-31}$tsʰa^{33} ， si$^{35-55}$ tsʰa^{33} ia$^{213-31}$
了，渠讲："棺材也是材，秀才也

tsʰɿ$^{213-31}$tsʰa^{33}， kuɔ$^{31-33}$tsʰa^{33} tsõ$^{31-33}$ si$^{35-55}$ tsʰa^{33} ， ȵiõ$^{213-31}$tsʰa^{33} piã$^{213-31}$ ieʔ^{3} tsʰa^{33}。
是才，棺材装秀才，两材并一材。"

nɔ^{22} kɵ^{0} si$^{35-55}$ tsʰa^{33} xã$^{35-55}$ nɤ$^{213-31}$sɿ^{35} mo$^{22-55}$nie^{0} tsʰɿ$^{35-55}$mɤʔ^{3} kɔ^{35} nie^{0} ，
那个秀才□老四骂得气没干了，

kʰuɔ$^{22-55}$tɕʰyoʔ^{3}ki^{33} nɤʔ^{0} sɔ$^{31-33}$ tsɑ̃^{31} ie$^{35-55}$ tɔ^{213} ki^{0} 。 pẽi^{51} ɕiõ^{0} iɑ̃^{33} ɕie$^{213-31}$
掼 着 渠 仂 衫 鬃 要 打 渠 。 边 上 人 小

ɕiɑ̃^{31} ki^{33} : pie$^{35-55}$ tsɵ$^{35-55}$ sɿ^{35} iɑ̃^{0} ko^{0} ɕiõ$^{213-31}$ su^{35}。 si$^{35-55}$ tsʰa^{33} mi^{31}
声 渠 :"[不要] 做 细 人 家 上 数。" 秀 才 [无有]

tieʔ^{3} tʰɑ̃^{213} , tie^{31} mo$^{22-55}$ȵiaʔ^{3} ȵiaʔ^{3} nie^{0} xẽi^{33} nie^{0} 。
得 动 ,[只有] 骂 咧 咧 地 行 了 。

〔 绩溪方言音系 〕

一　声母（包括零声母在内）

p 巴布帮八	p^{h} 皮破败白	m 米毛网麦	f 飞斧红福	v 无威横拂
t 都东斗德	t^{h} 天同电贴	n 来农炉列		
ts 紫纸低足	ts^{h} 草虫醋弟		s 三时细索	
tɕ 精砖招节	tɕ^{h} 清车轿切	ȵ 女严软肉	ɕ 星上书削	
k 改讲街角	k^{h} 苦跪旧客	ŋ 安额牛鸭	x 海花下学	
ø 儿有云王雨月用				

说明：

① [v]拼[u]韵时，实际发音是[v]自成音节。

② [n]声母只拼开口呼、合口呼和[i]韵母，[ȵ]声母只拼齐齿呼（[i]韵母除外）和撮口呼，二者为互补关系。

③ [x]的发音部位比较靠后，有喉音色彩。

④ 零声母音节的开头均带有轻微的摩擦，零声母拼[ɿ]韵时实际读音接近[zɿ]。

二　韵母（包括自成音节的[m]、[n]在内）

ɿ 子纸比眉衣	i 悲飞辉头走	u 都奴租苏姑	y 雨区朱书水

a	杯赔灰堆台	ia	也	ua	绘块傀		
o	巴抓茶麻瓜	io	稼霞亚雅				
ɔ	街排团官奸	iɔ	阶车惹写	uɔ	关快宽		
ɵ	波多罗过哥	iɵ	优油又				
ɤ	包刀毛老	ie	交标超烧	ui	贵桂跪		
ã	门半灯风同	iã	宾明珍冰	uã	工空滚共	yã	军准穷
õ	帮当狼江光	iõ	良将张枪昌				
ẽi	边天点生耕	iẽi	检显然盐	uẽi	梗	yẽi	砖占权扇
ɔʔ	八白发甲客	iaʔ	雪接塞叶	uɔʔ	刮括阔	yaʔ	决血缺说
oʔ	剥雹托阁落					yoʔ	脚鹊着约
ɤʔ	不木德秃六	ieʔ	七吃力适	uɤʔ	国谷骨哭	yeʔ	曲桔局育
m	母						
n	尔儿二耳						

说明：

① [i]韵的实际音值是[ɪi]。

② [ɔ]韵的实际音值介于[ɔ]和[ɑ]之间。

③ [ɤ ɤʔ uɤʔ]韵里的[ɤ]实际音值介于[ɤ]和[ə]之间。

④ [ie ieʔ yeʔ]韵里的[e]舌位较低，接近[ɛ]。

⑤ [ẽi iẽi uẽi yẽi]韵里的鼻化过程实际上贯穿于韵腹和韵尾。

⑥ [yoʔ]韵母开头有时唇形不太圆。

⑦ 入声韵的喉塞尾在单字音里不太明显。

三 单字调

阴平	[31]	衣天东西山新	阳平	[33]	皮田和名南来
上声	[213]	九口水两有稻皂	阴去	[35]	四对去菜送盖
阳去	[22]	面大树洞硬道造	入声	[3]	八铁一月六学独

说明：

① 阳平[33]实际调值略高。

② 阳去调值比[22]略高。

〔索引〕

一　词条索引

二　图片索引

壹　房舍建筑

贰　日常用具

叁 服饰穿戴

肆　饮食肴馔

伍　农工百艺

陆　日常活动

柒　婚育丧葬

〔后记〕

民俗是人类物质精神生命的基因，是依附于生活、习惯、情感与信仰而产生的文化，包括生产生活、社会人生、节日游艺、观念文学、宗教信仰等方面内容，是特定区域人民集体智慧的结晶。

随着时代的发展，社会的变迁，曾经世代相传的民俗文化传统正逐渐被淡忘。曾经伴随我们一起成长的民俗文化传统，比如青少年时期耳熟能详的民歌童谣、雅俗共赏的乡村习俗、浸染其中的童年游乐等，正逐渐成为历史。

我的家乡绩溪是个山多田地少的地方，素有“八山一水一分田”之说。种田虽然是农民的本行，但光靠种田尚不足以丰衣足食，于是手工艺就成了多数人的谋生手段，家乡历来有“卖田卖地，卖不脱手艺”的俗语。然而，时至今日，家庭日常生活用品多数已经被塑料、金属制品取代，“匠人”及其匠作文化也渐渐远去。

作者自幼生活在农村，小时候跟伙伴们玩游戏、唱儿歌童谣、割草砍柴放牛，跟着父亲在茅草棚制作砖坯，陪着母亲深夜在村头水碓舂米磨麦,跟着哥哥去离家很远的荒山种火子山，等等，在今天的现实生活中，这些活动几乎已经绝迹。

随着城市化进程的加快和普通话的推广，绩溪方言的使用也在衰退。以县城为例，20 世纪 90 年代以后出生的孩子，有相当一部分不会说地道的绩溪话，有的甚至完全不会说。受广播、电视、网络的影响，已经习得绩溪方言的中青年，其方言也或多或少带上“普通话腔”，一些词语的传统说法发生了变化，方言固有特征正逐渐丧失。

本书所做的工作，只是记录下日常生活中曾经出现过的一些片断及相关事象，主要是将自己日常积累的有关绩溪的方言民俗资料整理保存下来，希望能为自己留一份回忆，也为后人留一份历史。

语言文字、宗教信仰、风俗习惯等是我们的文化基因，是不可再生的资源。保存保护方言文化遗产任重而道远。传统农耕文化的衰退是不以人的主观意志为转移的，在可能的情况下让以母语为载体的文化精华有一定的生存空间，这才是保持文化多样性的正确途径。

本书收集材料过程中，得到众多亲友的大力协助。好友汪云飞、周光雄、陈仲平、许晓骏、郭辉、张嘉毅等先生无偿提供他们平时拍摄的照片，徐建、张滢两位博士生多次亲赴绩溪采集资料，甚至放弃春节与家人团聚的幸福时光，在此一并表示衷心的感谢！

去粗取精的方言文化保护和保存是一项系统而长远的工程，需要几代人的共同努力。让我们携起手来，用心呵护我们共同的精神文化家园。